大学毕业生创业意向的影响因素及作用机制研究

潘炳超 著

中国纺织出版社有限公司

图书在版编目（CIP）数据

大学毕业生创业意向的影响因素及作用机制研究 / 潘炳超著 .-- 北京：中国纺织出版社有限公司，2024. 8.-- ISBN 978-7-5229-2040-5

I.G647.38

中国国家版本馆CIP数据核字第20245M1D55号

责任编辑：韩　阳　郭　婷　　责任校对：王蕙莹
责任印制：储志伟

中国纺织出版社有限公司出版发行
地址：北京市朝阳区百子湾东里A407号楼　邮政编码：100124
销售电话：010—67004422　传真：010—87155801
http://www.c-textilep.com
中国纺织出版社天猫旗舰店
官方微博 http://weibo.com/2119887771
天津千鹤文化传播有限公司印刷　各地新华书店经销
2024年8月第1版第1次印刷
开本：710×1000　1/16　印张：15
字数：220千字　定价：88.00元

凡购本书，如有缺页、倒页、脱页，由本社图书营销中心调换

前　言

在我国，大学生创业问题长期以来受到社会各界的广泛关注和热烈讨论。世界各国的经验表明，大学生创业不仅能够促进"以创业带动就业"，提高大学毕业生的就业率，还对激活经济社会发展的活力，推动经济社会创新发展具有重要的作用。我国政府高度重视大学生自主创业，组织举办各级各类大学生创新创业大赛，出台多种政策措施鼓励和扶持大学生自主创业。很多企业、基金会等组织积极参与支持大学生自主创业，为大学生创业提供了较好的社会氛围和成长环境。我国高校也在推动大学生创业方面发挥了不可忽视的积极作用，不但面向全体在校大学生开展创新创业教育，还积极联系校外资源建设大学生创业孵化器或创客空间，聘请创业导师，重点为有创业潜力的大学生提供创业经验、场地、资金等方面的支持。

然而，相比于西方发达国家大学生高涨的创业热情，我国大学生的创业意愿和创业活力整体上还处于较低的水平。这种状态客观地限制了我国大学生自主创业的行动，不利于激发我国大学生的创业潜能，也不利于引导更多的有创业潜力的大学生积极投身创新创业活动。从这个角度看，我国要促进大学生的创新创业工作，就应该重视研究大学毕业生的创业意向。只有提高了大学毕业生整体的创业意向水平，才能为大学生创业者提供良好的成长环境和发展基础，促使少数潜在的大学毕业生创业者脱颖而出。

以往研究表明，大学毕业生的创业意向形成是一个复杂的社会心理活动过程，受到多种因素的交互影响，各种影响因素也存在不同的作用机制。本书的主要内容正是从大学毕业生的创业意向这个关键概念入手，希望从理论上探讨大学毕业生创业意向内涵、影响因素及形成机制。第一章绪论，首先讨论了大学毕业生创业意向研究的背景，研究中存在的主要问题及研究意义，其次说明了研究的主要内容，以及采用的主要研究方法，最后提出了研究遵循的基本框架和技术路线。第二章文献综述，主要是从个体创业意向的内涵与结构、创业意向形成的认知心理机制，以及影响大学生创业意向的个人因素和环境因素等角度，梳理了国内外取得的相关研究成果。第三章模型构建与研究假设，提出了大学毕业生创业意向的影响因素及作用机制整体理论模型，以及个人因素和环境因素对创业意向作用机制的两个分理论模型，并在模型构建的同时提出了研究的基本假设。第四章研究设计，主要是为实施大学毕业生的调查研究，设计开发有关变量的测量工具，以及说明采用的有关量化数据分析技术。第五章大学毕业生创业意向与创业行为的特征及关系分析，描述性地分析了大学毕业生的创业意向和创业行为的基本特征，并比较了不同群组大学毕业生的创业意向和创业行为差异，同时分析了二者之间的关系。第六章个人因素影响大学毕业生创业意向的作用机制分析，首先分析了影响大学毕业生创业意向形成的前置认知变量，以及离职倾向的调节作用，其次分析了个人因素对大学毕业生创业意向形成的前置认知变量的影响作用，以及创业人格的调节作用，最后还分析了个人因素以前置认知变量为中介对创业意向的影响作用。第七章环境因素影响大学毕业生创业意向的作用机制分析，首先分析了环境因素对大学毕业生创业意向形成的前置认知变量的影响作用，以及创业人格的调节作用，其次分析了环境因素以前置认知变量为中介对大学毕业生创业意向的影响作用。第八章大学毕业生创业意向形成机制的群组比较，从大学毕业生的性别、学历、专业、校际四个方面，分析了不同群组的大学毕业生创业意向的形成机制的差异。第九章研究结论与展望，归纳总结了本书的主要结论，提出了有关政策建议，并对研究的主要贡献、创新点和不足之处进行了说明，以及对今后的研究进行了展望。

  本书的出版得到了多方人士的关心帮助和大力支持。首先，感谢我的导师西安交通大学陆根书教授对我开展相关研究提供的亲切指导。其次，感谢中国纺织出版社有限公司的编辑同志为本书出版提出的诸多宝贵建议和修改意见。最后，感谢我的同事和同学们在我的研究过程中为我提出了很多有价值的启发和建议。

  本书的出版得到了陕西学前师范学院"教育学"重点学科建设经费的资

助。由于本人能力所限，本书难免存在很多瑕疵和不足，恳请读者朋友多提完善意见。

作者

2024年8月

谨以此书献给我的母亲马均凤女士。

目 录

1 绪论

1.1 研究问题的提出 ·· 2
1.1.1 研究背景 ·· 2
1.1.2 研究问题 ·· 9
1.1.3 研究意义 ·· 13

1.2 研究内容和方法 ·· 17
1.2.1 研究内容 ·· 17
1.2.2 研究方法 ·· 19

1.3 研究框架和技术路线 ·· 21
1.3.1 研究框架 ·· 21
1.3.2 技术路线 ·· 23

2 文献综述

2.1 创业意向的内涵与结构 ·· 25
2.1.1 创业意向的内涵 ·· 25
2.1.2 创业意向的结构与测量 ·· 29
2.1.3 创业行为的内涵与测量 ·· 34

2.2 基于社会学习理论的创业意向形成认知心理机制 ·· 35
2.2.1 计划行为理论与创业态度和主观规范 ·· 36

2.2.2 自我效能理论与创业自我效能 ···················· 39

2.3 影响创业意向的个人因素 ························· 42
    2.3.1 创业机会识别 ···························· 45
    2.3.2 创业价值认同 ···························· 46
    2.3.3 创业失败恐惧感 ··························· 48
    2.3.4 创业经历 ······························ 50
    2.3.5 创业人格 ······························ 51
    2.3.6 离职倾向 ······························ 53

2.4 影响创业意向的环境因素 ························· 55
    2.4.1 创业教育 ······························ 55
    2.4.2 创业支持 ······························ 57
    2.4.3 创业榜样 ······························ 58
    2.4.4 经济环境 ······························ 59

3 模型构建与研究假设

3.1 大学毕业生创业意向的影响因素及作用机制整体理论模型 ········ 61
3.2 个人因素对创业意向作用机制的理论模型及研究假设 ·········· 62
3.3 环境因素对创业意向作用机制的理论模型及研究假设 ·········· 66

4 研究设计

4.1 问卷调查设计 ······························· 70
4.2 测量工具设计 ······························· 73
    4.2.1 创业意向、创业行为及创业意向的前置认知变量测量工具设计 ··· 73
    4.2.2 影响大学毕业生创业意向的个人因素的变量测量工具设计 ···· 78
    4.2.3 影响大学毕业生创业意向的环境因素的变量测量工具设计 ···· 83
    4.2.4 共同方法偏差控制和测量工具的信效度分析 ··········· 85
4.3 数据分析方法 ······························· 86
    4.3.1 因素分析和信效度分析 ······················ 87

4.3.2　描述性统计、T检验和方差分析 ·· 87
   4.3.3　多元线性回归分析和层次回归分析 ·· 87
   4.3.4　结构方程模型分析 ··· 88
   4.3.5　分层线性模型分析 ··· 88

5　大学毕业生创业意向与创业行为的特征及关系分析

5.1　大学毕业生创业意向的基本特征分析 ··· 89
5.2　大学毕业生创业意向的群组差异分析 ··· 91
5.3　大学毕业生创业行为的基本特征及群组差异分析 ···································· 96
5.4　大学毕业生创业意向与创业行为的关系分析 ·· 97

6　个人因素影响大学毕业生创业意向的作用机制分析

6.1　前置认知变量对大学毕业生创业意向的影响及离职倾向的调节效应
　　　分析 ·· 99
   6.1.1　前置认知变量对大学毕业生创业意向的多元线性回归分析 ······ 99
   6.1.2　离职倾向对前置认知变量影响创业意向的调节效应分析 ······· 100
6.2　个人因素对创业意向前置认知变量的多元线性回归分析 ··················· 103
6.3　创业人格对个人因素影响创业意向前置认知变量的调节效应分析 ····· 109
6.4　前置认知变量在个人因素和创业意向之间中介作用的结构方程模型
　　　分析 ·· 114
6.5　研究假设检验结果小结 ··· 118

7　环境因素影响大学毕业生创业意向的作用机制分析

7.1　环境因素对创业意向前置认知变量的多元线性回归分析 ··················· 120
7.2　创业人格对环境因素影响创业意向前置认知变量的调节效应分析 ····· 125
7.3　前置认知变量在环境因素和创业意向之间中介作用的结构方程模型
　　　分析 ·· 130
7.4　研究假设检验结果小结 ··· 133

8 大学毕业生创业意向形成机制的群组比较

8.1 大学毕业生创业意向形成机制的性别比较 ············ 135
8.1.1 创业意向和创业行为之间关系的分层线性模型分析 ········· 136
8.1.2 前置认知变量对创业意向的影响及离职倾向调节效应的分层线性模型分析 ············ 136
8.1.3 个人因素对创业意向前置认知变量的影响及创业人格调节效应的分层线性模型分析 ············ 138
8.1.4 环境因素对创业意向前置认知变量的影响及创业人格调节效应的分层线性模型分析 ············ 141
8.1.5 前置认知变量中介作用的结构方程模型多群组分析 ······ 144

8.2 大学毕业生创业意向形成机制的学历比较 ············ 151
8.2.1 创业意向和创业行为之间关系的分层线性模型分析 ········· 151
8.2.2 前置认知变量对创业意向的影响及离职倾向调节效应的分层线性模型分析 ············ 151
8.2.3 个人因素对创业意向前置认知变量的影响及创业人格调节效应的分层线性模型分析 ············ 153
8.2.4 环境因素对创业意向前置认知变量的影响及创业人格调节效应的分层线性模型分析 ············ 156
8.2.5 前置认知变量中介作用的结构方程模型多群组分析 ······ 159

8.3 大学毕业生创业意向形成机制的专业比较 ············ 166
8.3.1 创业意向和创业行为之间关系的分层线性模型分析 ········· 166
8.3.2 前置认知变量对创业意向的影响及离职倾向调节效应的分层线性模型分析 ············ 167
8.3.3 个人因素对创业意向前置认知变量的影响及创业人格调节效应的分层线性模型分析 ············ 168
8.3.4 环境因素对创业意向前置认知变量的影响及创业人格调节效应的分层线性模型分析 ············ 171
8.3.5 前置认知变量中介作用的结构方程模型多群组分析 ······ 174

8.4 大学毕业生创业意向形成机制的校际比较 181
    8.4.1 创业意向和创业行为之间关系的分层线性模型分析 181
    8.4.2 前置认知变量对创业意向的影响及离职倾向调节效应的分层线性模型分析 181
    8.4.3 个人因素对创业意向前置认知变量的影响及创业人格调节效应的分层线性模型分析 183
    8.4.4 环境因素对创业意向前置认知变量的影响及创业人格调节效应的分层线性模型分析 186
    8.4.5 前置认知变量中介作用的结构方程模型多群组分析 188
8.5 研究假设检验结果小结 195

9 研究结论与展望

9.1 研究的主要结论和建议 199
    9.1.1 主要结论 199
    9.1.2 政策建议 204
9.2 研究的主要贡献和创新 205
    9.2.1 主要贡献 205
    9.2.2 创新点 207
9.3 研究的不足和未来展望 208
    9.3.1 研究的不足之处 208
    9.3.2 未来研究展望 209

参考文献 210

1 绪论

我国"大众创业万众创新"行动逐渐走向深入,正在加快推进我国经济社会转型发展的步伐。创新创业活动在加速科技成果转化应用、培育经济发展新动能,以及发挥创业带动就业作用等方面占有举足轻重的地位。习近平提出,实施创新驱动发展战略,最根本的是要增强自主创新能力,最紧迫的是要破除体制机制障碍,要想改革开放要动力,要最大限度释放全社会创新创业创造动能不断增强我国在世界大变局中的影响力竞争力。然而,由国家发展改革委指导、中国宏观经济研究院组织编写的《2020年中国大众创业万众创新发展报告》指出,"大众创业万众创新"工作还存在一些堵点和痛点,建议加强政策协同,不断巩固基础、完善生态、创新机制,推进创新创业向更高质量发展。

大学毕业生是我国"大众创业万众创新"的主力军,我国政府十分重视鼓励和扶持大学生创新创业。2021年,国务院办公厅印发《关于进一步支持大学生创新创业的指导意见》,强调支持在校大学生提升创新创业能力,支持高校毕业生创业就业,落实优化大学生创新创业环境、加强大学生创新创业服务平台建设等政策措施。2022年,国家发改委等八部门联合印发《关于深入实施创业带动就业示范行动力促高校毕业生创业就业的通知》,则要求创业带动就业示范行动聚焦高校毕业生群体,突出创业带动就业主线,坚持抓创业、促就业,大力扶持高质量创新创业项目,着重帮助有强烈创业意愿、有良好项目基础的高校毕业生实现创业梦想。随着我国创业政策逐步完善,创业生态环境不断优化,越来越多的大学毕业生将会选择以创业作为自己的职业和事业。

大学毕业生群体积极投入创新创业活动,有利于促进我国创新创业活动的高质量发展。而且,大学毕业生在完成大学教育进入职业生涯的初期,存在较大的选择从事创业活动的可能性。为了促进更多的大学毕业生从事创业活动,鉴于个体创业意向是创业行为的良好的单一预测指标，本研究以大学毕业生的创业意向为切入点，探讨影响大学毕业生创业意向的关键因素及其作用机制，深入分析大学毕业生群体内部的创业意向及其形成机制的差异性，以期对推进大学毕业生创业问题研究有所裨益。

1.1 研究问题的提出

1.1.1 研究背景

（1）我国经济持续高质量发展需要鼓励创业活动

进入21世纪20年代，世界各国经济发展面临的下行压力日益增大。我国经济形势总体向好，但发展预期也有所降低，高速增长难以为继。在这种复杂而困难的情况下，我国政府持续推进"大众创业万众创新"行动，显示出创新创业活动内在的必然性和紧迫性。创新创业已经成为当前我国经济社会各领域中的主题，同时也是我国实施创新驱动发展战略，促进经济社会高质量发展的必由之路。为我国经济创新增添活力，保证经济的平稳转型和可持续发展，我国需要大力支持和鼓励多种形式的创业活动，包括采取有效措施积极扶持大学毕业生创新创业，充分发挥大学毕业生创业对促进经济繁荣发展的优势作用。

事实上，自20世纪60、70年代以来，欧、美、日等发达经济体都十分重视发挥创业对经济增长的促进作用。而且，创业对经济发展的重要促进作用引起了世界各国研究者的广泛关注。从创业活动兴起的原因来看，欧、美、日等发达国家在当时普遍都面临着经济危机造成的困难局面，经济发展难以维持较高的增长水平，工人失业等问题比较突出。为了有效促进经济复苏，西方发达国家政府开始将目光投向具有巨大经济发展潜力的创业活动。西方发达国家政府都采取了一系列政策措施，鼓励和支持民众创办企业。特别重要的是，有的国家政府专门成立了中小企业管理局等行政机构，有针对性地促进青年人投身创业活动。与此同时，有关的社会组织也加入促进创业活动的队伍，为青年人创业提供融资、管理、经营、咨询等支持服务。

更为重要的是，欧美各国的大学等高等教育机构为引导和鼓励大学生创业起到了积极的推动作用。首先，西方发达国家大学根据本国经济社会发展的需求，积极开展校内创业教育，面向大学生开设供其修读的创业类课程，或者开设创业管理等专业，组织大学生创业比赛等活动，以及打造支持大学生创业的平台。特别是美国大学的创业教育发展迅速，在满足大学生对创业教育的需求方面各具特色，有的甚至逐渐走上了创业型大学的发展道路，为世界各国的大学所效仿。鉴于创业教育的日益重要性，柯林·博尔将创业教育称为未来人们应该具备的"第三本教育护照"。1989年，他向经济合作与发展组织（OECD）递交的一篇论文中提出，未来人们都应具有三本教育护照：第一本是学术性的，反映其学术能力；第二本是职业性的，反映其职业能力；第三本是创业性的，证明一个人的事业心和开拓能力（Enterprise）。联合国教科文组织重申了创业教育的"第三本教育护照"地位，认为创业教育应位列学术教育和职业教育之间，并着重强调各国教育都应在教育实践中将学术教育、职业教育和创业教育有机融合，探索三种教育的结合点，以培养创新创业型人才为根本目标。

当前，我国经济社会发展所面临的困难，虽然在本质上不同于欧美日等发达国家在上世纪因经济危机造成的发展障碍。但是，我国经济社会已经走过了粗放型、高速度的经济发展阶段，逐渐进入一个需要不断调整经济发展结构，增加各个行业、产业发展所需的创新驱动要素，以实现经济社会高质量发展的新阶段。在创新驱动发展战略引领下的经济社会转型发展过程中，我国经济发展面临着技术创新和转化、创新创业人才短缺、劳动力人口就业压力增大等诸多挑战。但是同时，这种转型发展为我国经济开辟了新的发展空间，为我国"大众创业万众创新"带来了新的机遇和机会，也对我国青年大学毕业生创业提出了前所未有的期待和需求。因此，我国鼓励和支持大学生创业是经济社会可持续、高质量发展的内在要求。

（2）我国创业活动的潜力有待进一步挖掘

在中国，由于受到传统文化观念、青年人就业择业观念的制约，以及受到现实的社会创业环境、创业支持服务等条件的限制，我国主要劳动力人口整体的创业活动潜力还存在较大的提升空间。根据全球创业观察（GEM）2020年报告显示，在全球50个经济体中，中国大陆的早期创业活动指数（Total early-stage Entrepreneurial Activity，简称TEA）和创立企业所有权指数（Established Business Ownership，简称EBO）虽然与过去几年相比有了较大提升，已经达到8%~9%，但是仍低于美国、加拿大、荷兰、葡萄牙、韩国等主要经济体，这些经济体的TEA和EBO指数均在10%~15%。即使是中等收入经济体，中国大陆的TEA指数也明显低于伊朗、南非、巴西、墨西哥、印度等经济体。可见，我国政府和社会各界在促进创业活动方面更加活跃，深挖创新创业的潜力方面还有不小的提升空间，应在科学分析潜在创业者的内在特征、动机和意向，以及优化外部创业环境和服务的基础上，对不同创业者群体采取更有针对性的引导、激励和帮助措施。

随着20世纪80年代我国开启了改革开放的大门，个人从事商业活动从得到允许到逐渐被倡导，以至于在不同年代都涌现出了众多的创业成功人士，因此大众创业的观念逐渐深入人心并受到追捧。我国进入21世纪以来，青年人创新创业在我国经济社会活动中占据越来越重要的地位，大众创业活动具有积极的作用也已经成为全社会的共识，这都深刻地改变了我国社会的创业观念。然而，个人创业失败的案例同样比比皆是，创业失败的惨痛教训也在抑制着人们的创业意愿。当前，我国传统的思想观念对个人创业仍然发挥影响作用，很多人的思想深处仍然在追求安稳，认为在选择职业时找一个"铁饭碗"的工作比冒险创业来得更加可靠和可行。因此，个人自主创业还很难说是一个主流的职业发展道路。对我国大学生而言，一方面，大学生的家庭为其受教育投入了十余年的时间，以及难以计算的资金等教育成本，大多数大学生都希望在完成高等教育后取得一个比较稳定的职业和社会地位，并因此停止继续向家庭索取，甚至能对家庭有所回馈。况且，很多大学生毕业后创业的想法，往往比较难以获得父母等家庭成员的支持。另一方面，很多大学生本人即使有创业的想法，但是其所处的社会环境中创业资源还不丰富，大学生又缺乏社会关系网络的支持，因此他们不能比较方便地从社会上获取创业资源，从而限制了他们的创业意愿和采取创业行动。

我国大学生群体规模庞大，整体素质水平较高，是我国经济社会发展的重要依靠力量。然而，大学生创业仍然受到思想观念、环境支持等条件的制约，我国大学生创业的潜力有待进一步挖掘。政府、社会组织和大学在挖掘大学生创业潜力方面还有很多开展工作的空间。首先，促进大学生创业需要在转变思想观念、改进支持大学生创业的社会氛围方面下功夫，首要的是大学生创业精神、创业意识的培育。只有调动了大学生内在的创业激情，才可能引导他们关注创业信息，发展创业能力，寻找创业机会等投入一系列的创业活动。其次，促进大学生创业需要在构建良好的大学生创业生态系统方面下功夫，政府和社会组织要为大学生创业提供资源支持，改变大学生创业所需要的资源支持主要依靠家庭来获得的情况，从而把大学生创业失败的风险从全部由个人和家庭承担转变为由更多人支持的机构、平台来分担。

应特别注意的是，相对于激发在校大学生的创业精神和引导在校大学生创业而言，我国政府和社会各界还应该特别重视引导、帮助和扶持大学毕业生创业。尽管根据麦可思研究院发布的《2016年中国大学生就业报告》显示，我国大学生毕业即创业的比例连续5年上升，大学生创业率已经从2011届毕业生的1.6%上升到2015届毕业生的3.0%。而且，麦可思研究院的大学生就业报告表明，2016届及以后的我国大学毕业生的平均创业率基本维持在3.0%左右的水平。从2018年开始，西安交通大学中国西部高等教育评估中心开展的陕西高校毕业生就业创业跟踪调查发现，陕西高校毕业生自主创业率仅为2.0%左右，并且呈现逐年下降的趋势。相比于美国高达20%~23%的大学生创业率，我国大学生创业的比例仍然较低。而且，我国大学生创业意愿也处于较低水平。近年来，我国大学生创业意愿提升乏力，并呈现下降趋势。据中国人民大学发布的《中国大学生创业报告2017》和《中国大学生创业报告2018》显示，我国大学生整体的创业意愿水平还比较低，2017年和2018年分别有12.1%、15.4%的大学生表示"从没想过创业"，这一比例有所升高。相反，2017年和2018年分别有7.8%、6.9%的大学生表示"有强烈创业意愿"，这一比例则有所降低。因此，促进大学毕业生创业必须认真考虑怎样有效地提升大学毕业生的创业意向水平。

我国大学毕业生群体的创业潜力还没有得到充分的挖掘，甚至还没有引起足够的重视。过去我们只是单纯地关注大学毕业生的就业问题，以就业率为导向的大学毕业生就业政策是过度追求就业的结果，从而忽视了在大学毕业生群体中深入分析具有良好的创业基础条件、创业潜力大的那部分人群，更加缺乏主动对接这部分毕业生，向他们提供有针对性的创业咨询和创业支持服务的具体工作措施。

（3）我国需要长期坚持以创业带动就业

就业是最大的民生。我国大学毕业生的就业工作不仅关系着千万个大学生家庭的生活幸福，还是社会稳定和繁荣发展的重要基础。创业在我国大学毕业就业工作中具有独特地位和价值。从就业的角度认识创业，大学毕业生自主创业已经逐渐从过去的只有少数毕业生会选择的职业偏好现象，演变为现在的众多大学毕业生满足个人就业需求的一种常见渠道。因此，创业是解决大学毕业生就业问题的重要途径。然而，从当前我国关于大学毕业生就业政策的思想导向来看，自主创业不仅仅是大学毕业生灵活就业的一种可供选择的形式，更是大学毕业生高质量就业的一种就业方式。因为大学毕业生创业具有带动就业的乘数效应，能为社会创造更多的就业岗位，吸纳更多的人群就业。从这个意义上讲，大学毕业生自主创业是为经济社会发展创造更大价值的一种社会活动。

当前，我国经济社会发展正处于转型换挡时期，低技术附加值、资源消耗型产业逐渐被淘汰，高技术附加值的产业短时期内还需要着力发展，并且这些高技术附加值的产业一般对普通劳动力的需求量会减少，而对高素质劳动力的需求会增加。在这种情况下，我国主要劳动力人口就业压力逐年增大，这就对整个社会能够创造出更多的、新的就业岗位提出了紧迫的要求。从这个角度看，引导和扶持一部分大学毕业生选择自主创业，不仅能解决这部分大学毕业生自身的就业问题，更为重要的是还能为社会其他劳动力人口提供更多的就业岗位。因此，在未来较长的一个时期内，我国可能都需要长期坚持以创业带动就业。特别是要发挥大学毕业生群体的创业带动作用，实现大学毕业生自主创业的双重价值，即大学毕业生通过创业实现个人价值并实现带动就业的社会价值。

即使单就我国大学毕业生本身的就业问题而言，当前大学毕业生就业形势也不容乐观，面临着巨大的就业压力。统计数据显示，我国普通高校的大学毕业生数量从2012届的625万人一路攀升至2022届的1076万人，以平均每年45.1万人的速度递增，详见图1-1。为了切实缓解大学毕业生等重点群体的就业压力，党的十七大报告曾明确提出"促进以创业带动就业"，党的十九大报告重申了"鼓励创业带动就业"的政策取向。可见，"以创业带动就业"已经逐渐上升到了国家宏观政策层面。当前，在以创业带动就业的宏观政策指引下，我国政府、社会和高校积极参与营造大学生创业的社会氛围，全方位优化大学生创业的生态环境，引导和扶持大学毕业生创新创业，积极发挥以创业带动就业的作用。随着我国产业结构的加速调整，"以创业带动就业"这一政策的战略地位和重要性，很可能在未来一段时期内得到进一步的凸显。在可预见的未来，我国大学毕业生自主创业将逐渐成为一种几乎与岗位求职就业同等重要的主流就业方式。

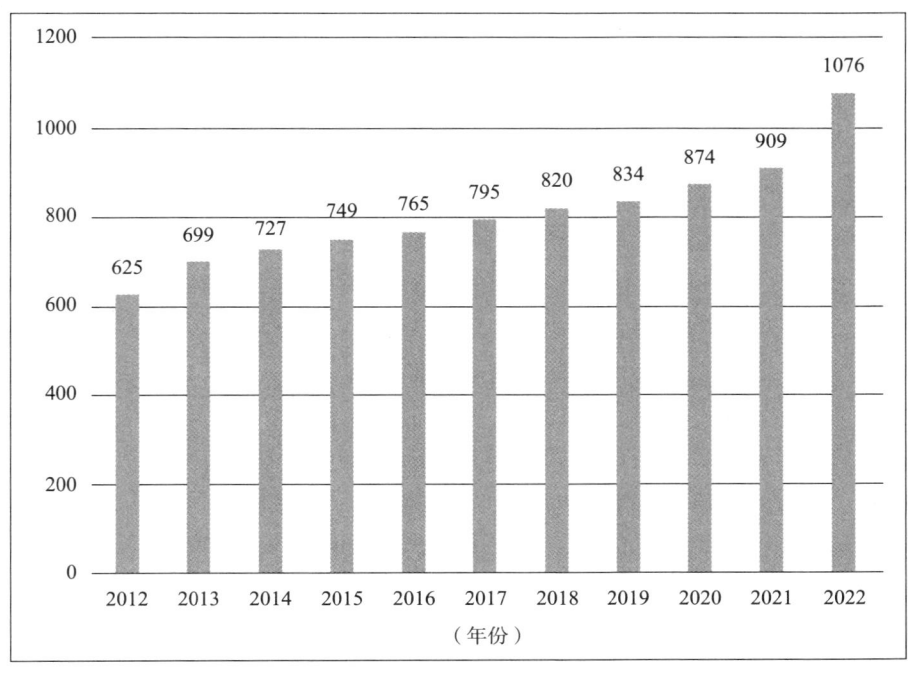

图1-1 我国普通高校2012—2022届毕业生数量的变化（单位：万人）

（4）鼓励和支持大学毕业生创业比在校大学生更为适合

在过去的十几年，大学生创业一度成为我国经济社会中的热点话题，人们对大学生创业给予了高度的关注和热烈的讨论。在这样的背景下，不少在校大学生的创业热情被点燃和激发出来，也有部分在校大学生为此放弃学业而专门投入创业，或者是选择一毕业即创业。当然，这些勇于投身创业的在校大学生中，有极少数创业取得了成功，或者经过失败后的二次创业获得成功，为经济社会发展增添了动力，也获得了个人的成就。但是，由于创业活动的高挑战性和高风险性，还有大量的过早投身创业的在校大学生是以失败告终，得到的只有经济和精神上的双重压力和负担，以至于造成他们的职业发展变得比较惨淡。因此，有的研究者开始反思大学生创业的时机问题。一个普遍的看法是，事实已经证明了我国在校大学生"毕业即创业"的失败率超高，其中很大程度是由于大学生缺乏创业经验和基本技能，反而容易过度自信，盲目开始创业。因此，在校大学生或者刚毕业缺乏社会经验和职业经历的大学生是不适合过早开始创业的。

与在校大学生相对的一个潜在创业群体就是大学毕业生。相比于在校大学生，已经进入职业领域的大学毕业生对创业本身的认识可能会更加客观理性，可以在很大程度上避免通常情况下"毕业即创业"的盲目性，从而提高大学生创业活动质量，降低大学生创业的失败率。大学毕业生因为有了一定的工作经验，并积累了一定的社会关系资源，他们对待创业问题不像在校大学生那样只是抱有热情，而是很可能会在创业热情之外，更加冷静和理性地认识、分析自己从事创业活动的机会和条件，并通过比较深入的咨询来策划创业的过程，以及制定一定的战略来提高取得创业成功的概率。从个人的社会成熟度这个视角来分析，大学毕业生比在校大学生更具有创业的优势。因此，关注和研究大学生创业意向及其形成机制的问题，需要从研究在校大学生转移到大学毕业生这个群体上来。因为鼓励和帮助大学毕业生创业而不是在校大学生，可以防止过去大学生创业存在的盲目性问题，有效地降低大学生创业的高失败率问题，以及促进大学生创业活动科学、健康、高质量的发展。

反观大学生创业意向的理论研究领域，对"大学生"这个群体范围边界的划分一直存在模糊性。以往的大学生创业意向理论研究中，可能是出于调查数据收集方便性的考虑，绝大多数研究是以在校大学生为研究对象的，只有极少数研究选择以大学毕业生为研究对象。但是，在我国政府、高校等有关部门和机构发布的研究报告中使用"大学生"一词的范围，并不区分在校大学生和大学毕业生，经常把大学毕业生也包括在大学生群体内。正如上文提及的国家发改委发布的《中国大众创业万众创新发展报告》，就是将大学生群体的范围规定为"毕业5年以内的大学毕业生"。可见，无论是理论研究还是政策报告，往往都将在校大学生和大学毕业生笼统地称之为"大学生"。有关大学生创业意向的理论研究者和其他利益相关者，也很少有意识到区分在校大学生和大学毕业生的必要性。

众所周知，研究对象范围不清楚将直接导致理论研究的设计和结论失去焦点，从而丧失研究结论的适切性。本研究认为，就创业意向及其影响因素这一研究主题而言，在校大学生和大学毕业生是两个完全不同的群体。在校大学生仍处于受教育阶段，他们对于创业的认知信息更多是从书本、报告以及其他人的言语中间接地获得的，他们在没有选择自己的职业之前，对创业可能保持着比较自由状态下的兴趣和动机，不容易受到外部条件的约束。相反，大学毕业生则已经进入职业领域，获得了一定的工作经验和回报预期，他们也很可能已经为求职付出了一定的成本,这种情况将会导致他们认为创业是改变自己现有职业状态后的一条备选道路,而且大学毕业生自身的工作经历可能带给他们比在校大学生更加多样化的创业认知信息,而不仅仅是停留在书本之中关于创业的虚拟信息。综合比较在校大学生和大学毕业生的两个群体,二者在各自不同的生活环境和面对不同的生存状态下,他们的创业意向的表现特征必然存在本质上的区别,他们的创业意向所受到的影响因素也必然不尽相同。

相较之下,研究大学毕业生的创业意向及影响因素更加符合现实的需求。因为鼓励大学生创业不能忽视大学生的实际生存状态和主观意愿,虽然在校大学生的创业意向研究仍然有着十分重要的理论价值,也有助于观察在校大学生毕业后的创业选择,但是,大学毕业生的创业意向问题研究更加符合我国当前引导和扶持大学生创业的迫切要求。因此,本研究更加关注大学毕业生的创业意向,大学毕业生创业意向对创业行为的预测效力,以及大学毕业生创业意向的影响因素和形成机制问题。

1.1.2 研究问题

创业意向研究已经发展成为创业研究领域中的一个相对独立的子领域,并吸引了国内外众多的来自经济学、管理学、心理学、教育学等多个学科领域的研究者共同致力于这一研究主题的研究工作。

人们对于个体创业意向的研究,根本的目的是更好地认识和把握人的创业行为。从创业者行为的视角开展创业研究,研究者最初感兴趣的是预先知道"哪些人可能会成为创业者？或者说哪些人可能会真正采取创业行为？"等问题。然而,由于直接从行为的角度来观察创业者的创业活动存在很大的困难,研究者后来试图从认知的角度来把握个体未来可能发生的创业行为。为了探索这样的问题,在20世纪80年代,研究者从社会心理学领域中的"行为意向"术语中引申出"创业意向"这一学术概念,并逐渐形成了"创业意向"这个比较集中而稳定的研究主题。

研究者对个体创业意向的研究前提已经达成了一个基本共识,即认为创业本质上是一种有意识的计划性行为,所以个体的创业意向可以有效地预测其创业行为。克鲁格等(2000)根据计划行为理论的观点指出,正如行为意向是任何有计划的行为的单一预测指标一样,个人的创业意向是其创业行为最好的单一预测指标。因此，为了方便可行地预测哪些人可能会成为创业者，研究者就从关注创业行为转移到研究个体的创业意向，致力于探索个人创业意向的状态、影响因素及形成机制，试图准确地测量个体的创业意向水平，并且想要确定出那些影响个体创业意向的主要因素，进一步深入研究个人创业意向形成的内在机理。

在个体创业意向的研究领域中，关于"大学生"这一群体的创业意向研究最为引人注目。我国研究者最早关注个体创业意向的研究主题，也是从大学生创业意向研究开始的。尽管后来的研究者也会涉及返乡农民工、新生代农民工、复员军人或转业军人等群体的创业意向问题，但是关于大学生创业意向的研究仍然是最受我国研究者关注的。纵观已有研究可见，国内外关于大学生创业意向及其影响因素的研究已经十分丰富，并取得了大量的研究成果。但是，本研究在梳理文献时发现，还存在以下四个问题需要进一步的探索和澄清。

一是研究者对创业意向概念的内涵和结构认识逐渐超出边界。创业意向这一学术术语脱胎于社会心理学的"行为意向"概念，这是世界各国的研究者共知的客观事实。然而，随着过去三十多年来个体创业意向研究的发展，众多来自多个学科领域的研究者投入对个体创业意向的研究，人们对创业意向概念内涵的理解逐渐超出了其原本属于社会心理学意义上的概念边界。最典型的有三种情况，第一种情况是把个体创业意向理解为个人对自己未来实施创业的可能性或概率的判断；第二种情况则不仅认为个体创业意向是指个人对自己将要创业的一种心理状态，还认为创业意向包括个人在正式实施创业前采取的计划和准备行为；第三种情况指向对创业这个上位概念内涵的理解，没有区分广义创业和狭义创业的内涵边界，在某些研究中把继承管理公司、自我雇用等的行为意向也纳入创业意向的外延之中。这些泛化创业意向概念内涵的做法，都将影响人们对个体创业意向内涵认识的准确性，并直接导致了对个体创业意向的结构和测量的偏误。

由于创业意向概念内涵的模糊，以往的研究者关于个体创业意向结构的认识同样存在问题。已有的研究中使用的个体创业意向的测量工具，基本上把个体创业意向的结构分为三种类型，即单一变量结构、多变量结构和多维度结构。单一变量结构就是把创业意向的内涵曲解为个人对自己未来创业可能性的判断，而且单一变量结构的测量精确度受到限制，这种创业意向结构类型的问题显而易见。问题在于后来发展出来的多变量和多维度两种结构类型应该如何取舍，涉及到对创业意向的结构如何正确认识，这都是需要加以澄清的。

二是关于大学毕业生创业意向的影响因素构成体系问题。总体来看，创业意向作为个体的一种心理状态，它的形成和发展一定受到诸多内外部因素的影响。个体创业意向的形成可能既需要一些共同性的条件，而且还可能会受到一些个别的、偶然性因素的影响。以往研究关注的大学生创业意向的影响因素十分多元而且复杂，包括性别等人口学变量、个人背景、家庭背景、人格特质、社会认知、创业教育、人力资本、社会资本、社会支持、经济环境、社会文化等。有关创业意向影响因素的研究大多基于特定的理论模型，有选择地关注某些个别的影响因素与创业意向之间的作用关系。因此，任何一项研究中通常只是有侧重地选择几个变量，并探索这少数几个变量与大学生创业意向之间的关系机理。这就容易使得此类研究陷入自说自话、难以整合的境地。

而且，有一些对大学生创业意向形成具有重要影响的变量，往往被研究者所忽视。比如创业意向形成的促发因素，在有关创业意向的理论模型中被考虑进来，但是没有引起研究者足够的关注，以往研究中缺乏对于影响个体创业意向形成的促发因素的实证考察。特别是针对大学毕业生这个潜在创业者群体，他们的创业意向形成过程可能存在某些特殊的、具有共性的促发因素，构成在大学毕业生创业意向形成过程中起催化作用的变量。

更为重要的问题在于，以往研究针对大学生创业意向的影响因素，大多是探索某些具体的因素和创业意向的关系，从而忽视了对影响因素的分类研究。这种研究上的取向和做法，导致了在大学生创业意向影响因素研究中存在类似"盲人摸象"的问题，不同研究往往各执一端，抓住几个影响因素的变量组合进行研究设计并加以分析讨论。由于各项研究对大学生创业意向影响因素的选择不同、组合方式不同，不同研究的结论一般不便于相互比较，因而难以形成体系化的大学生创业意向影响因素研究结论。这都是缺少通用的合理、稳定的大学生创业意向影响因素研究框架导致的结果。因此，如何在已有研究成果的基础上，对那些影响大学毕业生创业意向的关键因素进行有效的整合，使其形成一个相对稳定的、体系化的因素框架，就成为摆在当前大学生创业意向影响因素研究中需要解决的一个问题。

本研究在以往大学生创业意向影响因素研究的基础上，探索大学毕业生创业意向的主要影响因素，希望基于一定的理论基础首先建立起大学毕业生创业意向的影响因素分类框架，然后根据分类框架并结合已有的研究成果，确定大学毕业生创业意向的主要影响因素以及特有因素。

三是关于多个影响因素共同对大学毕业生创业意向的作用机制问题。以往研究关于不同因素对大学生创业意向的影响机制，解释了各种不同的具体影响因素以何种方式作用于大学生的创业意向，取得了丰富的研究成果。归纳来看，在上述一系列的大学生创业意向影响因素中，有的能够直接影响大学生的创业意向，有的则通过某些中介变量（如计划行为理论模型中的行为态度、主观规范和知觉行为控制，或创业事件模型中的感知的希求性和感知的可行性）间接地影响创业意向，还有的因素对大学生创业意向的影响受到其它变量的调节作用，如性别、国别等因素。

研究者关于大学生创业意向影响因素的作用机制探索研究还存在一些不足。首先，某些影响因素通过一定中介变量对大学生创业意向的产生间接影响，在这种情况下如果研究设计去掉中介变量往往也能得到显著性结论。因此，涉及同一个影响因素的不同研究，对这个影响因素的作用机制问题就会存关于到底是直接影响还是间接影响的争议。其次，对一个影响因素与其他因素共同影响大学生的创业意向时，因为不同研究所关注的其他因素会有所差异，对这一个影响因素的作用机制研究带来了困难。例如，关于冒险倾向人格特质对大学生创业意向的影响机制研究中，既有冒险倾向直接显著影响创业意向，又有通过创业态度和知觉行为控制的中介作用间接影响创业意向，还有在影响创业意向的关系中受到性别的调节作用等。这就使得冒险倾向人格这个影响因素对大学生创业意向的作用机制显得混淆不清。

四是大学毕业生创业意向及其形成机制的差异性研究被忽视。事实上，我国大学毕业生这个群体内部本身存在明显的分化特征，不同的毕业生群体之间具有鲜明的差异。因此，大学毕业生群体内部的这种自然差异，很可能造成他们创业意向的不同，以及创业意向形成机制的不尽一致。例如，很多研究早就发现并关注了性别造成的大学生创业意向不同，即男性和女性大学生的创业意向水平存在显著差异，但是对为什么会有这种差异的解释始终难以令人信服。那么，是否不同性别的大学毕业生创业意向的形成机制也存在差异呢？这是以往研究所忽视的问题。谢宇曾提出的社会科学研究的三个基本原理，其中一个就是变异性原理，就是倡导要关注社会现象的异质性。那么，不同的大学毕业生面对创业活动总是会有很不相同的态度和反应，因此不同的大学毕业生的创业意向存在差异，并且他们的创业意向形成机制也不尽一致，就是完全符合社会科学变异性原理的。

在以往研究的基础上，关注不同大学毕业生群组之间的创业意向差异，并探索大学毕业生群体内部的创业意向形成机制的不同之处，是对研究大学毕业生创业问题的有益延伸。本研究希望根据一定的理论观点，试图在明晰创业意向概念的内涵和结构基础上，通过确立大学毕业生创业意向的影响因素框架和主要影响因素，进一步探索这些具体的影响因素对大学毕业生创业意向的作用机制，以及不同大学毕业生群组之间的创业意向形成的机制差异。

1.1.3 研究意义

基于上述研究背景和研究的主要问题，本研究以班杜拉的社会学习理论（包括三元交互决定论、自我效能理论、观察学习理论）和计划行为理论为主要的理论基础，借鉴有关大学生创业意向及影响因素理论模型的主要观点，围绕大学毕业生创业意向影响因素及其作用机制开展相关理论分析和实证研究，具有以下理论和实践两个方面的意义。

（1）理论意义

从理论层面来看，本研究的意义体现在如下三方面。

第一，对个体创业意向研究的理论贡献。

首先，国内外研究者对于个体创业意向的内涵与结构存在多样化的认识，有的认为创业意向就是对自己未来从事创业的可能性判断，有的则认为创业意向是一种引导个人创业的一种心理状态，还有的认为创业意向是个人为未来从事创业做的努力、准备等活动。可见，对于创业意向概念的内涵理解，研究者还存在不小的分歧，这对于深化个体创业意向的研究十分不利。本研究首要地工作在于进一步探讨个体创业意向的内涵，澄清那些对个体创业意向内涵的不当认识，甚至是偏误、歪曲的认识。另外，研究者对于大学生创业意向所指向的创业行为也有不同的理解，有的认为创业就是自我雇用，有的认为创业就是创建新的企业组织，还有的认为创业是创造新的价值。本研究同时将对创业意向所指向的创业行为的内涵进行讨论，并结合大学毕业生创业意向的研究主题，界定本研究倾向的对创业行为内涵的理解。总之，本研究将通过文献梳理和对已有研究成果的分析，深入理解大学毕业生创业意向的具体内涵与内部结构，为推进研究个体创业意向的概念内涵与结构作出一定的贡献。

其次，本研究将在系统地梳理、总结国内外有关研究采用的个人创业意向测量工具的基础上，对这些测量工具的设计思路和题目构成进行统一的分析和比较，借以探讨如何才能科学、有效地测量大学毕业生的创业意向。然后，本研究将广泛借鉴已有测量工具的优点，并结合我国大学毕业生实际情况，设计、开发大学毕业生创业意向的测量工具。这对于采用量化分析技术开展关于大学毕业生创业意向的实证研究具有基础性价值，可以保证研究数据的准确性和可靠性，并促进关于大学毕业生创业意向的量化实证研究深入发展。

最后，本研究聚焦大学毕业生这个特殊的潜在创业者群体，分析大学毕业生的创业意向特征，并探索大学毕业生创业意向对创业行为的预测效力，建立起创业意向和创业行为之间的关系，对以往大学生创业意向的研究领域做出了一定的拓展。而且，本研究将研究对象从在校大学生转移到大学毕业生群体，将有助于引导大学生创业意向研究更加贴合现实的需要。

第二，探索大学毕业生创业意向的影响因素分类框架，并分析具体影响因素的内涵，设计开发大学生创业意向和各个影响因素的测量工具。

首先，本研究将根据社会学习理论和计划行为理论的基本观点，以及以往研究中有关大学生创业意向及影响因素的理论模型，在回顾梳理已有研究成果的基础上，确立大学毕业生创业意向的影响因素分类框架，并提出影响大学毕业生创业意向的主要个人因素和环境因素。这有助于对大学毕业生创业意向影响因素进行体系化的研究，可以有效引导大学毕业生创业意向影响因素研究逐渐融合，有利于加强研究之间的对话交流，形成更加紧密的研究共同体，促进探索关于大学毕业生创业意向影响因素的内在规律。

其次，本研究将探讨大学毕业生创业意向的主要影响因素的内涵。在个体创业意向研究领域中，逐渐衍生出一些影响因素的专门学术概念，例如创业态度、创业自我效能、创业机会识别等。本研究将在深入分析以往有关研究的基础上，对大学毕业生创业意向主要影响因素的概念内涵进行讨论。这将有助于研究者规范使用有关影响因素的专门术语，促进形成关于大学毕业生创业意向影响因素概念的学术话语体系。

最后，为了进一步开展实证研究，本研究将基于对大学毕业生创业意向主要影响因素内涵的讨论，并借鉴以往研究成果，设计、开发大学毕业生创业意向主要影响因素的测量工具。这将有助于为我国大学毕业生创业意向影响因素的量化实证研究提供设计、开发工具基础。

第三，构建并检验大学毕业生创业意向的影响因素及作用机制整体理论模型，探索大学毕业生创业意向的主要影响因素对创业意向的作用机制。

首先，本研究将根据有关理论观点，借鉴、融合以往大学生创业意向形成及影响因素模型，并在梳理有关大学生创业意向影响因素研究成果的基础上，构建一个大学毕业生创业意向及作用机制的整体理论模型。这个理论模型包括了大学毕业生创业意向与创业行为的关系，创业意向的主要影响因素，以及影响因素与创业意向之间关系的理论假设。这对丰富大学毕业生创业意向的理论模型研究有新的贡献。

其次，本研究将利用对陕西省大学毕业生的问卷调查获得的研究样本数据，并采用一系列的定量数据分析方法，实证地分析、讨论大学毕业生创业意向和创业行为，创业意向和主要影响因素之间的关系，从而检验上述构建的大学毕业生创业意向的影响因素及作用机制整体理论模型。通过量化数据的分析进行理论模型的检验，并对理论模型进行修正，可以深入分析大学毕业生创业意向影响因素如何作用于创业意向，以及作用的大小。

最后，本研究将结合数据分析发现的不同影响因素对大学毕业生创业意向的作用方式，讨论各种关系机制的深层次原因。此外，本研究还将分析大学毕业生群体内部分层的创业意向差异，以及不同群组的大学毕业生创业意向形成机制的差异。这都有助于深化人们对大学毕业生创业意向形成机理的认识。

（2）实践意义

从实践层面来看，本研究的意义体现在如下四方面。

第一，有助于为政府制定和落实大学毕业生创业扶持政策提供参考。当前，我国政府对扶持大学毕业生自主创业具有迫切的要求，但是各地有关大学毕业生创业扶持政策还不够完善，针对性还不够强，大学毕业生创业扶持政策的落实、落地还存在不少障碍。本研究从大学毕业生创业意向这个切入点，探讨影响大学毕业生创业意向的主要因素，以及分析影响因素对大学毕业生创业意向的作用机制，研究发现的结论将有助于为政府有关部门科学地分析大学毕业生创业意向形成的规律提供理论支撑，从而为政府制定并执行有关大学毕业生创业扶持政策提供参考。

第二，有助于为促进大学毕业生以创业带动就业提供智力支持。近年来，我国高校毕业生规模日益增大，大学毕业生的就业压力逐年提高。在国家"以创业带动就业"战略的引领下，我国政府和有关部门不断强调鼓励大学毕业生自主创业的重要性，连续多年出台了一系列扶持大学毕业生创新创业的政策措施。然而，政府制定的某些政策措施实施起来仍存在落地难，连续性、系统性、针对性不强等问题，难以从根本上解决大学毕业生创业遇到的瓶颈限制，对大学毕业生创业的融资、经营等扶持性服务还不到位。本研究通过探索大学毕业生创业意向的影响因素，寻找可能阻碍大学毕业生创业的各种制约条件，为政府畅通大学毕业生创业渠道提供指导，切实促进大学毕业生以创业带动就业。

第三，有助于为高校开展创新创业教育和有效提升大学毕业生创业意向提供指导。随着我国高校创新创业教育深入实施，高校在开发创新创业教育课程、组织创新创业训练和比赛、打造创新创业教育平台、建设创新创业教育资源，以及为大学生创业提供支持服务等方面取得了明显的成效，但是大学毕业生的创业意愿水平和实际创业率仍受制于多种因素难以有效提升，抑制了大学毕业生的创业潜力开发。本研究的有关研究结论将为高校改进优化创新创业教育，激发大学毕业生创业热情，有效提升大学毕业生创业意向提供有价值的指导性意见。

第四，有助于推动社会各界参与帮助大学毕业生创业，促进"大众创业万众创新"的高质量发展。大学毕业生是我国参与"大众创业万众创新"不可或缺的重要群体，也是促进我国科技创新成果通过创新创业实现转化的依靠力量。但是，大学毕业生创业必须立足社会土壤，从社会环境中获取创业资源和支持。本研究关注影响大学毕业生的主要因素，致力于探索提升大学毕业生创业意向、促进大学生采取创业行动的内在规律。其中，社会环境是影响大学毕业生创业意向不可忽视的重要因素，本研究的相关研究结论，将重点分析来自社会环境中的因素对大学毕业生创业意向的作用机制。这些观点将引起人们对社会环境的重视，引导社会各方力量参与扶持大学毕业生自主创业，促进形成支持大学毕业生创业的良好生态环境系统，最终将有利于促进我国"大众创业万众创新"向高质量发展。

1.2 研究内容和方法

1.2.1 研究内容

本研究拟开展的研究工作包括：

（1）梳理国内外有关大学生创业意向及其影响因素的研究文献

首先，检索过去40多年来国内外有关个体创业意向，特别是有关大学生创业意向的研究文献，从这些文献中分析研究者对个体创业意向的内涵与结构的认识、理解。基于这些研究成果，本研究将对大学生创业意向的概念内涵与结构进行深入探讨，澄清对创业意向概念内涵和结构的不恰当认识。同时，本研究将通过文献研究，把以往研究中所采用的一系列个体创业意向测量工具进行系统整理，并归类分析各种创业意向测量工具的结构，为本研究设计、开发适合于大学毕业生创业意向的测量工具奠定基础。

其次，检索有关大学生创业意向影响因素的相关文献。本研究将对以往研究者关注的大学生创业意向的主要影响因素进行归纳，分析有关大学生创业意向影响因素的学术概念的内涵，整理有关研究中采用的大学生创业意向影响因素的变量测量工具。本研究还将根据研究文献的结论成果，考察这些影响因素和大学生创业意向的关系，分析这些影响因素对大学生创业意向的作用机制。这将对本研究设计、开发大学毕业生创业意向影响因素的变量测量工具，以及构建大学毕业生创业意向的影响因素及作用机制理论模型提供文献支持。

再次，检索有关大学生创业意向形成机制模型的研究文献，以及大学生创业意向影响因素模型的研究文献。同时，深入考察社会学习理论（Social Learning Thoery）和计划行为理论（Theory of Planned Behavior）等基础性理论的主要观点，以及这些基础性理论产生、发展的历史脉络，从理论层面分析大学毕业生创业意向形成的认知心理过程机制，并为确立合理的大学毕业生创业意向影响因素分类框架，以及为构建大学毕业生创业意向影响因素的作用机制理论模型，寻找科学、坚实的理论基础。

最后，本研究在以上文献研究的基础上，构建大学毕业生创业意向影响因素及作用机制的整体理论模型，以及个人因素、环境因素影响大学毕业生创业意向机制的理论模型，并根据理论模型提出了相关的研究假设。

（2）开展大学毕业生创业意向及其影响因素的问卷调查

首先，为了通过问卷调查获得有关大学毕业生创业意向及影响因素的样本数据，本研究将在参考借鉴上述文献研究的相关成果，设计、开发大学毕业生创业意向、创业行为及创业意向主要影响因素的测量工具，并对测量工具的信效度进行检验。

其次，本研究借助西安交通大学中国西部高等教育评估中心实施的"陕西高校毕业生就业创业跟踪调查"项目，于2020年1月对陕西高校2019届毕业生开展了大规模的在线网络问卷调查，也就是在大学毕业生毕业离校后6个月左右的时间实施了问卷调查。

最后，本研究对通过问卷调查获得的样本数据进行回收处理，根据研究变量统计分析的需要对样本数据进行了清洗，最终获得了研究对象的7620个样本数据，作为本研究开展量化实证分析的数据基础。

（3）利用调查数据实证分析大学毕业生创业意向影响因素的作用机制

首先，为了弄清楚研究对象的创业意向基本特征，本研究利用样本数据分析了陕西省大学毕业生创业意向的基本特征，以及比较了不同组别大学毕业生创业意向的差异，同时还分析了大学毕业生创业意向和创业行为的关系，以考察大学毕业生创业意向对其创业行为的预测效力。

其次，本研究根据大学毕业生创业意向影响因素及作用机制的整体理论模型，分析了创业态度、主观规范和创业自我效能等创业意向的前置认知变量对创业意向形成的影响作用及关系机制，并专门探讨了大学毕业生的离职倾向在创业意向形成中作为促发因素，对前置认知变量影响创业意向所发挥的调节作用。

再次，根据个人因素影响大学毕业生创业意向机制的理论模型，分析大学毕业生的创业机会识别能力、创业价值认同、创业失败恐惧感、创业经历等个人因素如何作用于大学毕业生的创业意向，并专门讨论了大学毕业生的创业人格特质对这些个人因素影响创业意向的调节作用，验证了根据模型提出的有关研究假设，同时还讨论了相关的研究结果。此外，根据环境因素影响大学毕业生创业意向机制的理论模型，分析大学毕业生所受到的大学创业教育质量、获得的创业支持、周围社会关系中的创业榜样、所在地区的经济环境等环境因素如何作用于大学毕业生的创业意向，并讨论了创业人格对这些环境因素影响创业意向的调节作用，验证了有关研究假设，讨论了相关的研究结果。

最后，按照性别、学历、专业类别和高校类型对大学毕业生的调查样本进行分层，采用线性分层模型和结构方程模型的分析技术，探索了不同群组大学毕业生之间的创业意向形成机制的差异。

1.2.2 研究方法

基于上述本研究所提出要解决的主要问题，以及本研究计划开展的研究工作内容的实际需要，本研究主要采用文献研究和量化研究相结合的方法开展各部分相应的研究工作，即通过文献研究进行理论分析，构建研究的理论模型，进而借助量化数据开展实证分析，验证理论模型和有关研究假设。具体的研究方法和技术如下：

（1）文献研究

本研究围绕大学毕业生创业意向影响因素及作用机制，针对上文提出的三个方面主要研究问题，对国内外有关大学生创业意向及影响因素的研究成果进行检索、梳理，并检索社会学习理论、计划行为理论等文献资料，以解释大学生毕业生创业意向的形成机制问题。本研究在文献检索的过程中，主要对Emerald、Springer、EBSCO Host、中国知网等国内外主要的数据库进行检索，并借助谷歌学术、百度学术、Researchgate等学术文献检索引擎和学术文献共享平台的支持，获得了大量与本研究相关的文献资料。

本研究对获取的文献资料进行认真阅读、整理，并根据文献阅读的情况，不断补充检索相关文献，直至达到理论分析需要文献的饱和水平。在文献分析的过程中，本研究从创业意向的内涵与结构、创业意向的理论模型、大学生创业意向的影响因素等几个方面分别整理了有关研究成果。

（2）理论建模

本研究在文献研究的基础上，以社会学习理论和计划行为理论为基础，分析了大学毕业生创业意向形成的认知心理机制，并借助已有研究成果的启发，在融合了克鲁格（2000）的创业意向认知基础模型、彭正霞和陆根书（2013）的大学生创业意向影响因素模型的基础上，建构了大学毕业生创业意向的影响因素及作用机制的整体理论模型。

本研究根据三元交互决定论，建立了大学毕业生创业意向影响因素的分类框架，提出了大学毕业生创业意向的影响因素包括个人因素和环境因素两类。

同时，根据文献研究确定了影响大学毕业生创业意向的主要个人因素和主要环境因素。为了进一步深入分析具体的个人因素和环境因素是如何作用于大学毕业生的创业意向，本研究又构建了个人因素对大学毕业生创业意向的作用机制模型和环境因素对大学毕业生创业意向的作用机制模型。基于以上构建的理论模型，本研究提出了有关的研究假设。

（3）**问卷调查**

本研究在综合参考国内外有关大学生创业意向、创业行为及创业意向主要影响因素的测量工具研究成果基础上，结合我国大学毕业生的实际情况，设计开发大学毕业生创业意向及其影响因素的测量工具，并开展大学毕业生创业意向问卷调查。本研究的问卷调查工作是借助西安交通大学中国西部高等教育评估中心实施的"陕西高校毕业生就业创业跟踪调查"项目，通过网络平台对陕西省大学毕业生实施问卷调查，从而回收获得有关大学毕业生创业意向及其影响因素的调查数据。

（4）**量化数据统计分析**

本研究利用问卷调查获得的样本数据，围绕大学毕业生创业意向的基本特征、组别差异，创业意向与创业行为的关系，以及大学毕业生创业意向影响因素的作用机制等问题，借助 SPSS18.0、AMOS17.0 和 Stata16 等量化数据统计分析软件，采用描述性统计、T 检验、方差分析、因素分析、信效度分析、哈曼单因素检测、相关分析、多元回归分析、层次回归分析等多种不同的量化数据分析技术，以及中介效应和调节效应检验等方法，检验了变量测量工具的可靠性和可信度、变量之间的共同方法偏差，分析了大学毕业生创业意向特征等的量化实证结果，并探索了不同影响因素对大学毕业生创业意向的影响机制，以及不同群组大学毕业生的创业意向形成机制的差异。

（5）**结构方程模型**

结构方程模型的优势在于支持同时分析多个变量之间复杂的相互作用关系。本研究使用结构方程模型分析技术，重点分析多个个人因素和环境因素变量，和大学毕业生创业意向及其前置认知变量之间复杂的相互影响关系。这对于解释大学毕业生创业意向形成的认知心理机制具有更好的适应性。

本研究应用结构方程模型，分析了大学毕业生的创业态度、主观规范和创业自我效能等三个创业意向的前置认知变量，在个人因素、环境因素和大学毕业生创业意向之间的中介作用，从而分别检验了个人因素、环境因素影响大学毕业生创业意向的作用机制理论模型，并通过路径分析比较了不同的影响因素对大学毕业生创业意向影响作用的大小。为了进一步探索不同群组的大学毕业生创业意向的形成机制差异，本研究利用结构方程模型的多群组分析技术，比较了不同群组大学毕业生创业意向的前置认知变量（创业态度、主观规范和创业自我效能）在个人因素、环境因素和创业意向之间中介作用的差异。

（6）分层线性模型

分层线性模型的作用是可以针对同一个线性回归方程，比较不同群组的研究对象之间各个自变量的回归系数的差异。本研究使用分层线性模型分析技术，主要是针对理论模型中包含的多个变量之间的回归方程，为了比较不同群组的大学毕业生在同一个回归方程中回归系数的差异，以探索大学毕业生创业意向形成机制的内部变异性。

本研究针对从创业意向对创业行为的影响，从创业意向前置认知变量对创业意向的影响以及离职倾向的调节效应，从个人因素、环境因素对创业意向前置认知变量的影响以及创业人格的调节效应等变量之间建立的线性回归方程，分别按照大学毕业生的性别、学历、专业类别、高校类型进行分层，利用Stata16软件中的似不相关回归模型检验，比较不同群组的大学毕业生在各个回归方程中自变量的回归系数差异，以解释大学毕业生创业意向形成机制的群组差异。

1.3 研究框架和技术路线

1.3.1 研究框架

本研究基于班杜拉的社会学习理论（包含三元交互决定论、自我效能理论和观察学习理论）和计划行为理论的主要观点，并借鉴已有的关于个体创业意向形成和影响因素模型的研究成果，构建了研究过程展开所遵循的基本框架。

首先，本研究从社会认知论的视角分析了个体创业意向形成的内部认知心理过程机制，并根据彭正霞和陆根书（2013）的大学生创业意向影响因素模型，提出创业态度、主观规范和创业自我效能是直接影响大学毕业生创业意向的三个前置认知变量。彭正霞和陆根书的研究是在综合分析了国外十余个有影响力的个体创业意向形成模型的基础上，构建了大学生创业意向的影响因素概念模型,并利用中国大学生的调查数据对此概念模型进行了实证检验,具有对本研究关于大学毕业生创业意向形成机制的重要参考价值。

其次,根据克鲁格(2000)的创业意向认知基础模型,考虑了促使大学毕业生创业意向形成的促发因素,有利于完善对大学毕业生创业意向形成机制的理论解释。本研究以大学毕业生的离职倾向作为大学毕业生创业意向形成的促发因素,这种促发作用表现为促发因素可能会调节创业意向前置变量影响创业意向的关系。因此,大学毕业生的离职倾向发挥了调节创业态度、主观规范和创业自我效能等三个前置认知变量对大学毕业生创业意向影响的作用。

再次,根据计划行为理论模型,本研究将大学毕业生的创业意向作为其创业行为的直接唯一预测变量。按照计划行为理论的观点,大学毕业生的创业行为是一种有计划、有意识的理性行为。在创业行为发生之前,大学毕业生一定首先具有较高水平的创业意向。因此,大学毕业生的创业意向是可以独立地影响其创业行为的一个心理状态变量。

最后,根据三元交互决定论的基本框架,本研究将影响大学毕业生创业意向的因素分为个人因素和环境因素两类,并基于对有关大学生创业意向影响因素的文献综述,提出了影响大学毕业生创业意向的主要因素,以及建构了各个影响因素和大学毕业生创业意向及其前置认知变量之间的关系,从而分别探索个人因素和环境因素对大学毕业生创业意向的作用机制。本研究将创业人格作为对其它个人因素、环境因素影响大学毕业生创业态度、主观规范和创业自我效能的调节变量。综合以上分析,本研究提出的基本研究框架如图1-2所示。

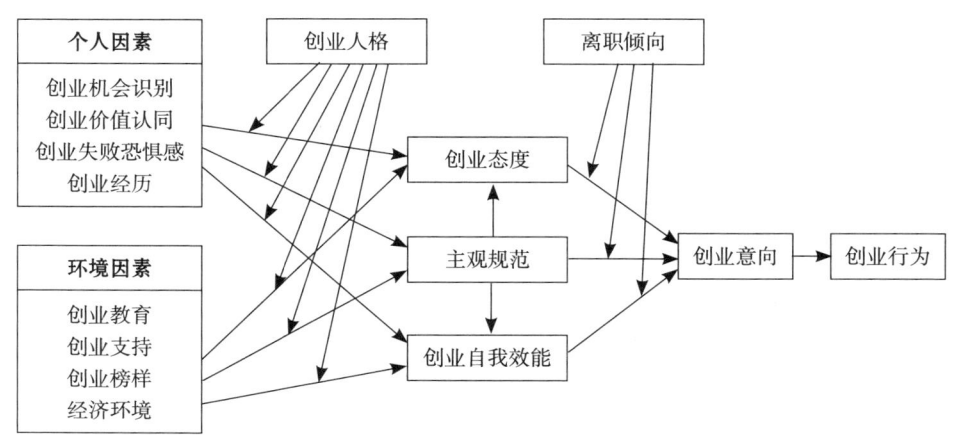

图1-2 研究的基本框架

1.3.2　技术路线

基于对上述研究问题的分析，以及对研究内容的设计，本书为了有效地实现全部研究目标，将研究工作过程共分为五个阶段来展开，分步安排并完成相应的研究任务。

第一阶段是理论研究阶段。本研究始于关注探索那些存在于大学生创业意向研究领域中尚未明晰或者尚存矛盾争议的理论问题。因此，第一阶段的工作主要是围绕上文所提出的四个具体研究问题进行理论分析，回顾并梳理已有对个体创业意向及其主要影响因素的内涵、结构和测量工具，以及对大学生创业意向的形成机制和有关理论模型等方面的研究成果。

第二阶段是研究设计阶段。本研究遵循理论导向的实证研究原则，因此十分重要的是进行研究设计。首先，需要在第一阶段研究工作的基础上，充分梳理有关大学生创业意向及其影响因素之间关系的研究成果，深入分析有关大学生创业意向形成的内在机制的理论观点。其次，本研究提出了大学毕业生创业意向影响因素及其作用机制的整体理论模型，并在整体理论模型的基础上提出一系列研究假设。最后，进行了大学毕业生创业意向和影响因素等相关变量测量工具的设计与开发，为后续研究阶段做好充分准备。

第三阶段是研究实施阶段。这一阶段主要是选取研究对象实施问卷调查研究，即使用上一阶段设计开发的大学毕业生创业意向和创业行为，以及创业意向的影响因素等变量的测量工具，对2019届陕西省大学毕业生进行问卷调查，并回收和处理调查数据，获得本研究所需要的研究样本数据。

第四阶段是实证分析阶段。此阶段是利用问卷调查获得的研究样本数据，在大学毕业生创业意向影响因素及其作用机制的整体理论模型框架下，逐步开展了大学毕业生创业意向基本特征及其与创业行为的关系分析、个人因素影响大学毕业生创业意向的作用机制分析、环境因素影响大学毕业生创业意向的作用机制分析，以及不同群组的大学毕业生创业意向形成机制差异分析等四个方面的实证分析，并通过实证分析对所提出的一系列研究假设进行检验，对所得到的研究结果进行深入讨论。

第五阶段是研究总结阶段。本研究的总结部分，主要是根据研究结果的讨论概括提出本研究的主要结论并提出有关政策建议。最后，本研究还分析了研究的主要理论贡献和创新点,并对本研究的局限性进行了反思,分析研究存在的不足之处,以及设想未来的研究发展方向。本书研究的技术路线如图1-3所示。

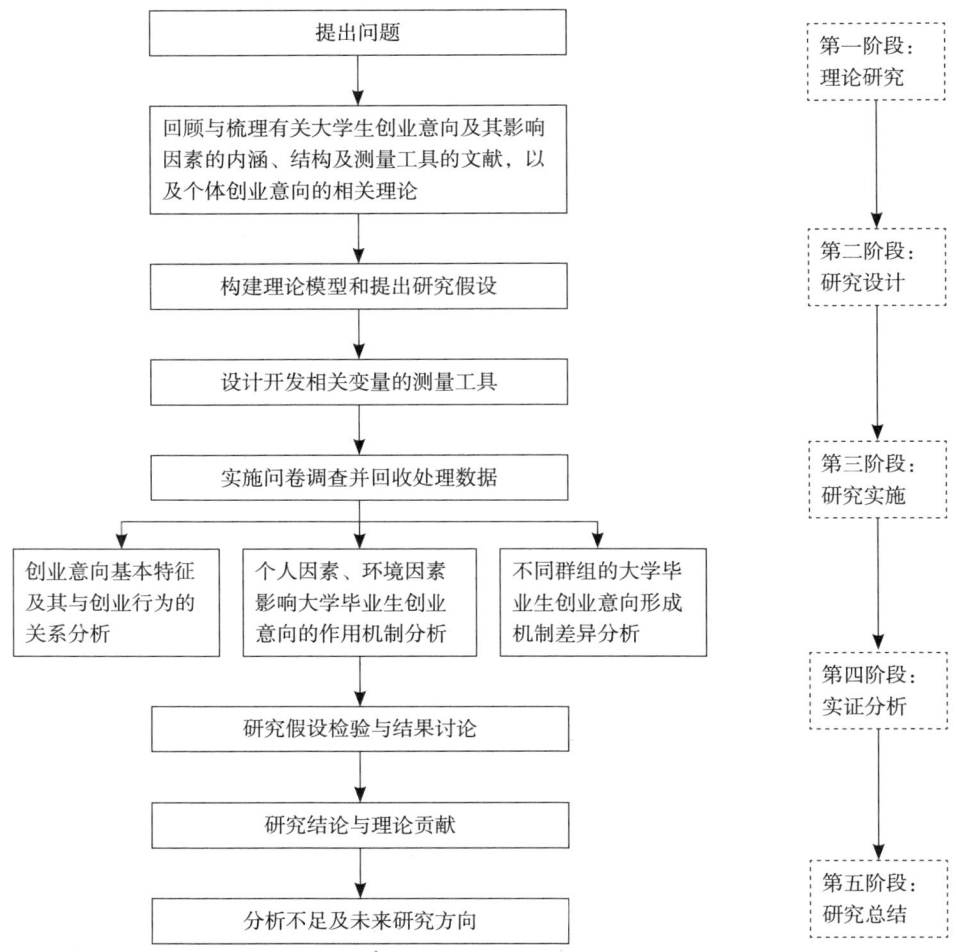

图1-3 研究的技术路线

2　文献综述

2.1　创业意向的内涵与结构

2.1.1　创业意向的内涵

行为意向是一个心理学概念，表示个体对自己未来实施某种行为的信念、承诺和心理倾向。行为意向反映了个体当下的一种心理状态，这种心理状态是个体对自己未来行为的预期。因此，行为意向可以引导个体为实施目标行为作出努力，从而可能促使个体未来行为的发生。

社会心理学认为，人类的社会行为发生需要一定的基础。早期研究认为遗传因素决定了人的社会行为，强调基于遗传的本能因素和一些经验相互作用，就构成了人类一切行为活动的基础。因此，个人的行为是由本能、动机、特质等内在因素所决定的。但是，人类社会行为的环境决定论反对这种观点，认为人类的行为除了很少的简单反射性行为之外，完全是由外界环境所塑造的，人类的社会行为是一定环境的结果，控制环境就可以控制人类的行为。因此，人类社会行为的基础是环境而不是遗传。随着心理学研究的进步，人们认识到遗传和环境共同决定人类的心理和行为，不是遗传因素或环境力量单方面可以决定的，个人内在的认知心理过程和环境因素的相互作用决定了人类的行为。社会认知理论在解释人类行为发生的基础方面受到了极其广泛的认同，并在诸多社会、经济和管理研究领域得到广泛应用。行为意向概念在社会认知理论成为主流理论的背景下受到了研究者的高度关注。

行为意向这一心理学概念被引入创业研究领域后，研究者引申出了创业意向（Entrepreneurial Intention）的概念，并在此后逐渐形成了一个比较突出的研究热点，成为创业研究领域中一个相对比较独立的子领域。

创业意向概念的提出有其特定的创业研究理论背景。从世界范围内来看，创业研究兴起于20世纪60、70年代。西方学者在最初研究阶段关注创业者特征，主要探讨"谁是创业者"的问题，解释"为什么有的人最终成为创业者而有些人却始终没有"这一疑问。早期的研究者基于人格分类理论探讨创业者人格特质对其创业行为的影响，试图寻找出创业者和企业管理人员或普通人之间的一般性特征差异。但是，基于人格特质视角的研究结论往往存在很大的不稳定性，甚至是相互冲突的情况。因而创业者特质研究遭到了很多批评，认为通过人格特质将创业者和普通人加以区分是不切实际的。例如德鲁克（Drucker，1985）和加特纳（Gartner，1988）均认为，应该通过行为途径而不是个体特征去理解创业。

此后，创业研究的关注点由创业者特征逐渐转向了创业过程本身，探索创业过程中创业者的创业行为发生机制，行为科学理论被应用于相关研究。然而，后来的研究者又意识到，通过行为主义学习理论简单的刺激—反应模式来解释创业行为，同样存在很多的局限性。从经济学的视角看，一个人是否选择从事创业符合"理性人假设"。创业决策是一个理性的行为，因此创业者在做出创业决策之前，应该是通过了一个复杂的创业认知过程。在这个过程中，创业者对获得的各类相关信息进行加工处理，运用各种不同的思维方式做出判断和决策。

20世纪80年代以后，有关个体创业行为的研究从行为视角明显转向了认知视角，开始关注创业者内在的认知心理过程和动机性因素对其创业行为的影响。而且，从创业活动过程到认知心理过程的研究取向转变，使得社会心理学领域的有关理论被广泛应用于创业者的创业行为研究。

在这种情况下，夏皮罗（Shapero）和索科尔（Sokol，1982）基于社会认知理论提出了创业事件模型（Entrepreneurial Event Model），其中首次使用了创业意向（Entreprenuerial Intention）这一术语。伯德（Bird，1988）首次解释了创业意向概念的内涵，认为创业意向是引导一个人的注意、经验和行为持续关注一个商业想法并实现创业目标的心理状态（State of Mind）。克鲁格（Krueger，1993）认为创业意向是潜在创业者对自己从事创业活动在大脑内部形成的一种认知结构（Cognitive Structure），这种认知结构由关于创业的目标和关于创业的计划两部分构成，创业意向反映了潜在创业者在个人思想中对创建一个新的企业组织的愿景或者是未经书面化的计划。汤普森（Thompson，2009）将个体创业意向定义为"个体计划创办新企业的信念，并且在将来的某个时候会自觉地履行这些计划"。可见，早期的研究者对创业意向的内涵虽然持有不尽相同的看法，但都从心理学的视角，将创业意向理解为一个人在个体心理的层面对自己以创业为特定目标的反映。

此后，关于个体创业意向的研究逐渐对这个概念内涵进行了拓展。西森（Sesen，2013）认为，创业意向是个体为实施创业将要做出的努力，姚等人（2016）则认为，创业意向是个体为开办一家公司所做的准备。可见，研究者对创业意向内涵的理解，已经超出心理层面，逐渐将一些与创业有关的行为纳入创业意向的内涵中。

有关创业意向的研究之所以得到快速发展，一个重要的原因是研究者把个体创业意向研究建立在一些比较坚实的社会心理学理论的基础上，并根据这些社会心理学理论把创业意向和创业行为的关系研究纳入进来，因此获得了从理论到实践的两方面优势。关于创业意向和创业行为的关系，克鲁格等人（2000）认为，创业是一种有计划的意向性行为，个体做出创业的决定需要经过复杂的认知心理过程，创业意向是预测其创业行为的最有效的指标。巴格齐等人（1989）也认为，个体在创业前一定先具有创业意向，只有具有创业意向的人才会真正去从事创业。因此，个体创业意向对其未来的创业行为具有重要的预测作用。

研究者对于创业意向的内涵认识，概括起来基本存在三种相互独立的观点，其中包含着较大的分歧。第一种是认为创业意向是个体对自己从事创业活动的可能性或者概率的判断；第二种是认为创业意向是个体对将要从事创业活动的心理状态，包括注意、期望、考虑、兴趣、承诺、信念等；第三种是把创业意向界定为个体在正式实施创业前的一些行为，如计划、筹备、努力等，我们可以统称为"早期创业行为"。

仔细分析可以发现，首先，把创业意向作为一种个体从事创业的可能性，表面上与个体创业行为有着直截了当的关系，可以用来预测个体创业行为。然而，以可能性或者概率来界定创业意向概念的内涵，看似是有利于建立创业意向和创业行为的关系，实际上是将这一概念做了"空心化"处理，并没有指向任何特定的心理状态，因而其内涵是模糊的。而且，用可能性的概率值来测量个体创业意向水平，可能存在很大的不稳定性。其次，将创业意向界定为一些"早期创业行为"，这实际上已经超出了"意向"这一心理学概念的范畴，创业意向的行为内涵已经不能反映个体的心理状态。而且，"早期创业行为"实际上也是创业行为，因为执行了"早期创业行为"的创业者至少是在尝试性地进行创业，或者已经做出了从事创业的决定，只不过这时创业者可能还没有正式建立创业组织，没有将各种创业活动要素完整地组合起来，仍然处于初始创业的过程之中而已。最后，把创业意向定义为个体对自己将要从事创业活动而形成的特定心理状态，可以从目标、承诺、期望等多个心理状态的维度对这一概念的范围做出全面、规范的界定，因而是比较合理的创业意向内涵观点，本研究采纳这种创业意向内涵的观点。

事实上，对创业意向的内涵进行界定，还涉及需要回答"创业到底是什么"的问题，或者说创业行为到底指的是哪些行为。关于创业意向所指向的创业行为，在研究中也存在很多不同的表述。例如，把创业意向界定为"开办新公司"的意向、"自我雇用"的意向、"发展并实现一个商业构想"的意向、"拥有一家公司"（即不一定是新建一家公司，也可以通过收购或继承等方式拥有）的意向、"开创自己的事业"的意向，以及"在现有的组织内部开发新的价值要素"的意向等。可见，在英语文献中研究者使用的这些各不相同的创业意向概念，虽然指出了不同的创业类型，但是一定程度上有泛化创业行为范围的问题，实际上不利于对创业意向内涵的澄清。为了理论研究的需要，研究者应该对创业意向所指向的创业行为加以明确。

我国研究者一般将创业意向中隐含的个人创业行为，表述为"成为创业者""从事创业""准备创业"等。可见在中文语境下，我国研究者可能对一般意义上的创业行为内涵存在一种默认的观点，即创业是一种与传统的岗位就业相对的职业。本研究以大学毕业生为对象，大学毕业生把创业作为自己的职业，就是要创造一个新的企业组织，而不是去现有的组织从事一定岗位的工作。正如加特纳（1988）认为的那样，基于行为视角来看，创业者创造组织，非创业者则没有创造组织，创业者的创业行为就是指他们卷入了一系列创造组织的活动中。因此本研究认为，创业就是抓住商业机会，整合资源要素，创建企业组织并进行经营的活动。在这个意义上，大学毕业生的创业意向就是指他们抓住商业机会，利用各种资源，并意欲创造和管理一个新的企业组织的心理状态。

需要说明的是，创业概念本身具有广义和狭义之分。狭义的创业仅指创建新的企业组织的活动过程。广义的创业概念内涵和外延的范围更大，可以是指创立一份事业，创办一家企业，或者在现有的组织内部进行价值创新等。考虑到针对大学毕业生创业意向研究的实际情况，本研究倾向于采用狭义的创业概念。

2.1.2 创业意向的结构与测量

研究者一开始提出和使用创业意向，将创业意向看作单一维度的概念，并没有注意对其内部结构进行分析。在测量方式上，最早多采用单一变量测量法来测量个体创业意向。例如，克鲁格等人（2000）曾使用"估计你在未来5年创办新企业的可能性"这一题目来测量个体的创业意向。吕特耶（Lüthje）和弗兰克（Franke，2003）则使用"在大学毕业后可见的未来进行自我雇佣的可能性"这一题目测量美国麻省理工学院大学生的创业意向。这种对个体创业意向结构和测量的简单化处理，在研究上存在很多局限性，既不利于对创业意向内涵的完整理解，又不利于对个体创业意向的精确测量，因而会导致很难将不同研究的结论放在统一的概念框架之下进行比较和整合。

研究者注意到这个问题后，开始关注个体创业意向的内部结构，在测量方式上逐渐采用多变量测量。例如，陈等人（1998）采用"对建立自己企业有多大的兴趣""在多大程度上考虑建立自己的企业""在多大程度上已经准备建立自己的企业""有多大可能去努力建立自己的企业""多久之后可能建立自己的企业"5个题目测量创业意向。利尼安和陈（2009）使用"无论如何我都准备成为一名创业者""我的职业目标就是成为创业者""我会尽一切努力开办并经营自己的企业""我已经决定创办一家公司""我已经严肃地考虑过创办公司""我有决心总有一天要创办一家企业"等6个题目来测量个体的创业意向。

采用多变量测量法，要求探索个体创业意向的内部结构，并考虑具体测量题目的设计问题。从创业意向所指向的心理状态来看，个体创业意向的结构包括期望、兴趣、考虑、承诺、关注、职业目标、创业偏好等；从创业意向所指向的创业行为含义来看，可以包括创办新企业、自我雇佣、收购和经营企业等。例如，彭正霞和陆根书（2013）在借鉴相关研究的基础上设计的大学生创业意向测量工具，就是从创业的兴趣、期望、准备、受限制时的职业偏好等方面测量大学生的创业意向。可以说，多变量测量法很好地弥补了单一变量测量法测量误差过大的不足，被后来的大多数研究者所采用。

进一步来看，随着对创业意向概念结构的深入讨论，有的研究者认为创业意向是一个复杂的心理概念，因而他们开始不满足对个体创业意向进行单一维度的结构设计，并尝试开发了多维度的创业意向测量工具。例如，李海垒等人（2011）从创业目标意向和创业执行意向两个维度测量中国大学生的创业意向。他们的测量工具共包含12个题目，其中6个题目测量创业目标意向，如"我想成为创业者"，另外6个题目测量创业执行意向，如"当找到合适的搭档时，我会去创业"。此外，亚当（Adam）和法约尔（Fayolle，2015）也赞同个体创业意向的二维度结构，他们讨论了个体的创业目标意向、创业执行意向、创业承诺和创业行为之间的理论关系，指出对一个潜在的创业者而言，虽然他具有一定的创业目标意向，但是创业行为只会在很小的机会窗口内发生，如果他没有认识到在正确的时间采取创业行动的机会，没有对创业的强烈承诺，就不会形成创业执行意向，也不会开始创办公司。

个体创业意向的二维度结构受到很多研究者的关注，对创业意向的测量结构设计产生了比较大的影响。但是本研究认为，创业执行意向要求潜在创业者回答"在某些条件下会去执行创业的行动"这类问题，与创业行为的实际情况是不符合的。在现实中，具有强烈创业意向的人并不是要等各种条件都具备了才去创业，而是在资源条件受限的情况下仍然会选择创业。因此，基于执行意向发展来的创业执行意向，也许不能很准确地度量潜在创业者的创业意向。创业目标意向和创业执行意向的二维度结构及相应的测量工具有待进一步商榷。

从另一个角度，范巍和王重鸣（2006）比较早地基于夏皮罗（1982）提出的创业事件模型（Entrepreneurial Event Model），提出并检验了个体创业意向的创业希求性和创业可行性两个结构维度。在此基础上，刘志（2013）在其博士论文中进一步发展了大学生创业意向结构维度的研究。他根据夏皮罗创业事件模型（Entrepreneurial Event Model）中影响个体创业意向的三个认知因素，并融合了人格特质及创业理论的相关观点，分析了大学生创业意向的构成维度，包括创业行为倾向、创业希求性和创业可行性三个一级维度。其中，创业希求性是指潜在创业者对创业的认可程度，表现为是否具备创业的愿望和动机，包括物质性、控制感、成就感、创新性四个二级维度。创业可行性是潜在创业者的自我效能感的直接体现，指潜在创业者在实施创业之前对创业活动能否成功的判断，这种判断可能是积极正面的判断，也可能是消极负面的判断，它是潜在创业者对自身实施创业行为能否成功的自信程度的体现，包括能力、个性、经验、资源四个二级维度。创业行为倾向是指潜在创业者是否已经开始为创业做准备，即为创业所采取的一系列行动，包括寻找项目、筹措资金，以及了解创业政策或者学习创业知识等。本研究认为，个体创业意向受个体行为态度等认知变量的直接影响，这类研究把影响个体创业意向的前置变量作为创业意向的结构维度，可能存在将创业意向和创业动机、创业态度、创业自我效能，以及早期创业行为等概念相混淆的问题。

关于个体创业意向多维度结构的研究，梁等人（2015）将创业意向划分为信念（Conviction）和准备（Preparation）两个维度。信念维度包括"我无论如何都要成为一名创业者""我的职业目标就是成为一名创业者""我将想尽一切办法创办自己的公司""我已经严肃地考虑过创业""我已经决定成为一名职业经理人""我已经决定把自己的公司发展成为高成长的企业"等6个题目。准备维度包括"我准备在2年内创办自己的公司""我准备在5年内创办自己的公司""我将要继承管理家族的公司"等3个题目。此研究对创业意向的维度划分简单清晰，信念和准备分别反映了个体心理层面和行为层面的创业意向。但是，准备维度的测量题目过于模糊，指向性不明确，没有直接表明可能采取的具体操作性行为。

疏德明和冯成志（2019）将创业意向分为三个维度，即内隐倾向、外显倾向和创业行为。内隐倾向是指一个人对有创业倾向的生活态度和工作方式的认可，测量的题目包括："我希望工作中拥有较多自主空间""我憧憬丰富多彩的人生""我喜欢接触新的事物和学习新的东西""我喜欢充满激情与活力的工作""我喜欢从事富有挑战的工作""我喜欢从事富有变化的工作"等。外显倾向是指一个人明确地表达对创业的认可和希望进行创业活动，测量的题目包括："如果有机会，我愿意投身创业，做出一番事业""我觉得创业可以更好地实现自我价值""我觉得创业可以让我有更多自主时间""我希望通过创业实现自己的想法""我认为创业是我最理想的职业选择"。创业行为是指一个人已经实施与创业相关的行为，测量的题目包括："我已具备一定的人生阅历，可以开展创业活动""我已经结识了志同道合的创业伙伴""我已经为创业做了具体规划""我已经有了合适的创业项目""我已经开始着手组建创业团队"等。这一研究提出的内隐倾向，实质上是创业者的创业型人格特质。将创业人格作为创业意向的一个结构维度，缺乏足够的合理性，因为大多数研究都是把人格特质作为影响创业意向的个体因素来设计。外显倾向指向的是创业态度和创业动机的概念，而创业行为则是在正式实施创业前必经的一些准备性行动，所指的其实就是早期创业行为。因此，外显倾向、创业行为这两个维度结构，实质上一个是个体创业意向的前因变量，一个是创业意向的结果变量，应与创业意向概念有所区分。

最后，在测量的尺度方面，大多数研究各自采用了4点、5点、6点、7点计分量表尺度，或者采用3分类、5分类量表，或者0%~100%可能性的量表尺度。创业意向测量尺度的选择与测量方式和测量题目有关系。单变量测量工具更适合采用分类变量，以提供研究对象的进行职业选择的选项，多变量测量工具则适合李克特多点计分尺度。测量题目中使用创业可能性的预估判断，采用0%~100%可能性的量表尺度可能有利于提高测量精度。国内外典型的创业意向测量工具概览情况如表2-1所示。

表2-1 典型的创业意向测量工具概览

结构形式	题目/维度	测量尺度	研究者
单变量	你创办一家新公司的可能性有多大	0%~100%	布伦纳，普林格和格林霍尔，1991
	估计你在未来5年开办新企业的可能性	0%~100%	克鲁格，瑞丽和凯斯如，2000
	在大学毕业后可见的未来进行自我雇用的可能性	4点量表	鲁斯杰和弗兰克，2003
	你是否曾经严肃地考虑过创办一家企业： 1. 从来没有 2. 没有，但计划加入家族企业 3. 模糊地考虑过 4. 严肃地考虑过 5. 我有创办自己企业的坚定意向	5分类量表	维西纳，艾庞特和阿班诺，2005
	你大学毕业后1—2年的职业选择的是什么： 1. 单纯地员工 2. 单纯地创业者 3. 二者的结合	3分类量表	特西拉和福特，2017

续表

结构形式	题目/维度	测量尺度	研究者
多变量	1. 对建立自己的企业有多大的兴趣 2. 在多大程度上考虑建立自己的企业 3. 在多大程度上已经准备建立自己的企业 4. 有多大可能去努力建立自己的企业 5. 多久之后可能建立自己的企业	5点量表	陈，格林和科里克，1998
	你在未来5到10年内对参与以下典型的创业活动有多大兴趣： 1. 开办企业 2. 收购小型企业 3. 创办并建立高增长企业 4. 收购并将公司建成高增长企业	5点量表	赵，希伯特和希尔斯，2005
	1. 你在受雇于他人和自我雇用之间更倾向于 2. 你从事自我雇用职业的可能性有多大 3. 你受雇于一个组织的可能性有多大（反向计分）	7点量表	索塔瑞斯，赞比纳提和阿尔拉海姆，2007
	1. 无论如何我都要成为一名创业者 2. 我的职业目标就是成为一名创业者 3. 我会尽一切努力开办并经营自己的企业 4. 我已经决定未来要创办一家企业 5. 我已经严肃地考虑过创办一家企业 6. 我有决心总有一天要创办一家企业	7点量表	利尼安和陈，2009
	1. 打算在未来创办一家企业 2. 从来不去寻找创办企业的机会（反向计分） 3. 正在为了创办企业存钱 4. 不读关于创办企业的书籍（反向计分） 5. 没有发起创办企业的计划（反向计分） 6. 花时间学习如何创办企业	6点量表	汤普森，2009
	1. 我的目标是成为一名创业者 2. 我会尽一切努力创业 3. 我已经做好了创业的一切准备 4. 即使遭遇失败，我也会坚持创业到成功为止 5. 即使我的父母强烈反对，我也会致力于自己创业	6点量表	彭正霞 & 陆根书，2013
	1. 我对创业有关的事情感兴趣 2. 我打算在未来几年开办自己的企业 3. 我已经收集了有关创业过程的信息 4. 我已经确定了具体的未来追求的创业机会 5. 我关注创业的新想法和发展趋势 6. 我有一个具体的商业点子并打算实施	5点量表	凯考瑞斯，2016

续表

结构形式	题目/维度	测量尺度	研究者
多变量	1. 愿意在校创业，承担推迟毕业的风险 2. 在校期间创业的可能性非常大 3. 毕业3年内创业的可能性非常大	7点量表	王心焕，薄赋徭 & 雷家骕，2016
多维度	维度1. 创业希求性 维度2. 创业可行性	6点量表	范巍 & 王重鸣，2006
	维度1. 创业目标意向 维度2. 创业执行意向	7点量表	李海垒，张文新 & 宫燕明，2011
	维度1. 希求性 维度2. 可行性 维度3. 行为倾向	5点量表	刘志，2013
	维度1. 信念 维度2. 准备	6点量表	梁等，2015
	维度1. 内隐倾向 维度2. 外显倾向 维度3. 创业行为	7点量表	疏德明 & 冯成志，2019

综上所述，单变量的创业意向结构和测量方式，存在对创业意向内涵理解不完整，以及对创业意向测量不精确的明显缺陷，多维度的结构和测量研究虽然值得提倡，但是已有的研究存在逻辑上不够合理的问题。因此，本研究倾向于采用单维度多变量的创业意向结构，并借鉴相应的测量工具。

2.1.3 创业行为的内涵与测量

创业行为的内涵有组织创业行为和个人创业行为之分。组织创业行为是指一个企业或者一个地区/国家的创业活动情况。例如，曲婉和冯海红（2018）参考全球创业观察（GEM）的做法，对一个国家的早期创业行为测量指标界定为18~64岁人群中从事创业活动的人的比例。但是，对个人创业行为的测量方式则有很大不同。个人的创业行为一般是指创业者或潜在创业者的"初始创业行为"（Nascent Behavior）。研究者认为个人创业行为是指创业者在开展创业活动的早期，为了实现创业目标所执行的一系列具体的行为。例如，卡特等（2003）、塞凯拉等（2007）的研究认为个人创业行为包括撰写创业计划书、申请注册公司、寻找创业场所，为开始创业攒钱，组建创业团队、开发创业产品或服务等行为。

2.2 基于社会学习理论的创业意向形成认知心理机制

个体创业意向是一个人对自己将要执行创业行为的认知心理活动的结果变量，是在人的大脑内部对有关自己从事创业这种行为的各种信息进行加工处理的最终结果。基于社会认知论的视角，在个体的创业意向形成之前，一定存在某些认知性的前因变量。本研究以班杜拉（Bandura）的社会学习理论（Social Learning Theory）为基础，首先要确定那些能够在人脑内部直接决定个体创业意向的前置认知变量。因为社会学习理论的主要贡献，就在于解释人类社会行为习得、发生的认知心理机制。而且，下文要进一步探索影响大学毕业生创业意向的各类因素，仍需要借助社会学习理论的基本框架和观点。

社会学习理论的奠基人是美国心理学家阿尔伯特·班杜拉（Albert Bandura），他在20世纪七八十年代，通过吸收融合了之前的格式塔心理学、行为主义学习理论、认知学习理论等流派的主要观点，创立了由三元交互决定论（Triadic Reciprocal Determinism）、观察学习理论（Observational Learning）和自我效能理论（Self-efficacy）三个主体部分构成的社会学习理论体系。班杜拉的社会学习理论在世界范围内很多领域的研究中都产生了极大的影响，在关于创业意向的研究中也得到了极为广泛的应用，直到目前仍不失为创业意向研究领域的主导性理论，因此本研究以班杜拉的社会学习理论作为主要的背景性理论。

根据社会学习理论的观点，个体的社会认知过程一方面强调个体对来自社会环境中信息的获取、判断、加工和提取，另一方面还强调个体对自己的心理状态、行为动机的感知与调节，以及对预期行为控制的信念和行为结果的评估等。在个体社会认知向习得行为转化的过程中，由社会认知形成的个体社会认知结构（Cognitive Structure）发挥了中介的作用，将环境刺激因素和个体行为的习得、发生联系起来，如图2-1所示。

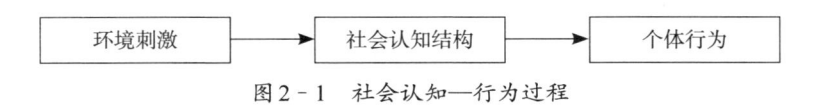

环境刺激 → 社会认知结构 → 个体行为

图2-1 社会认知—行为过程

从社会学习理论的视角看，创业意向是个体有关自己采取创业行为的社会认知结构的一个组成部分。从动态角度分析，创业意向被看作是一个人的创业认知过程的结果变量，是由一个人对自己从事创业的所有认知性因素共同决定的。进一步说，我们关心的是"到底哪些认知性因素决定个体的创业意向"这个问题。本研究将那些直接影响个体创业意向的认知性因素称为个体创业意向的前置认知变量，而其它的外生影响因素则通常需要通过前置认知变量间接地影响创业意向。

基于计划行为理论和自我效能理论，并综合分析已有的研究成果。本研究认为：直接影响个体创业意向的前置认知变量主要是创业态度、感知的主观规范和创业自我效能三个变量。

2.2.1 计划行为理论与创业态度和主观规范

创业态度（Attitude toward Entrepreneurship）和主观规范（Subjective Norm）这两个直接影响个体创业意向的前置认知变量，都是根据阿杰恩（Ajzen，1985）提出的计划行为理论（Thoery of Planned Behavior）发展而来的。

计划行为理论的主要观点是，人的行为意向可以预测未来的实际行为，而行为意向又是由行为态度（Attitude to Behavior）、主观规范（Subjective Norm）和知觉行为控制（Perceived Behavioral Control）三个认知性变量所决定的。自二十世纪九十年代以来，计划行为理论就在创业意向研究领域中被广泛应用。计划行为理论是一个解释人类社会行为发生机制的极具影响力的认知理论框架，该理论不仅被应用于个体创业意向和创业行为的研究，而且在有关消费行为、求职行为、就医行为等多个领域的研究中都得到了广泛应用。

计划行为理论起源于菲什拜因（Fishbein，1963）提出的"态度—意向—行为"模型，以及菲什拜因和阿杰恩（Ajzen，1975）后来在此基础上进一步发展出的理性行为理论（Theory of Reasoned Action）模型。在"态度—意向—行为"模型中，菲什拜因指出人们对行为的态度与未来发生实际行为之间的关系完全由行为意向所介导，并且在行为态度和实际行为之间增加行为意向之后，能够显著地增加行为态度对实际行为的解释力和预测能力。菲什拜因和阿杰恩后来发现，个人行为意向不仅受到行为态度的影响，还会受到来自外界环境的压力。为了对"态度—意向—行为"模型进行完善，他们提出了理性行为理论模型，如图2－2所示。在这个模型中，为了表征行为意向受到的环境压力影响因素，他们增加了主观规范（Subjective Norm）这一新变量。

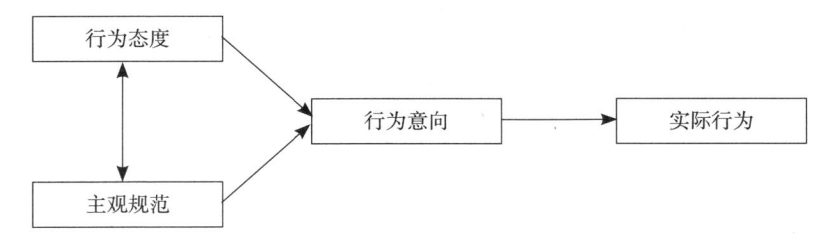

```
┌─────────┐
│ 行为态度 │──┐
└─────────┘  │
    ↕        ↓   ┌─────────┐      ┌─────────┐
             ──→ │ 行为意向 │ ───→ │ 实际行为 │
             ↑   └─────────┘      └─────────┘
┌─────────┐  │
│ 主观规范 │──┘
└─────────┘
```

图 2-2 理性行为理论模型

行为态度（Attitude to Behavior）是指一个人对实施某种社会行为的主观态度，反映了个人通过内部的认知心理活动对这种社会行为做出的积极或消极的评价。而且，行为态度又受到个人对这种社会行为的信念和对行为结果的评估的影响。

主观规范（Subjective Norm）是指一个人对实施某种社会行为所感知到的社会压力，这种社会压力一般是来自与个人关系密切且对其有重要影响的人。而且，主观规范又受到规范信念（Normative Belief）和遵从动机（Motivation to Comply）的影响。

基于以上两个概念的含义，创业态度（Attitude to Entrepreneurship）就是指个体对自己将要实施创业行为的主观态度，创业态度反映了一个人对自己从事创业的积极或消极的评价。创业行为的主观规范（Subjective Norm）则是指一个人对自己从事创业所感受到的社会压力，或者是指感受到与个人关系密切且有重要影响的人是否给予支持。

由于理性行为理论的假设前提是个体的社会行为都是理性的，个体能够根据所获取的信息做出理性决策，因而个体行为完全受个人意志的控制。然而，事实却并非如此。个体想要执行的社会行为有些容易受个人意志控制，但有些行为由于受到各种个人因素或环境因素的制约，往往难以被个人意志所控制。换句话说，尽管一个人具有对某种行为的积极态度，并且主观规范也不造成阻碍其实施这种行为的社会压力，但是由于现实条件不允许，个人对实施该行为可能出现的后果做出不利的评估，那么最终也可能做出不执行这种社会行为的决策。因此，对于那些容易受个人意志控制的行为，理性行为理论可以较好地解释行为态度、主观规范、行为意向和实际行为之间的关系。但是，对于那些个人意志难以控制的行为，理性行为理论的解释力和预测力就会下降。

为了弥补这一理论缺陷，拓展理性行动理论的适应性，阿杰恩（1985）在原有理论模型中增加了知觉行为控制（Perceived Behavioral Control）变量，从而初步提出了计划行为理论。后来，阿杰恩（1991）又对计划行为理论进行了修正完善，指出使用行为态度、主观规范和知觉行为控制三个变量，可以对各种人类社会行为的意向进行十分准确的预测，而行为意向和知觉行为控制可以共同解释实际行为相当大的变异，如图2－3所示。

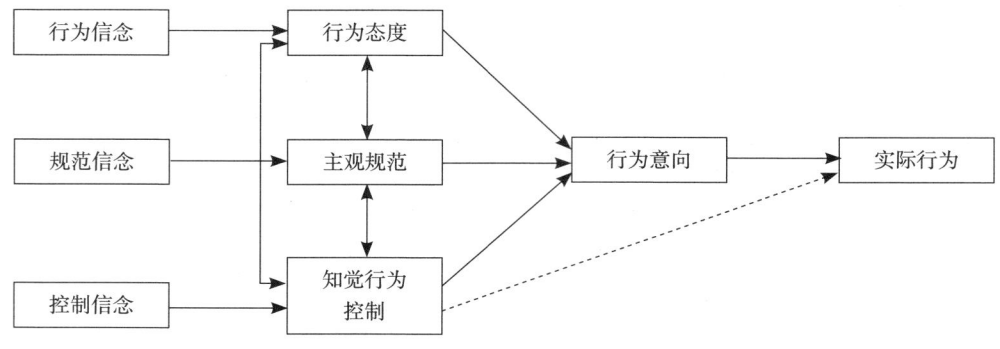

图2－3 计划行为理论模型

根据计划行为理论，当个体对某种行为有足够程度控制的情况下，人们希望按照他们的行为意向行事。因此，行为意向是人类社会行为的直接预测变量。然而，由于很多行为执行起来存在困难，这就会限制个体对行为的意志控制，所以除了行为意向之外，还应该考虑知觉行为控制对实际行为的预测作用。因为，知觉行为控制可以被认为是个体对实际行为控制的代理变量。如图2－3中的虚线所示。

此外，在特定的条件和时空环境下，某种社会行为的上述三个预测变量又受到关于行为的一系列突显信念（Salient Belief，即个体在特定情况下获得的部分信念）的影响，即受到行为信念、规范信念和控制信念的影响。行为信念是指个体关于可能的行为后果或此种行为其它属性的信念；规范信念是指个体对重要他人的规范性期望的信念；控制信念是指个体对那些能够促进或阻碍特定行为绩效的因素的信念。

根据菲什拜因的"态度—意向—行为"理论，信念反映了个体对特定对象的认知结果和情感反应。因此，影响行为态度、主观规范和知觉行为控制的一系列突显信念，就构成了这三个变量的认知和情感基础。由于这些突显信念彼此之间难以清楚地区分，这可能导致行为态度、主观规范和知觉行为控制彼此之间也存在相关性。

需要注意的是，计划行为理论所引入的"知觉行为控制"（Perceived Behavioral Control）概念，其内涵的实质并不是该理论所原创的。阿杰恩（2002）本人承认，"知觉行为控制概念的提出应该归功于班杜拉在自我效能感方面的研究。而且，知觉行为控制和自我效能感非常相似甚至是重叠的，两者都与感知的行为能力有关。"这就引出了直接影响个人创业意向的第三个创业认知前置变量——创业自我效能。

2.2.2 自我效能理论与创业自我效能

鉴于上文所述观点，创业自我效能（Entrepreneurial Self-efficacy）这一创业意向的前置认知变量，既与计划行为理论中的知觉行为控制（Perceived Behavioral Control）有关，又是建立在班杜拉的自我效能理论基础上构造的一个特定领域的概念。

前文已经述及，自我效能理论是班杜拉社会学习理论的一部分。根据社会学习理论对个体行为发生机制的解释，自我效能可以被看作是个体社会认知结构的一部分，发挥着调节个体行为的作用。自我效能是指个体相信自己有能力执行特定行为以达成期望目标的信念，因为这些能力可以使他们控制自身的活动水平并控制影响他们生活的环境事件。个体的实际能力并不会直接导致实际行为。但是，人们会从事那些他们认为自己有能力处理的活动，而逃避那些他们认为超出自己应对能力的活动。这表明了自我效能对个体行为意向具有重要的预测效用。

自我效能源于个体与环境互动中对自己能力的判断。由于人们在日常生活中，需要不断地做出决定采取什么行动，以及维持多久的行动和要达到什么目的。但是，人们在做这些决定的时候通常面临着复杂的环境因素，因此需要考虑在采取行动的过程中怎样应对环境挑战。个体应对环境挑战以达成行为目标，不只需要知道做什么，以及采取简单的固定行为。相反，个体需要一种生成的能力来应对环境，就是把个体认知的、社会的和行为的技能整合成为一个行动序列，以实现一系列的行动目的。而且，针对特定的实际行为，这种生成性的执行能力需要有机结合使用多个子技能，以应对不断变化的情况。因此，个体发起和调节自己应对环境的实际行为，在一定程度上取决于对自身执行能力的判断。自我效能就与个体对自己能否采取行动以应对环境挑战的判断有关。

自我效能概念的提出具有重要的理论价值，它有助于解释为什么具有相同行为技能的人，或者同一个人在不同情境下，执行同一行为的结果绩效会存在差异。传统的行为理论由于忽视了人本身的认知和信念因素，基本上无法给出合理的解释。相反，自我效能理论在环境刺激和行为反应之间的关系中，凸显了人的主体因素的作用，对解释人类行为的形成机制方面产生了重要价值。此外，自我效能理论之所以具有更强的适应性，还因为它不像一般的能力理论那样试图把握个体稳定的能力素质状态，从而将个体能力客体化，而是强调个体主体在认知、经验、信念和知觉基础上做出的自我行为效能判断。这种自我效能评判因素对个体执行特定行为具有暗示、自我认同、动机维持等心理动力作用。

作为个体对自己与环境交互作用信念的自我判断，个体自我效能不是凭空产生的，而是需要一定的材料，建立在对个体获取的经验或信息加工的基础上。不同的自我效能水平正是由于对这些经验或信息加工的结果不同造成的。班杜拉认为，个体自我效能有四个主要的经验或信息来源：自己过去的绩效成就、观察他人活动获得的替代性经验、认同别人关于自己效能水平的言语劝导，以及面对特定情境产生的情绪反应。而且，通常情况下这些经验和信息的来源越真实、可靠，个体自我效能水平就越高。

此外，人们在决策是否采取行动时不仅会对自己能力进行判断，也会对行为的结果进行预估。如果预估的行为结果符合个体的目标期望，个体就可能采取行动并坚持实现目标；反之，则会选择逃避执行行为或者很容易中途放弃行动。由此看来，个体自我效能既受个体效能期望的影响，也受行为结果期望的影响。班杜拉认为，效能期望可以促使个体采取行动，结果期望则能促使个体维持行动以实现更好的行为绩效。如图2-4所示。因此，个体在不确定条件下是否发起特定行为，维持行为的时间长度，以及是否设定更高的绩效目标等方面，都与影响个体自我效能的效能期望和结果期望密切相关。

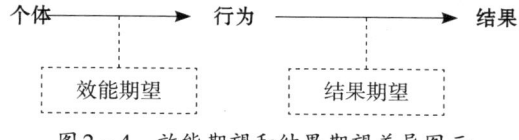

个体 ——→ 行为 ——→ 结果

效能期望　　　结果期望

图2-4　效能期望和结果期望差异图示

基于自我效能理论，博伊德（Boyd）和沃齐基斯（Vozikis，1994）最早将创业自我效能（Entrepreneurial Self-efficacy）这一概念术语引入创业意向研究领域。陈等人（1998）认为，创业自我效能是指个体对自己有能力成功地执行创业中各种不同角色和任务的信念力量，它为区分创业者和非创业者提供了可能。

克鲁格等人较早地结合运用计划行为理论和自我效能理论，开展关于个体创业意向的研究。克鲁格和凯斯如（1993）提出了一个创业意向简化模型，如图2-5所示。在他们的创业意向简化模型中，创业意向取决于三个认知性变量，即感知的创业行为吸引力、感知对创业的社会规范、感知的自我效能或创业行为控制。前两个变量测量个体对创业吸引力的主观态度和期望，包括个体对执行创业行为的态度，它取决于创业的突显结果可能造成的影响；感知的社会规范，它取决于感知的支持或反对创业行为的社会压力。第三个认知性变量测量感知的行为控制，它代表了个体对创业行为实际上是可行的或可实现的自信心或乐观态度。克鲁格和凯斯如认为，感知的行为控制与班杜拉的自我效能概念非常相似，而自我效能本身就是对个人职业行为相关的态度和意向的重要预测变量。

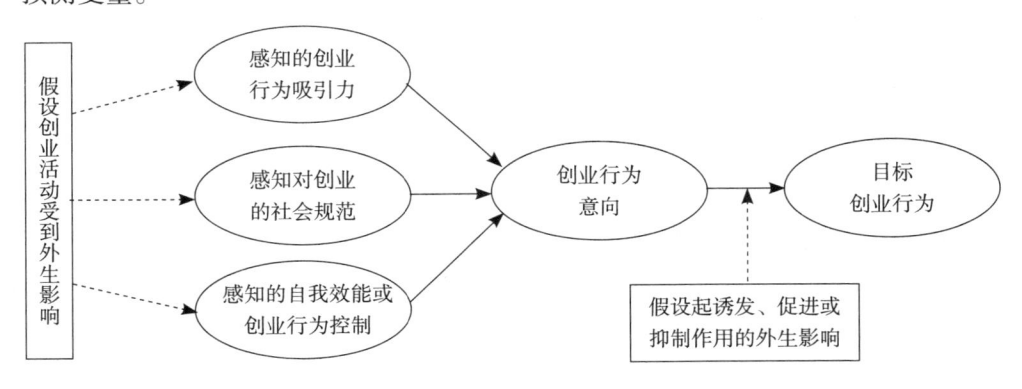

图2-5 计划行为理论创业意向简化模型

基于计划行为理论、自我效能理论和前人的研究成果，有研究者在创业意向的研究中直接以创业自我效能替代了知觉行为控制，并取得了很好的研究结果。例如，彭正霞和陆根书（2013）提出的大学生创业意向影响因素模型，以创业自我效能代替知觉行为控制，并与创业态度、主观规范三个变量作为外部影响因素的中介变量，共同影响大学生的创业意向，而且主观规范还对创业态度、创业自我效能产生影响，如图2-6所示。

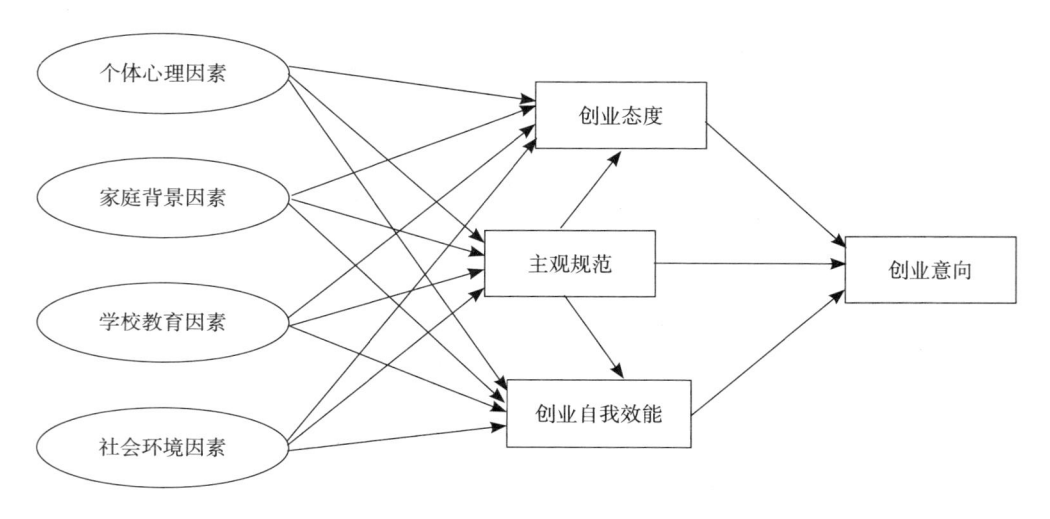

图 2-6　大学生创业意向影响因素模型（根据彭正霞和陆根书的研究修订）

2.3　影响创业意向的个人因素

班杜拉的三元交互决定论（Triadic Reciprocal Determinism）解释了个人、环境和行为三者之间的相互作用关系，如图 2-7 所示。班杜拉认为，在人的社会生活中，心理机能就是个人、环境和行为三个要素之间的一种连续不断的交互作用。在这三个要素的关系中，两两因素之间总是相互影响。并且，在一个连续的生活进程中，以任意一个因素作为分析的起点，三个要素之间都构成了多个因果方向的序列关系。也就是说，任何一个因素都是其他两个因素的起因，可以影响其它两个因素的改变。但是，班杜拉同时还指出，为了实验的目的，三个要素之间交互的影响可以分开来处理，而且想要描绘一个双向的过程，就必须利用一个单向的范式。

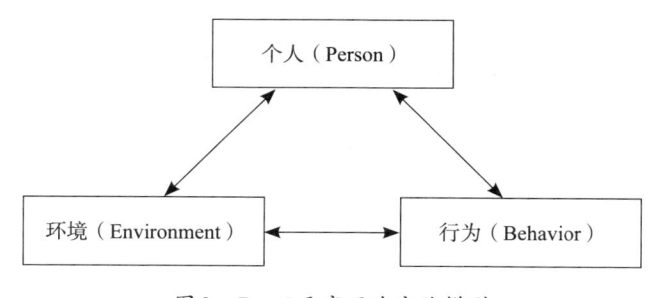

图 2-7　三元交互决定论模型

2 文献综述

由于创业行为可以看作是个人创业意向的结果变量,所以在三元交互决定论的框架中加入创业意向变量,创业行为这个因素就可以演变为创业意向到创业行为的转化,那么,创业意向也会受到个人因素和环境因素的影响。然后,以个人因素和环境因素为分析起点,以创业意向为中间变量,以创业行为为最终的结果变量,本研究提出了大学毕业生创业意向影响因素的分类框架,如图2-8所示。在这个框架中,大学毕业生个人的创业意向直接预测其创业行为,而个人因素、环境因素都会影响大学毕业生的创业意向。据此框架,本研究关注两类影响大学毕业生创业意向的因素,即个人因素和环境因素。

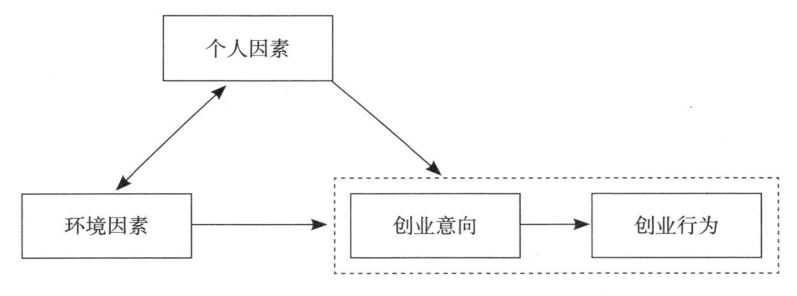

图2-8 个体创业意向影响因素分类框架

先前已有从个人和环境两方面考察影响大学生创业意向的因素研究。例如,吕特耶和弗兰克(2003)在文献研究的基础上发现,大量的研究关注已经开始创业的创业者个人,并且充分讨论了引起他们创业行动倾向的原因,如创业者的人格特质。但是,对有潜在创业可能性的大学生而言,人们并不了解到底是环境因素还是个体特征因素驱使着大学生做出从事创业的职业选择。为了探索大学生创业意向的决定性因素,即大学生创业意向到底是由稳定的人格特征决定的,还是由实用主义的政府或大学的计划项目培育出来的,吕特耶和弗兰克试图将个体特征与环境因素整合进一个结构模型中,即LFM(Lüthje Franke Model)模型,如图2-9所示。

吕特耶和弗兰克基于LFM模型,并以美国麻省理工学院的大学生为对象的研究发现,冒险倾向、内控焦点等大学生的个体特征对其创业态度具有很强的影响,而创业态度对大学生的创业意向具有很强的预测作用,因此大学生的个体特征间接地影响其创业意向。但是,LFM模型仅关注了创业者人格特质方面的个人因素对大学生创业意向的影响,忽视了更加广泛的个人因素在大学生创

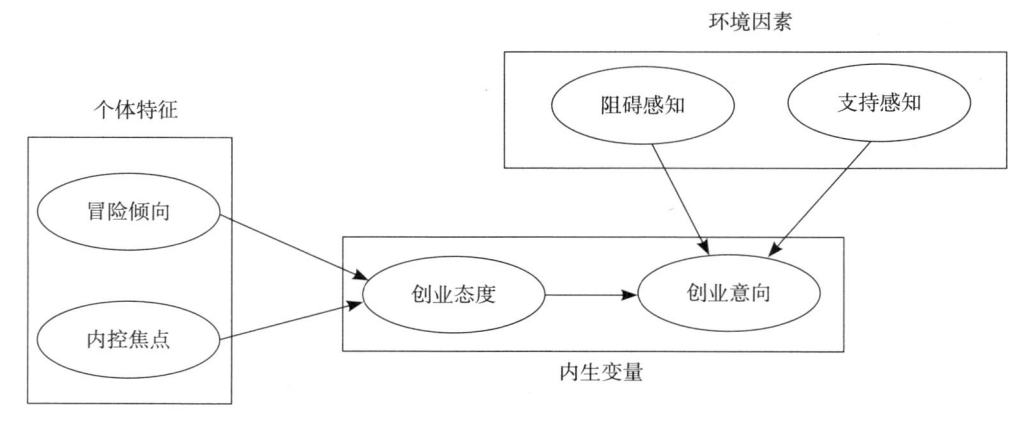

图 2-9 创业意向的 LFM 模型

业意向形成中的作用。此外,在影响大学生创业意向的环境因素方面,主要表现为大学生感知到环境对创业的支持或阻碍作用。吕特耶和弗兰克的研究发现,大学生对创业的阻碍感知和支持感知等环境因素可以直接影响大学生的创业意向。这一研究发现引起了研究者对环境因素影响大学生创业意向的关注和重视。此后,越来越多的研究者探索了各种环境因素对大学生创业意向的影响。

西森(2013)的一项研究与 LFM 模型的研究很相似,他在以土耳其的两所大学中管理、医学和法律等专业的大学生为对象的研究中,探讨了个体和环境两方面因素对大学生创业意向的影响,只是他的研究关注的具体个人因素和环境因素有所不同。西森发现内控焦点和创业自我效能等个体人格特质,以及社会网络和资本可得性等环境因素,都对大学生的创业意向具有显著影响。但是,此研究发现大学生的商业知识等个人因素和大学环境等环境因素对大学生的创业意向没有显著影响。

对于中国大学生创业意向的影响因素研究,彭正霞等(2012)以西安市9所高校的大学生为对象,同样是从个体因素和社会环境因素两方面,考察影响大学生创业意向的具体因素。他们的研究发现,大学生的创业能力、创业经历等个人因素,以及创业氛围、创业阻力等社会环境因素可以直接,或通过创业态度、主观规范、创业自我效能等变量的中介作用间接影响大学生的创业意向。

随着关于大学生创业意向影响因素研究的不断拓展和深入,越来越多的个人因素和环境因素进入研究者的视野,并在研究中发现这两类不同的具体因素都对大学生创业意向形成具有重要的影响。下文将分别综述影响大学毕业生创业意向的个人因素和环境因素的相关研究文献。

综合已有研究文献，本研究认为影响大学毕业生创业意向的个人因素包括创业机会识别、创业价值认同、创业失败恐惧感、创业经历、创业人格、离职倾向等。

2.3.1 创业机会识别

创业研究领域特别关注机会识别和开发的研究。肖恩（Shane）和文卡塔拉曼（Venkataraman，2000）认为，创业机会识别和开发是创业活动的典型特征，是指那些可以在生产中引入新产品、新服务或者新的原材料，以及可以变革组织方式、以高于生存成本价格销售等情形。机会识别在创业者的创业决策过程中具有重要地位，创业者对创业机会的把握对促使他们做出创业决定起着关键的作用。研究者认为，创业机会识别（Entrepreneurial Opportunity Recognition 或 Entrepreneurial Opportunity Identification）是个体创业活动的基础，创业活动通常始于创业者对那些有潜力的商业机会的警觉、鉴别和评估。识别机会继而进行机会的开发，即对创业机会进行概念化的认知加工，这是一般创业活动必不可少的步骤。

根据创业机会识别与开发理论，认为创业机会识别是发生在创业者个体大脑内部的一个认知过程。在这个过程中，创业者的创造性和乐观主义人格特质、社会网络资本、先前的知识经验、创业警觉性等要素共同作用，最终产生创业机会。加里奥（Gaglio）和卡茨（Katz，2001）认为创业机会识别的心理基础是创业警觉性，即创业者拥有的一种特殊的感知和信息加工技能，这种技能是促使创业机会识别过程的认知引擎。亨特（Hunter，2013）则认为创业机会识别包括一个人对创业机会的识别、发现或者建构商业模式和概念的能力。可见，创业机会识别的概念包括两种基本的含义，即把创业机会识别理解为一个认知过程和把创业机会识别看作一个人的某种能力。

在对创业机会识别进行测量时，研究者采用的测量工具大致也包括两个角度，一个角度是偏重从机会识别的结果来测量，包括识别出的机会数量以及识别出的机会的创新性。例如，科比特（Corbett，2007）和格鲁贝（Gruber，2012）都用机会识别的数量来测量被试的创业机会识别。但是，德蒂安（Detienne）和钱德勒（Chandler，2007）则不仅使用识别出的机会数量，还使用识别出的机会的创新性来测量。另一个角度则是偏重于测量创业者的机会识别能力素质，以及对创业机会的警觉性。例如，奥兹格（Ozgen）和巴伦（Baron，2007）采用了5个题目的创业机会识别能力测量工具，包括"我发现有很多可以利用来创业的机会""发现潜在的创业机会对我来说很容易""通常情况下存在很多进行产品创新的机会""我对创业的想法有一种特殊的敏感性""我在日常活动中总能发现创业机会"。马等（2011）采用三个题目的创业机会识别测量工具，即"我能发现日常生活中可以用来创业的创意""我对创业机会非常敏锐和警觉""对我而言发现新创企业的机会并不容易"。奥夫德尔等（2018）设计开发的创业机会识别量表则包括"我能发现新产品或服务的市场机会""我能发现改进现有产品或服务的新方法""我能发现有增长潜力的新领域""我能创造满足消费者需求的新产品""我能激励别人接受公司的发展愿景和价值观"。孙等（2020）则从企业家对环境信息变化带来的机会进行识别和利用的能力等角度，进行企业家创业机会识别的测量。

利姆等（2021）从创业机会识别能力的角度，认为大学生具有更高的创业机会识别能力，就会越有兴趣成为一个创业者，但是他们不一定已经具备了明确的创业想法，或者已经抓住了可以开发利用的创业机会。因此，本研究认为创业机会识别的能力和警觉性是个体创业意向的影响因素，而一个人有了创业意向才可能进一步产生创业机会识别的结果。从创业机会识别的角度认识大学毕业生的创业意向影响因素，本研究倾向于将创业机会识别看作一种能力，测量大学毕业生的创业机会识别能力或者说对创业机会的警觉性。

2.3.2 创业价值认同

全球创业观察（GEM）对各国创业情况的调查，将创业分为生存型创业和机会型创业两种类型。相比于生存型创业，从事机会型创业的创业者通常具有更强的创业价值认同感，而不仅仅是把创业作为谋生的一种手段。全球创业观察（GEM）2019年中国报告显示，中国创业活动中机会型动机占到总体的60%以上，而受过本科及以上教育的创业者开展机会型创业的比例则高达80%以上。可见，中国大学生主要从事的是机会型创业活动，为了谋生而从事生存型创业的大学生比例相对较低。从这个角度看，大学毕业生是否会选择创业与他们对创业的职业价值感有着密切关系。

客观上讲，创业也是一种职业，任何创业活动都会对个人和社会具有一定的价值。但是，只有当创业者感知到并认同创业活动具有某些价值的时候，才会更加促进创业者去采取实际的创业行动。根据职业认同理论，一个人对感知的职业价值越认同，则越可能从事这个职业并坚持长期去做这个职业领域的工作。例如，刘栋等（2016）的研究表明，大学生感知的创业价值对其创业意向有显著积极影响。这表明大学生对其感知到创业价值越认同，他们就越能产生积极的从事创业的意愿。

针对一些特殊领域的创业，研究者也发现了创业者对从事这个特定领域创业活动的价值感的重要作用。例如，克罗普（Kropp，2016）通过对比高科技创业者和社会创业者的一项研究发现，不同的创业者会为自己的创业激情赋予不同的价值，而创业者的创业激情又进一步促进了其对创业的认同。因此，潜在创业者对创业价值的认同会影响他们的创业意向，促使他们更加积极主动地追求创业目标。武奥里奥等（2018）则关注研究工作价值观对大学生的可持续性创业意向的影响，也就是那些不单纯以追求商业营利为目的的创业意向，而是能够综合考虑追求社会、环境和经济的利益的创业意向。他们的研究发现，利他主义的工作价值观通过大学生的可持续发展态度间接地正向影响他们的可持续性创业意向，而利己主义的工作价值观（包括个人的内部报偿价值观和外部报偿价值观）都通过感知的创业希求性间接地正向影响大学生的可持续性创业意向。可见，利他主义和利己主义的工作价值观，都能对大学生的可持续性创业意向产生积极影响。这表明，大学生之所以会选择从事可持续性创业，是由于可持续性创业能够满足他们对利他和利己两方面工作价值的需求，因而他们形成了对可持续性创业的价值认同。

我国学者在关于大学生创业价值的研究中提出了两个相似的概念，即感知创业价值和创业价值取向。吴凌菲（2008）基于顾客购买行为中对产品的感知价值，提出了感知创业价值的概念。她将感知创业价值定义为"在特定时点、特定环境下，人们基于对采取创业行为付出的全部利失和收获的全部利得的感知，对创业活动做出的总体评价"。吴凌菲在其博士论文中进一步设计开发了感知创业价值的量表，此量表包含感知创业利得构面和感知创业利失构面，感知创业利得构面又包含情感价值、经济价值、社交价值、知识价值、自我实现价值五个维度，感知创业利失构面又包含经济损失和非经济损失两个维度。可见，吴凌菲的感知创业价值是从得、失两个相反的方面，衡量个人对采取创业行为的总体客观评价，并不倾向于测量个人对创业价值的认同程度。

林刚和王成春（2020）在有关个人价值观（Personal Values）的研究基础上提出了创业价值取向的概念，认为"大学生创业价值取向是大学生在一定价值观的支配下，根据其自身需要对创业目的、创业功能及应然状态进行判断和选择时所呈现的倾向性"。他们进一步提出了由经济趋利型价值取向、满意客户型价值取向和服务社会型价值取向三个向度构成的大学生创业价值取向。林刚和王成春的"创业价值取向"概念由三个向度构成，这三个向度反映了大学生对待创业所抱持的不同价值类型，也不是考虑对个体创业价值认同程度的测量。

本研究认为，个体会根据所了解的有关创业的信息，对将要从事的创业活动做出创业价值的判断。当个人对创业活动的价值已经明确感知并形成了价值认同的时候，才会促进个体产生创业意向。因此，本研究使用创业价值认同的概念，认为创业价值认同是影响大学毕业生创业意向的一个重要因素。而且，大学毕业生的创业价值认同，应包括对创业的利己价值和利他价值两方面价值的认同。

2.3.3　创业失败恐惧感

失败恐惧感（Fear of Failure）最早是源自于全球创业观察（GEM）报告中的一项调查指标，是为了描述创业者对创业失败结果的恐惧心理感知程度，在调查中采用单一的调查题目。在理论研究中，对创业失败恐惧感（Fear of Failure in Entrepreneurship）这一概念内涵的讨论则是从近些年才开始的。例如，卡乔蒂（Cacciotti）和海顿（Hayton，2015）认为，创业失败恐惧感是指一个人对创业失败本身担心的一般性感知，担心创业失败给自己带来难堪和羞愧，以及为了避免创业失败而产生的焦虑和心理倾向。卡乔蒂等（2016）进一步归纳、比较了三种不同学科视角下的创业失败恐惧感的概念内涵，一是从经济学视角看，创业失败恐惧感是阻碍一个人把选择从事创业作为自己职业的一种消极感知因素；二是从社会心理学视角，认为创业失败恐惧感是一个人的社会文化特征，这是因为人们对失败的态度导致社会规范可能让创业者感到失败是令人羞愧的，因此对创业失败的恐惧会影响人们对社会环境中获取创业回报的关注；三是从纯粹心理学的视角，认为创业失败恐惧感是一种消极的感觉，这种感觉产生于对创业失败结果的预期，而且，创业失败恐惧感还与一个人对自己从事创业的心理和行为结果有关。他们还通过对65个被访者的访谈数据进行质性分析，从而构建了创业失败恐惧感的概念结构。科曼等（2017）认为，创业失败恐惧感是一种反应性的逃避动机，它是由感知到的创业障碍所触发，从而影响个体的情绪和行为。刘等（2021）基于"应激源—紧张—结果"（SSO）理论框架的研究发现，创业失败恐惧感的诱因主要是个人对创业失败导致的财务损失感知，以及对创业失败导致社会支持丧失的感知。

全球创业观察（GEM）中国报告显示，随着我国高学历、高收入创业者的比例逐步提高，创业者对自己创业能力的认可程度有所下降，恐惧失败的创业者比例逐步提高。事实上，相对于求职就业来说，大学毕业生选择自主创业是一条充满风险和挑战的职业道路。数据表明，我国大学毕业生初次创业的失败率在95%以上，初次创业失败的大学生从发起创业到创业失败一般不能坚持超过3年。可见，大学毕业生创业失败是大概率的事件。由于创业失败会给大学毕业生造成经济成本、时间成本、机会成本，甚至情感成本等诸多损失，而且，大学毕业生相对缺乏社会生活阅历和工作经验，创业资本积累和人际关系资源单薄，因此他们在面对创业失败的潜在风险时，不可避免会产生一定程度的恐惧心理。

通常情况下，人们认为创业失败恐惧感是抑制大学生创业行为的一种消极因素，创业失败恐惧感至少会阻止大学生进行全职创业。例如，韦伯（Weber）和米利曼（Milliman，1997）认为，大学生感知到创业失败可能性增加，将通过提高创业风险感知的中介作用，从而削弱其从事创业活动的诱因。阿莱纽（Arenius）和明尼蒂（Minniti，2005）的研究进一步证实，失败恐惧感对大学生成为初期创业者，具有显著的消极影响。因此，减少大学生对创业失败的恐惧感将会增加他们创业的可能性。

关于大学生创业失败恐惧感和创业意向的关系，研究者大多都发现，创业失败恐惧感同样对大学生的创业意向具有显著消极影响。帕塔（Pathak，2013）发现，强烈的创业失败恐惧感能够强化对创业失败结果的规避，从而降低创业动机。蔡等（2016）对中国大陆和台湾大学生的研究发现，失败恐惧感可以显著降低两地大学生的创业意向，而且失败恐惧感还在感知创业能力和创业意向之间起中介作用。张秀娥和张坤（2018）的研究则发现，中国大学生的创业失败恐惧感同样对创业意向具有消极影响，创业失败恐惧感负向调节创业机会识别对创业意愿的影响。但是，关于创业失败恐惧感和创业意向的关系，也存在一些意外的研究结果。张（2020）利用全球创业观察（GEM）调查的9716名女性创业者样本数据分析发现，创业失败恐惧感与女性的创业意向之间没有显著相关关系。

综上所述，本研究认为创业失败恐惧感是一个抑制大学毕业生创业意向的个人因素，而且，大学毕业生的创业失败恐惧感的内涵应包括对创业失败本身的担心，以及对失败造成经济损失和影响个人发展方面不利结果的害怕。

2.3.4 创业经历

克鲁格（1993）基于Shapero的创业事件模型，较早地开始研究一个人先前的创业经历对其创业希求性（Perceived Desirability）和创业可行性（Perceived Feasibility）的影响，进而影响个人的创业意向。他使用的先前创业经历（Prior Entrepreneurial Exposure）一词包含四种类型的经历，分别是指"你的父母是否有创业经历、你是否认识其他有创业经历的人、你是否曾在一家小企业或新创企业工作，或者你是否自己曾发起过创业"等。可见，克鲁格对创业经历的理解包括个人直接的创业经历和通过观察他人创业获得的间接经历。施特尔（Stel，2017）认为，创业经历包括父母创办公司、自己创办公司，以及自己参与父母创办的公司等三种情况。彭正霞和陆根书（2013）的研究则对大学生的创业经历做了简化处理，他们只关心大学生是否具有从事创业活动的经历，而把观察他人的创业排除在个人创业经历之外。而且，他们的研究还发现：大学生具有创业经历可以通过主观规范和创业自我效能的中介作用对其创业意向产生显著积极影响。

本研究认为，一个人观察他人创业与自己亲自参与创业活动是两种完全不同的经历，只有个人亲自参与创业活动才能作为自己的创业经历，而观察他人创业则只能表明自己所处的环境中有创业榜样。关于创业榜样的这一因素将在下文中进行论述。但是，大学毕业生创业经历应该存在不同的形式，例如发起团队创业、独立创业、参与老师或同学创业等。

关于创业经历的内涵，研究者还存在不同的理解角度。法尔梅（Farmer，2011）认为，创业经历主要是为人们提供开展创业活动的实践经验和技能，以及提供可供观察学习的榜样，这些实践经验可以促进在实践中应用那些通过创业教育获得的理论化知识。蒂诺科（Tinoco，2022）在一项研究中则将创业经历定义为获取有关创业的信息，以及获得创业的经验。创业信息获得是指间接的了解别人的创业经历，创业经验获得则必须是本人对创业的直接感受。他们认为，创业经历可以促进个人的自我评估，以帮助形成明智的个人职业意向，从而阻止人们选择不适合自己的职业。因此创业经历发生在人生的早期阶段，可以帮助调整人的职业意向。而且，通过增加创业经历来发展一个人的创业意向，也将会更好地帮助他们做好面对创业不确定性的准备，从而获得更好的创业汇报。此外，扎普考（Zapkau，2017）在一篇关于个人先前创业经历的研究综述论文中指出，已有研究更多的是关注个人创业经历的有无和数量，但还有少数的研究则关心个人创业经历的质量，即创业经历对个人的创业认知所产生的积极或消极的作用。可见，从社会学习理论的角度看，创业经历可能直接影响一个人创业学习的过程和结果，创业经历对个人的创业态度、动机、意向的影响可能是多方面的。例如，张等（2019）基于计划行为理论的研究发现，创业经历可以调节大学生创业学习对创业态度的影响，以及调节创业学习对感知行为控制的影响，从而影响大学生的创业意向。

关于创业经历影响大学生创业意向的研究，通常认为二者具有正相关关系。例如，刘敏等（2011）的研究发现，具有一定创业经历的大学生创业意向水平，显著高于没有任何创业经历的大学生。鲁（Roux，2020）则使用以前的创业经历（prior start-up experiences）的表述，似乎对创业经历内涵的界定更加明确。而且，他们的研究发现，南非青年大学生之前的创业经历、在商业公司的工作经历对他们的创业意向都具有显著积极影响。综上可知，大学毕业生具有一定的创业经历，可能有助于促进他们形成创业意向或者提高他们的创业意向水平。

2.3.5 创业人格

早期的研究者就运用"大五人格理论"等人格特质理论来研究企业家、创业者等人群的人格特质，以及研究潜在创业者的人格特质与创业意向的关系，试图将创业者和普通人通过创业性人格特质进行区分。但是，后来的研究发现创业者群体在一般的人格特质不同分类中都有分布，并不能使用人格特质理论来有效地预测具有某些人格特质的人一定会成为创业者。

已有研究表明，一般人格特质虽然不是一个完美的预测个体创业行为的因素，但人格特质对创业行为具有不可忽视的影响。劳赫（Rauch）和弗里斯（Frese，2007）的研究发现，一些与创业任务相匹配的人格特质成就需要、创新性、一般自我效能、抗压能力、自主性和主动性人格等，可以有效地预测一个人是否会采取创建企业的行为或取得成功创业。

关于人格特质与创业意向的关系，有的研究者采用人格特质模型，探索一般人格特质对创业意向的影响。例如，陈等人（2012）基于"大五"人格模型，以台湾7所大学的392名学生为样本，通过研究发现"经验开放性""外向性"和"尽责性"等人格特质对大学生创业意向具有显著影响。而且，"经验开放性""外向性"与"尽责性"等人格特质还通过创业精神与创业态度的部分中介作用，间接影响大学生的创业意向。但是，由于一般人格特质是经过高度概括的人格类型，它与个体从事创业所需要的具体人格特质相比，更加不具有实践上的优势和意义。

考虑到一般人格特质与具体人格特质在创业意向研究中的差异，有的研究者关注具体的创业人格特质对创业意向的影响。例如，卡拉布鲁（Karabulut，2016）认为内控焦点、成就需要、风险承受力和创业警觉性是导致个体产生创业意向的人格特质，并通过对土耳其一所大学的研究生的测量，发现这四种人格特质都对创业意向具有显著积极影响。然而，西森（Sesen，2013）同样利用土耳其两所大学的学生样本研究发现，内控焦点和创业自我效能对大学生创业意向具有显著积极影响，而成就需要的影响不显著。罗伊（Roy）等人（2107）的研究则发现，乐观主义、创新性、冒险倾向、控制焦点等创业人格特质，通过自我效能感的完全中介作用，间接影响创业意向。

此外，有研究还比较了创业人格特质与其它因素相比，对创业意向的影响作用大小。例如，艾斯皮瑞·欧姆思（Espiritu-Olmos）和塞斯特瑞·卡斯提（Sastre-Castillo，2015）的一项研究则表明，成就需要、冒险倾向、经验开放性、内部控制等人格特质对创业意向的影响大于工作价值观的影响。苏姆罗（Soomro）和沙阿（Shah，2015）的研究分析了成就导向、自尊感、个人控制、创新导向等人格特质与创业意向的关系，通过研究发现成就导向、自尊感、创新导向以创业态度为中介，对创业意向产生显著积极的影响，而个人控制则没有显著影响。

此后，研究者更多关注与创业活动密切相关的一些人格特质，如冒险倾向、主动性、创新性和个人控制等。例如，库伊（Koe，2016）以马来西亚大学生为对象，研究了主动性、创新性和冒险倾向对大学生创业意向的影响。鲁达斯卡（Rudawska）等（2021）通过比较波兰和保加利亚大学生的主动性、创新性和冒险倾向等创业人格对其创业意向产生的不同影响。艾哈迈德（Ahmed，2019）则通过对 MBA 学生的研究，发现了创新性、冒险倾向和压力耐受性等创业人格对其创业意向具有显著影响。叶映华（2009）的研究发现了中国大学生的创业意向受到坚持和成就动机、问题解决能力、内在控制源、风险承担倾向、创新性等人格特质的直接影响，这些人格特质还通过创业认知间接影响创业意向。

综上所述，以往研究主要考察创业人格对个体创业意向影响的主效应，而忽视了创业人格在个人创业意向形成中的调节作用。本研究认为，创业人格是一个人比较稳定的心理特质，一个人的创新性、冒险性、主动性等创业人格特质越强烈，就越有可能促使其创业认知心理活动向着积极的方向发展。因此，创业人格不仅能直接影响个人的创业意向，而且还可能在其它个人因素、环境因素对创业意向的影响关系中发挥调节作用，这是被以往研究所忽视的。

2.3.6　离职倾向

从创业作为一种职业选择的角度看，个体创业意向的形成应该还与其职业状态存在关联。特别是一个人在从事其它职业的情况下，要放弃当前的职业而去选择从事创业，就需要考虑一定的职业状态因素的影响。根据夏皮罗（Shapero）和索科尔（Sokol，1982）的创业事件模型（Entrepreneurial Event Model）理论，创业是一个事件，创业事件的发生需要具备三个条件，即感知希求性（Perceived Desirability）、感知可行性（Perceived Feasibility）和行动倾向（Propensity to Act），如图 2-10 所示。创业事件模型理论还认为，人类的行为通常情况下是一直被某种惯性（Inertia）所支配着，直到出现某种"替代性"（Displacement）事件来打断或替代当前的行为。一个人不会无缘无故地开始创业，创业事件的发生，通常是一些消极的替代性事件打破了原有的宁静状态，如失业或离婚等，但有时也有一些积极的替代性事件，如得到一笔遗产或中彩票等。

图 2-10　创业事件模型

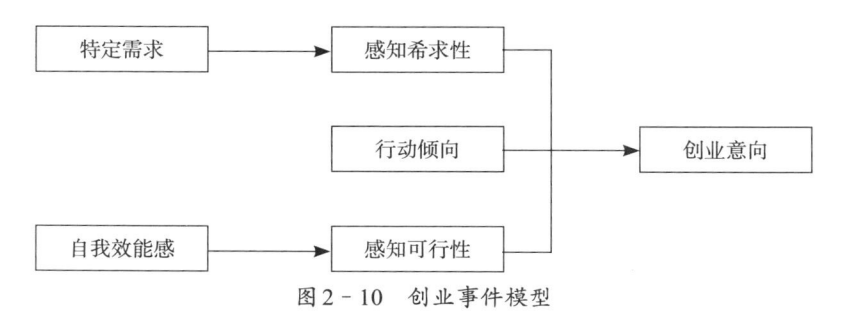

克鲁格（2000）在整合了创业事件模型、计划行为理论模型及其之前提出的创业潜能模型基础上，重新提出了一个创业意向的认知基础（Cognitive Infrastructure）模型，如图 2-11 所示。此模型在先前创业意向模型的基础上，明确突出了促发因素对个人创业意向的影响。该模型认为在一个人的创业意向形成过程，不仅是一个对未来从事创业活动的认知心理过程，还会有一些偶然发生的因素，促使个人对创业的认知更有效地转化为创业意向。克鲁格的创业意向认知基础模型进一步完善了个人创业意向形成机制的理论，有助于研究者对个体创业意向的形成机制进行深入探索。

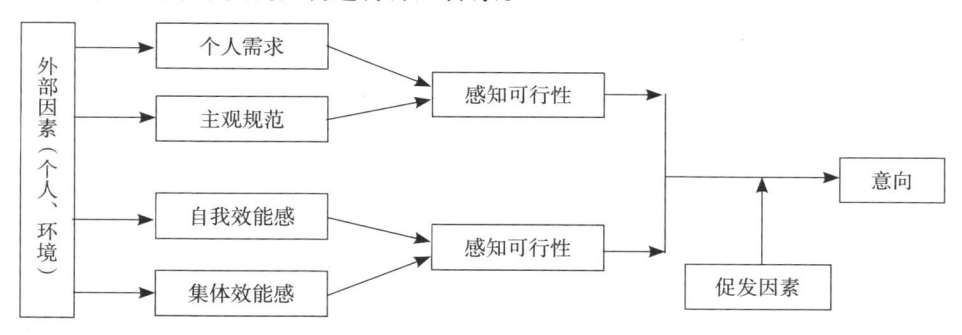

图 2-11　创业意向认知基础模型

根据克鲁格对创业意向认知基础模型的解释，个体创业意向受到感知希求性（等同于创业态度、主观规范）和感知可行性（等同于创业自我效能）的直接影响，而个人和环境的外部因素通过感知希求性和感知可行性的中介作用影响创业意向。此外，促发因素在感知希求性和感知可行性对创业意向的影响关系中发挥调节作用。然而，以往关于个体创业意向影响因素的实证研究大多都忽视了促发因素的存在，这是研究解释个体创业意向形成机制的一个盲点。

事实上，由于做出创业的决定对一个大学毕业生来说，是一件关系到自身很多方面的重大决策，他们的创业意向形成过程不大可能是一朝一夕之间的事情。相反，大学毕业生创业意向的形成过程可能在一个较长的时间段内持续发展，在这期间创业意向不仅受到个人对创业的认知心理活动影响，还有可能受到自身经历的重要事件的促发作用。无论大学毕业生的创业认知心理活动如何变化，如果缺少一件足以促使他们做出最终决定的事件，那么他们的创业意向水平可能就不会达到足够的高度，也就不太可能引导他们做出创业行动决定。

本研究认为，大学毕业生在离校后进入职业生涯，其创业意向的形成过程中一般存在特定促发因素的影响作用。促使大学毕业生选择从事创业的突发事件可能各有不同，例如获得创业资金等，因而难以进行测量，但是在职场中大学毕业生的离职倾向是其改变职业道路的一个前导因素，因而可能成为大学毕业生从事创业的促发因素。而且，大学毕业生的离职倾向是可测量的一个心理变量。因此，本研究把离职倾向作为大学毕业生创业意向形成的促发因素，在创业认知前置变量影响创业意向的关系中发挥调节作用。

2.4 影响创业意向的环境因素

综合已有研究文献，本研究认为影响大学毕业生创业意向的主要环境因素有创业教育、创业支持（包括社会支持和大学支持）、创业榜样和经济环境。

2.4.1 创业教育

1947年，哈佛大学商学院在工商管理（MBA）教学中开设了世界上第一门创业课程《新创企业管理》。此后，创业教育迅速在美国高等学校兴起，并发展成为美国高等教育的重要组成部分。我国高校开展创业教育，始于1998年清华大学发起和主办的首届"创业计划大赛"，在工商管理课程开设了"创新与创业管理"方向，以及面向本科生开设的《高新技术创业管理》课程。由于创业对经济增长具有重要的促进作用，世界各国大学都十分重视对大学生进行创业教育。大学生在创业教育过程中系统地学习、接受有关创业的知识和技能，发展创业精神和素质，因而创业教育可能是影响大学生创业意向最为重要的环境因素之一。

关于创业教育的内涵，琼斯（Jones）和英格利（English，2004）认为，创业教育是向个人提供商业机会识别能力的训练，以及培养个人采取创业行动所需要的洞察力、自尊自信、知识和技能的过程，包括教授和指导个人进行商业机会识别、对概念进行商业化、在面对风险时调配资源、启动商业创业，以及企业管理、市场营销、信息系统和金融财务等传统商业学科的教学。潘炳超和陆根书（2020）认为，创业教育主要是通过向学生传授创业知识和训练创业技能，来激发学生创业精神，提升创业意向，发展创业能力的教育活动。可见，研究者对创业教育的内涵定义通常指向培养个人具备从事创业所需要的知识、技能和情意等素质。

关于创业教育的类型研究，贾米森（Jamieson，1984）提出了一个影响广泛的分类框架，即关于创办企业的教育（about）、为了创办企业的教育（for）和在创办企业中的教育（in）。刘帆和李家华（2008）提出了创业意识教育、创业通识教育和创业职业教育的三种创业教育类型。从创业教育三分类面向的教育对象来看，贾米森和刘帆、李家华的研究结果具有很大的相似性。此外，周劲波和汤潇（2018）依据大学生所处的创业层级阶段，提出了启蒙层、培训层和孵化层创业教育三种类型。迪莫夫（Dimov，2015）基于4门英国高校创业课程的研究，根据课程大纲的描述将创业课程分为理论导向和实践导向两种类型。从教育学的视角看，关于创业教育分类研究所采用的标准，基本是考虑目标与功能、教育对象、教育内容等不同的创业教育和教学要素。潘炳超和陆根书（2020）基于学习方式的视角，将大学创业教育分为理论性创业教育和实践性创业教育两类，并通过实证研究分析了两种类型的创业教育与大学生创业意向和创业自我效度的关系。

关于创业教育对大学生创业意向的影响，国内外已有研究，大多都支持创业教育显著积极影响个人创业意向的结论，认为接受过创业教育的大学生可以有效提升其创业意向。劳赫（Rauch）和胡思克（Hulsink，2015）的研究就发现创业教育与创业意向之间存在正相关关系。巴（Bae，2014）对73项相关研究进行了元分析，结果发现创业教育可以增强大学生的创业意愿。但是，有的研究者发现如果在控制了大学生接受创业教育课程前动机后，创业教育对大学生的创业意向却没有影响。创业教育对大学生创业意向的影响作用并非总是积极的。例如，奥斯特贝克等（2010）就报告了相反的结果，他们的研究发现大学生参加创业课程会抑制他们的创业意向，然而创业教育对大学生的创业技能发展和创业态度具有积极影响。李静薇（2013）的研究还发现，创业教育对大学生创业意向的影响作用还与创业教育本身的质量有关。

2.4.2 创业支持

创业支持是指个体能够获得的用于支持自己创业的各类资源和条件。创业支持一般包括社会关系支持和机构支持两类。研究表明，感知的创业支持对个体创业意向具有显著影响。例如，苏西拉瓦蒂（Susilawati，2014）通过对印尼大学生的研究发现，社会关系支持和大学支持都能显著地提高大学生创业意向。这里的社会关系支持是指家人、朋友和重要他人能够为个人创业提供的支持，而大学支持则是指大学能够为创业提供的基础设施、管理制度、创业孵化、创业资源和创业融资等。格莱丹（Gelaidan）和阿不杜拉提夫（Abdullateef，2017）的研究也发现，马来西亚大学的商科专业学生感知的教育支持和社会关系支持都能显著影响其创业意愿。舒克拉（Shukla）和库马尔（Kumar，2021）则通过对印度大学生的研究发现，社会支持和情境支持（Contextual Support）都能通过感知希求性和感知可行性的中介作用，间接地显著影响大学生创业意向。但是也有不一致的研究结论，例如穆萨（Moussa）和克尔克尼（Kerkeni，2021）对突尼斯青年学生的研究发现，家庭对创业的金融支持和社会关系支持都不能影响他们的创业意愿。

我国研究者对中国大学生感知的社会支持影响其创业意向的研究结论基本认可有显著积极影响的观点。例如，田晓红和张钰（2016）从主观支持、客观支持和对支持的利用度三个维度测量大学生创业的社会支持，研究结果表明社会支持与大学生创业意向显著正相关。方杰和翟苑琳（2018）则从家庭支持、朋友支持和其他支持三个维度测量大学生的社会支持，发现社会支持以创业态度为中介显著积极影响大学生的创业意向。关于大学支持对中国大学生创业意向的影响，卢等（2021）的研究发现，大学支持对大学生创业意向具有显著积极影响。大学支持不仅可以直接影响大学生创业意向，还通过创业态度、主观规范和创业自我效能的中介作用间接影响大学生创业意向。

综上所述，创业支持是影响大学毕业生创业意向的重要因素。大学毕业生选择从事创业是一个理性行为，而创业通常又是一种在资源不充分条件下的冒险活动。因此，大学毕业生感知的创业支持水平，通常会对其创业意向产生影响。但是，由于以大学为代表的大学生创业支持机构为大学生创业提供的支持，一般情况下都与大学创业教育紧密交织在一起，而本研究已将大学生创业教育作为一个单独的环境因素，因此本研究所考虑的创业支持因素仅指大学生感知的社会关系支持。

2.4.3 创业榜样

创业榜样（Entrepreneurial Role Models）是基于人的职业发展理论中角色榜样（Role Models）的概念，在创业领域的具体化而来的一个概念。关于角色榜样的内涵，吉布森（Gibson，2004）从社会比较和自我概念理论的视角指出，角色榜样对促进人职业发展的作用，既不同于行为榜样（Behavioral Models），也不同于职业导师（Mentors）。角色榜样不仅是提供一种可供模仿的简单行为，角色榜样还会参与形成人的职业认知结构。因为有的人是基于他们自己的发展需要、愿望和抱负来建构他们的职业理想，角色榜样正好在这种建构过程中帮助他们形成自己的认知结构。

关于创业榜样对一个人创业意向形成的影响，以往很多研究都证实，创业榜样可以直接或间接地影响个体创业意向，认为一个人处于有创业榜样的家庭或社会环境中，创业榜样所提供的创业实践经验有助于帮助他们形成创业的态度，向他们传递创业的知识和技能，这些智力支持将会帮助他们降低对创业的不确定性感知，从而提升他们的创业倾向性。例如，塔林（Tarling，2016）的研究发现，大学生的家庭经营家族企业，而且他们接触家族企业的管理和决策等，对大学生形成创业观念具有重要影响。

根据班杜拉的观察学习理论观点，一个人通过观察他人（榜样）的行为示范以及做出行为后产生的结果，就可以学会并可能尝试这种行为。班杜拉甚至认为，人的一切社会学行为都是在一定的社会环境中，通过对他人有意无意的示范行为及其结果的观察而学习形成的。人通过观察学习获得某种行为，本质上反映了人的社会行为习得的社会认知论观点，即人通过对榜样的行为以及行为所导致结果的观察，获得有用的信息，后经过人的大脑进行信息加工、处理、内化，再将信息处理结果形成某种认知表象，并用以指导其以后的行为，而不需要通过行为练习，也不需要依赖行为强化，就可以习得某种社会行为。

关于创业榜样对大学生创业意向的影响，马等（2006）对美国和墨西哥大学生的一项研究发现，创业榜样可以直接显著影响大学生的创业意向。莫雷戈麦斯（Moreno-Gomez，2020）的研究则关注父母作为创业榜样对男女大学生创业意向的不同影响，发现有父母作为创业榜样的大学生比没有父母作为创业榜样的大学生具有更高的创业意向，而且父母作为创业榜样对大学生创业意向的影响还受到性别的调节作用。穆萨（Moussa）和克尔克尼（Kerkeni，2021）的研究发现，突尼斯青年学生的创业意向受到创业榜样的显著积极影响，他们的父母作为创业榜样能够提升他们的创业意向。对于中国大学生而言，曹科岩等（2020）的研究发现，有亲友创业经历的学生创业意向显著高于无亲友创业经历学生，即亲友作为创业榜样对大学生创业意向具有显著积极影响。

但是，有关创业榜样影响大学生创业意向的方式，还存在一些不一致的研究结论。例如，卡里米等（2014）基于计划行为理论的研究发现，在伊朗大学生中创业榜样并不能直接影响创业意向，而是以创业态度、主观规范、知觉行为控制等创业意向的预测变量为中介，间接对大学生的创业意向产生影响。菲德尔（Feder）和安东尼（Antonie，2017）对罗马尼亚大学生的研究发现了相同的结论，即创业榜样通过创业态度、主观规范、知觉行为控制的中介作用，间接地影响大学生的创业意向。可见，关于创业榜样到底通过怎样的机制影响大学毕业生的创业意向还需要深入探讨。

基于对上述研究成果的分析，大学毕业生的周围环境中有创业榜样，将对其创业意向的形成具有重要的促进作用。而且，对于大学毕业生而言，他们的创业榜样来源，既可能是来自他们的家庭成员，他们的父母或兄弟姐妹有创业的经历，可以成为他们的创业榜样，还可能来自他们的同学、朋友等社会关系网络。

2.4.4 经济环境

国外有关研究发现，经济环境与个人的创业意向水平存在显著的相关性。国外研究者大多倾向于比较不同国家的大学生或青年人的创业意向水平差异，从而分析不同国家的经济环境对个人创业意向的影响。最典型的是席尔瓦等（2021）的一项研究，他们基于全球创业观察（GEM）的调查数据，发现了发展中国家（金砖国家）国民的创业意向水平显著高于经济发达国家（G7国家）的国民，而不同金砖国家之间国民的创业意向和创业认知也存在显著差异。这表明经济环境的确对个人创业意向具有显著影响。

关于不同经济环境下大学生的创业意向差异，伊万卡丽娃等，（2011）基于计划行为理论，利用对巴西、墨西哥、罗马尼亚、俄罗斯、乌克兰等五个发展中国家，以及对澳大利亚、加拿大、法国、德国、西班牙、荷兰、挪威、捷克等八个发达国家13所大学2225名学生的调查数据，分析比较了发展中国家大学生和发达国家大学生之间的创业意向及其前置变量。研究发现，发展中国家大学生创业意向显著高于发达国家的大学生。而且，发展中国家大学生的创业态度、主观规范和知觉行为控制得分也显著高于发达国家大学生。其中的原因，可能是发展中国家的经济环境正处于较快的变革状态，从而会产生很多可利用的创业机会，而且发展中国家的经济环境中制度规范和市场监管等方面还未完全成熟，制约创业的制度因素比发达国家的经济环境少，开展创业活动的门槛较低。

中国作为一个世界性大国，虽然整体上是一个发展中国家，但同时也是世界第二大经济体。中国国内不同地区之间的经济发展水平存在极大的不平衡现象，不同地区经济环境存在明显的差异。中国有些省、市的经济发展水平完全达到了发达国家的经济水平，但是还有很多省、市、自治区的经济发展水平相对落后。因此，本研究试图根据经济发展水平，可以将我国不同地区划分为影响大学毕业生创业意向的不同经济环境，即经济发达地区和经济欠发达地区。基于上述的关于经济环境对大学生创业意向的影响研究成果，本研究认为，我国不同地区的经济环境可能是影响大学毕业生创业意向形成的一个外部环境因素。

3 模型构建与研究假设

3.1 大学毕业生创业意向的影响因素及作用机制整体理论模型

根据上一章文献综述的结果,本研究认为,大学毕业生创业意向的形成是一个对自己未来从事创业活动的认知心理过程,创业意向是创业态度、主观规范和创业自我效能三个前置认知变量共同决定的结果变量。而且,影响大学毕业生创业意向的主要因素可以从个人因素和环境因素两个方面来确定。根据对近些年来有关大学生创业意向影响因素的研究文献梳理发现,创业机会识别、创业价值认同、创业失败恐惧感、创业经历、创业人格和离职倾向可能是影响大学毕业生创业意向的主要个人因素,创业教育、创业支持、创业榜样和经济环境可能是影响大学毕业生创业意向的主要环境因素。

为了系统地研究个人因素和环境因素影响大学毕业生创业意向的作用机制,以及大学毕业生的创业意向与其创业行为的关系问题。本研究主要通过实证分析方法来探索三个方面的内在规律,一是大学毕业生创业意向的特征及其对创业行为的预测作用,二是个人因素对大学毕业生创业意向的作用机制,三是环境因素对大学毕业生创业意向的作用机制。基于上述对具体的个人和环境因素的分析,本研究构建了大学毕业生创业意向影响因素及作用机制的整体理论模型,如图 3-1 所示。

在大学毕业生创业意向影响因素及作用机制的整体理论模型中,大学毕业生的创业态度、主观规范和创业自我效能是创业意向的三个前置认知变量,直接影响大学毕业生的创业意向。而且,主观规范还影响创业态度和创业自我效

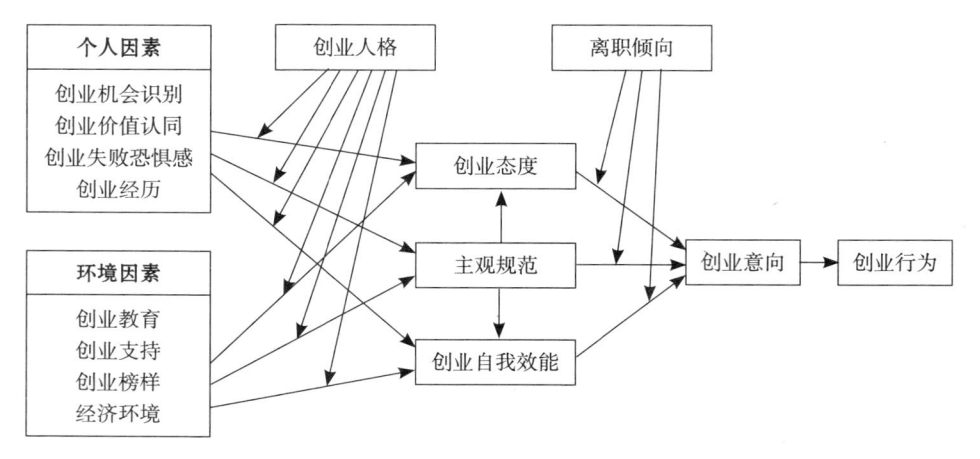

图3-1 大学毕业生创业意向影响因素及作用机制的整体理论模型

能。创业机会识别、创业价值认同、创业失败恐惧感和创业经历等四个个人因素，以及创业教育、创业支持、创业榜样和经济环境等四个环境因素，均通过创业态度、主观规范、创业自我效能的中介作用间接地影响大学毕业生的创业意向。大学毕业生的创业人格在个人因素、环境因素影响三个前置认知变量的关系中发挥调节作用。此外，大学毕业生的离职倾向在三个前置认知变量影响创业意向的关系中发挥调节作用。

根据计划行为理论，大学毕业生创业意向是其创业行为的先导变量，因而可以正向影响创业行为。刘宇娜（2021）的研究表明了个体创业意愿对创业行为具有正向影响，并分析了创业意愿与创业行为之间的转化机制。张西华（2020）的研究则发现，大学生创业意向对创业行为具有显著积极影响。因此，本研究提出如下假设：

H1：大学毕业生的创业意向正向影响创业行为。

3.2 个人因素对创业意向作用机制的理论模型及研究假设

为了进一步深入研究具体个人因素和环境因素对大学毕业生创业意向的影响机制，对上述整体理论模型进行分解，本研究分别构建了个人因素和环境因素对大学毕业生创业意向的作用机制模型。基于前述有关个人因素影响创业意向的文献分析，本研究首先构建了个人因素对大学毕业生创业意向的作用机制理论模型，如图3-2所示。

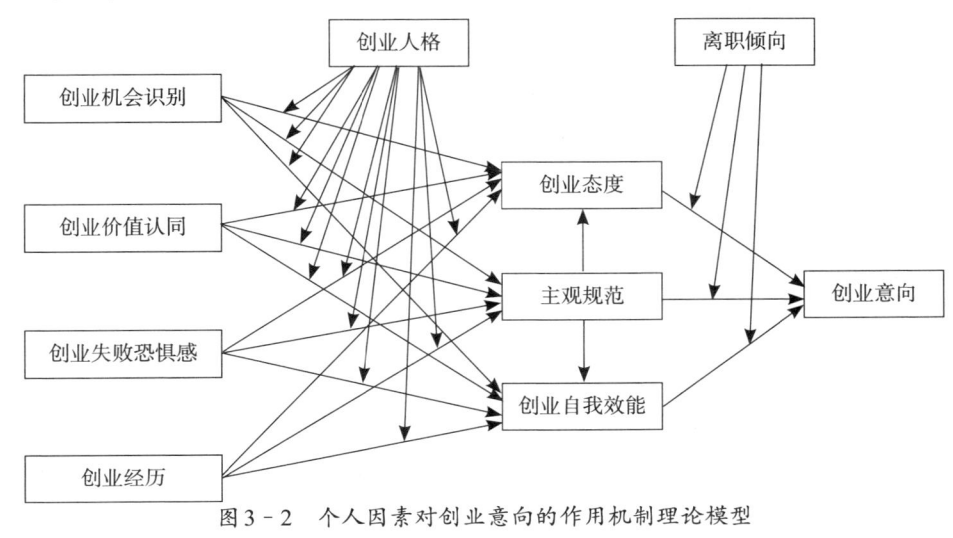

图3-2 个人因素对创业意向的作用机制理论模型

根据上述个体创业意向形成的认知心理机制的分析，以及已有的相关研究成果，本研究认为：创业意向的前置认知变量（创业态度、主观规范和创业自我效能）对大学毕业生的创业意向具有积极影响。而且，主观规范还能对大学毕业生的创业态度和创业自我效能产生积极影响。此外，大学毕业生的离职倾向，作为创业意向形成的促发因素，在前置认知变量对创业意向的影响中发挥正向调节作用。因此，本研究提出如下研究假设：

H2：大学毕业生的创业态度正向影响创业意向。

H3：大学毕业生的主观规范正向影响创业意向。

H4：大学毕业生的创业自我效能正向影响创业意向。

H5：大学毕业生的主观规范正向影响创业态度。

H6：大学毕业生的主观规范正向影响创业自我效能。

H7：大学毕业生的离职倾向正向调节创业态度对创业意向的影响。

H8：大学毕业生的离职倾向正向调节主观规范对创业意向的影响。

H9：大学毕业生的离职倾向正向调节创业自我效能对创业意向的影响。

个人的创业机会识别能力反映了他对周围环境中可利用的商业机会具有警觉性，或者具有敏锐察觉商业嗅觉。因此，创业机会识别能力可以促使个人产生创业意向。例如，韦达苏（Vidalsuñé）和鲁普潘尼塞路（Lópezpanisello，2013）的研究表明，西班牙国民的创业机会识别能力对其创业意向具有显著正向影响。卡里米等（2016）对伊朗大学生的研究发现，大学生的创业机会识别能力显著正向影响创业意向。从创业认知心理的视角看，个人的创业机会识别能力应该首先正向影响其创业态度、主观规范和创业自我效能等创业意向的前置认知变量，从而间接影响创业意向。因此，具备更高的创业机会识别能力的大学毕业生，会更容易从周围环境中发现有价值的创业机会，从而影响他对创业的认知。因此，本研究提出如下研究假设：

H10：大学毕业生的创业机会识别能力通过前置认知变量的中介作用影响创业意向。

H10a：大学毕业生的创业机会识别能力以创业态度为中介变量影响创业意向。

H10b：大学毕业生的创业机会识别能力以主观规范为中介变量影响创业意向。

H10c：大学毕业生的创业机会识别能力以创业自我效能为中介变量影响创业意向。

创业价值认同是指个人认同创业行为或创业活动所具有的利己和利他两方面的价值，反映了个人认为创业价值与自己价值观的符合程度或一致性程度。大学毕业生选择从事创业作为自己的职业，这种决策背后是一个复杂的创业认知心理过程。因此，他们的创业价值认同将会正向影响其创业态度、主观规范和创业自我效能等创业意向的前置认知变量。本研究提出如下研究假设：

H11：大学毕业生的创业价值认同通过前置认知变量的中介作用影响创业意向。

H11a：大学毕业生的创业价值认同以创业态度为中介变量影响创业意向。

H11b：大学毕业生的创业价值认同以主观规范为中介变量影响创业意向。

H11c：大学毕业生的创业价值认同以创业自我效能为中介变量影响创业意向。

由于创业活动充满不确定性，创业失败的风险往往是很高的，而创业失败将造成创业者的诸多损失。因此，人们通常会对从事创业的失败后果进行评估，因而产生对创业失败的恐惧心理，这种害怕失败的心理感受将抑制个人创业意向的形成。例如，卡梅洛·奥尔达斯（Camelo-Ordaz，2016）的对西班牙人的一项研究发现，创业失败恐惧感对创业意向具有显著负向影响。从创业认知的角度，创业失败恐惧感将直接影响大学毕业生对创业的认知。因此，本研究提出如下研究假设：

H12：大学毕业生的创业失败恐惧感通过前置认知变量的中介作用影响创业意向。

H12a：大学毕业生的创业失败恐惧感以创业态度为中介变量影响创业意向。

H12b：大学毕业生的创业失败恐惧感以主观规范为中介变量影响创业意向。

H12c：大学毕业生的创业失败恐惧感以创业自我效能为中介变量影响创业意向。

大学毕业生自身曾经发起过或者参与过一定的创业活动，可能成为促使他们再次创业的重要因素。前述文献已表明：大学生的创业经历可以通过主观规范、创业自我效能等的中介作用间接地显著提高其创业意向。因此，本研究提出如下研究假设：

H13：大学毕业生的创业经历通过前置认知变量的中介作用影响创业意向。

H13a：大学毕业生的创业经历以创业态度为中介变量影响创业意向。

H13b：大学毕业生的创业经历以主观规范为中介变量影响创业意向。

H13c：大学毕业生的创业经历以创业自我效能为中介变量影响创业意向。

基于前文论述，个人的创新性、冒险性、主动性等创业人格既可以直接正向影响创业意向的前置认知变量，又可能在创业认知过程中调节其它个人因素对创业意向的前置认知变量的影响关系。因此，本研究提出创业人格调节个人因素影响创业意向的前置认知变量的研究假设：

H14：大学毕业生的创业人格正向调节创业机会识别对创业态度的影响。

H15：大学毕业生的创业人格正向调节创业机会识别对主观规范的影响。

H16：大学毕业生的创业人格正向调节创业机会识别对创业自我效能的影响。

H17：大学毕业生的创业人格正向调节创业价值认同对创业态度的影响。

H18：大学毕业生的创业人格正向调节创业价值认同对主观规范的影响。

H19：大学毕业生的创业人格正向调节创业价值认同对创业自我效能的影响。

H20：大学毕业生的创业人格正向调节创业失败恐惧感对创业态度的影响。

H21：大学毕业生的创业人格正向调节创业失败恐惧感对主观规范的影响。

H22：大学毕业生的创业人格正向调节创业失败恐惧感对创业自我效能的影响。

H23：大学毕业生的创业人格正向调节创业经历对创业态度的影响。

H24：大学毕业生的创业人格正向调节创业经历对主观规范的影响。

H25：大学毕业生的创业人格正向调节创业经历对创业自我效能的影响。

3.3 环境因素对创业意向作用机制的理论模型及研究假设

基于前述文献分析，本研究进一步分解大学毕业生创业意向影响因素及作用机制的整体理论模型，从而构建了环境因素对大学毕业生创业意向的作用机制理论模型，如图3-3所示。

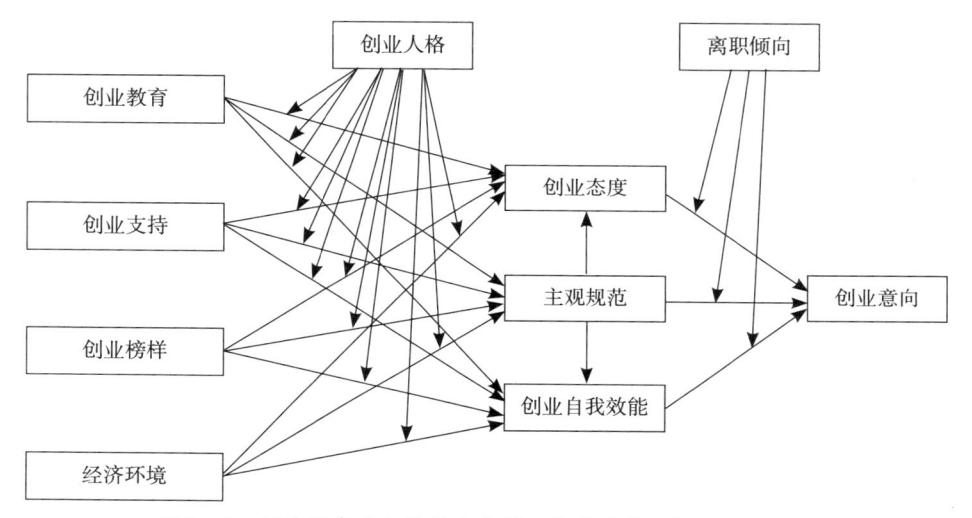

图3-3 环境因素对大学毕业生创业意向的作用机制理论模型

此模型中创业态度、主观规范、创业自我效能、离职倾向和创业意向之间的理论关系已经有所阐述，相关的研究假设与H2—H9相同，此处不再赘述。

许多研究已经表明，创业教育对大学生创业教育具有显著正向影响。例如，索尔斯维克（2013）根据人力资本理论提出，创业教育可以促进大学生创业知识和创业技能的增长，并对其创业意向具有积极影响作用。他的研究表明，接受创业教育的大学生报告了更高的的创业倾向。潘炳超和陆根书（2020）的研究则证实，创业讲座报告、创业课程、创业培训、创业竞赛、创业实践训练等形式的创业教育均通过创业自我效能的中介作用，对大学生创业意向产生显著的积极影响。可见，创业教育更加可能是通过一些创业认知变量，间接影响个人的创业意向。例如，拉内罗等（2011）等通过对西班牙大学生的研究发现，创业教育可以提高大学生感知的创业可行性，从而进一步提升创业意向和行为。罗等（2011）则基于计划行为理论，发现不同的创业教育内容（包括Know-what、Know-why、Know-who和Know-how）通过创业态度、主观规范和知觉行为控制等变量间接影响大学生创业意向。因此，本研究提出如下研究假设：

H26：创业教育通过前置认知变量的中介作用影响创业意向。

H26a：创业教育以创业态度为中介变量影响创业意向。

H26b：创业教育以主观规范为中介变量影响创业意向。

H26c：创业教育以创业自我效能为中介变量影响创业意向。

创业是一个创业者整合人力、资金、信息等各类社会资源，从事实现商业概念的转化和价值创造的过程。在这个过程中，大学毕业生创业者只有获取各种必要的资源才能够实现创业的目标，因而社会支持对其创业意向的形成就具有重要意义。图尔克（Turker）和塞尔柱（Selcuk，2009）通过对土耳其大学生的研究发现，教育支持和机构支持都可以显著正向影响大学生的创业意向。方杰和翟苑琳（2018）的研究证实了大学生感知到的家庭支持、朋友支持等社会支持，可以以创业态度为中介显著积极影响大学生的创业意向。根据社会认知论观点，创业支持应该对创业意向的前置变量具有影响，进而影响创业意向。因此，本研究提出如下研究假设：

H27：创业支持通过前置认知变量的中介作用影响创业意向。

H27a：创业支持以创业态度为中介变量影响创业意向。

H27b：创业支持以主观规范为中介变量影响创业意向。

H27c：创业支持以创业自我效能为中介变量影响创业意向。

创业榜样可以在大学毕业生创业意向形成过程中发挥独特的影响作用。特别是父母、亲友创业，为大学毕业生观察学习提供了榜样示范。已有的研究表明，有创业榜样的大学生创业意向显著高于没有创业榜样的大学生。从社会认知论的视角，创业榜样同样应该对大学毕业生创业意向的前置变量产生影响。因此，本研究提出如下研究假设：

H28：创业榜样通过前置认知变量的中介作用影响创业意向。

H28a：创业榜样以创业态度为中介变量影响创业意向。

H28b：创业榜样以主观规范为中介变量影响创业意向。

H28c：创业榜样以创业自我效能为中介变量影响创业意向。

不同的经济环境可能为创业活动提供了不同的条件，因此国内外研究者很早就注意到经济环境对个人创业意向的影响。从经济环境对个人创业意向影响的国际比较来看，发达国家的国民创业意向一般低于发展中国家的国民，这可能是发展中国家的经济环境处于快速发展、不断变革创新的过程中，因而为创业者带来了更多可利用的创业机会，而且相比发达国家，发展中国家有关创业活动规范管理的法律、法规还没有那么成熟完善，从而为创业活动提供了更大的自由空间，这都吸引更多人来从事创业活动。本研究将按照我国不同省份人均GDP的标准，把不同省份划分为经济发达地区和经济欠发达地区，以此构成影响大学毕业生创业意向的经济环境变量。因此，本研究提出如下研究假设：

H29：经济环境通过前置认知变量的中介作用影响创业意向。

H29a：经济环境以创业态度为中介变量影响创业意向。

H29b：经济环境以主观规范为中介变量影响创业意向。

H29c：经济环境以创业自我效能为中介变量影响创业意向。

基于前文论述，个人的创新性、冒险性、主动性等创业人格既可以直接正向影响创业意向的前置认知变量，又可能在创业认知过程中调节环境因素对创业意向的前置认知变量的影响关系。因此，本研究提出创业人格调节环境因素影响创业意向的前置认知变量的研究假设：

H30：大学毕业生的创业人格正向调节创业教育对创业态度的影响。

H31：大学毕业生的创业人格正向调节创业教育对主观规范的影响。

H32：大学毕业生的创业人格正向调节创业教育对创业自我效能的影响。

H33：大学毕业生的创业人格正向调节创业支持对创业态度的影响。

H34：大学毕业生的创业人格正向调节创业支持对主观规范的影响。

H35：大学毕业生的创业人格正向调节创业支持对创业自我效能的影响。

H36：大学毕业生的创业人格正向调节创业榜样对创业态度的影响。

H37：大学毕业生的创业人格正向调节创业榜样对主观规范的影响。

H38：大学毕业生的创业人格正向调节创业榜样对创业自我效能的影响。

H39：大学毕业生的创业人格正向调节经济环境对创业态度的影响。

H40：大学毕业生的创业人格正向调节经济环境对主观规范的影响。

H41：大学毕业生的创业人格正向调节经济环境对创业自我效能的影响。

以往有关大学生创业意向的研究发现，大学生的性别、所学专业等人口学变量对其创业意向具有显著的影响。这种人口学变量的影响实质上就是按照某个变量对大学生研究样本进行分层之后，不同群组的大学生创业意向之间存在显著差异。然而，大多数研究只是寻找了影响大学生创业意向的人口学因素，但是却忽略了深入分析为什么这些人口学因素会造成大学生创业意向的差异。从大学生创业意向形成过程来看，既然他们之间的创业意向水平存在差异，那么，人们应该要关注不同群组的大学毕业生的创业意向到底是怎样形成的，他们之间的形成机制是否也存在差异？因此，本研究从大学毕业生的性别、学历、专业类别和高校类型四个变量的角度，提出了如下研究假设：

H42：不同性别的大学毕业生创业意向形成机制存在差异。

H43：不同学历的大学毕业生创业意向形成机制存在差异。

H44：不同专业类别的大学毕业生创业意向形成机制存在差异。

H45：不同类型高校的大学毕业生创业意向形成机制存在差异。

4 研究设计

4.1 问卷调查设计

本研究遵循基于量化数据分析的实证研究范式，为了检验上述理论模型和有关研究假设，需要开展大学毕业生创业意向及其影响因素的调查和测量。为了获取开展量化实证分析所需要的大学毕业生创业意向及其影响因素的测量数据，本研究借助西安交通大学中国西部高等教育评估中心实施的"陕西高校毕业生就业创业跟踪调查"年度调查项目，于2020年1月实施了陕西高校2019届毕业生的创业意向及其影响因素的问卷调查。本次调查是通过专业的网络问卷调查平台，向大学毕业生电子邮箱推送调查问卷链接，大学毕业生在自愿原则下作答调查问卷。

本研究选取在大学毕业生离校6个月左右的一个时间段内开展问卷调查，主要是出于两个方面的考虑：一是由于这些被调查的大学毕业生在离校半年之后的个人生存状态基本已经从求职的不确定状态逐渐趋向于稳定，他们大多数已经对自己的职业发展目标和未来从事创业活动的可能性有了比较清醒的认识，并可能做出比较客观理性的评估，这时候开展调查能够比较客观地反映出大学毕业生对于创业活动真实的认知状态；二是这些被调查的大学毕业生都已经进入职业领域，已经基本实现了从"在校大学生"的角色身份向某种职业人角色的转化过程，此时的他们已经可以从大学毕业生的视角去认识创业活动，而这种已经身处一定职业领域的大学毕业生视角完全不同于在校大学生，他们的创业意向状态及其影响因素也会与在校大学生的创业意向十分不同。

基于以往研究发现，性别、学历、高校类型以及专业类别都是影响大学生创业意向的重要人口学因素。此外，如前所述，大学生自身是否有创业经历、大学生的周围环境中是否有创业榜样，以及他们所处的经济环境都可能影响其创业意向。因此，本研究将调查大学毕业生的性别、学历，以及他们就读的高校类型、所学专业的类别等人口学变量，同时，本研究还将调查大学毕业生是否有创业经历，他们的周围环境中是否有创业榜样，以及他们就业所在地区的经济环境等可能影响他们创业意向形成的相关变量。

本研究问卷调查的创业经历是指大学毕业生是否有独立发起创业、发起团队创业、参与老师的创业、参与同学的创业等经历，只要具有其中一种即为有创业经历，否则为无创业经历。大学毕业生具有任何形式的创业经历，都代表他们对创业过程具有亲身的经历，对创业活动具有直接的感知和思考，而没有任何创业经历的大学生对创业的认识一般都是停留在书本上，或者通过其他人的言语间接地认识创业活动。因此，具有创业经历和没有创业经历的大学毕业生在创业意向形成过程中的认知心理过程可能存在较大的差别。

大学毕业生的创业榜样则是指大学毕业生的父母或兄弟姐妹有创业经历、同学或朋友有创业经历，只要具有一种情况即为有创业榜样，否则为无创业榜样。大学毕业生周围环境中有创业榜样人物，表示他们可以近距离地观察创业榜样人物的创业过程，从创业榜样人物那里获得有关创业的知识、经验，甚至了解一些创业的技能。大学毕业生通过创业榜样得以全面、深入地认识创业活动，虽然不是他们自己亲身参与创业活动过程，但是他们比周围环境中没有创业榜样的一般大学毕业生对创业的认识更加全息和立体。因此，有创业榜样的大学毕业生在创业意向形成中的认知心理活动也可能受到创业榜样的极大影响。

为了调查大学毕业生就业所在地区的经济环境，本研究检索了全国31个省、市、自治区统计局发布的2020年各省、市、自治区人均国民生产总值（人均GDP）的统计数据，以各省、市、自治区的人均GDP来代表该地区的经济发展水平。统计数据显示，2020年全国人均国民生产总值的平均值为72371元。本研究将高于全国人均国民生产总值平均值的10个省、市、自治区（包括北京、上海、江苏、福建、浙江、广东、天津、重庆、湖北、山东）命名为"经济发达地区"，将其他低于全国人均国民生产总值平均值的21个省、市、自治区（包括内蒙古自治区、陕西、安徽、湖南、海南、四川、辽宁、河南、宁夏回族自治区、江西、新疆维吾尔自治区、西藏自治区、云南、青海、贵州、河北、山西、吉林、广西壮族自治区、黑龙江、甘肃）命名为"经济欠发达地区"。

经过对陕西省2019届大学毕业生创业意向及影响因素问卷调查所回收的样本数据进行清理，共获得7620个大学毕业生调查样本数据。其中，女生3518人，占样本的46.2%，男生4102人，占样本的53.8%。从学历分布看，研究生学历毕业生1184人，占样本的15.5%，本科毕业生4149人，占54.4%，专科毕业生2287人，占30.0%。

本研究将7620个调查样本大学毕业生所毕业的高校分为四种高校类型，即重点大学（包括西安交通大学、西北工业大学、西安电子科技大学、西北农林科技大学、陕西师范大学、长安大学、西北大学等7所高校）、普通高校（包括陕西科技大学、西安理工大学、西安建筑科技大学、西安科技大学、西安外国语大学、西北政法大学、西安石油大学、西安邮电大学、延安大学、宝鸡文理学院、商洛学院、陕西学前师范学院等27所高校）、民办高校（包括西安外事学院、西安培华学院、西京学院、西安翻译学院、西安思源学院、陕西国际商贸学院、陕西服装工程学院、华清学院等19所高校）、高职院校（包括陕西职业技术学院、陕西工业职业技术学院、陕西国防工业职业技术学院、西安航空职业技术学院、咸阳职业技术学院、杨凌职业技术学院、陕西工商职业学院等41所高校）。其中，重点大学毕业生1440人，占18.9%，普通高校2983人，占39.1%，民办高校1215人，占15.9%，高职院校1982人，占26.0%。

本研究将7620个调查样本大学毕业生所学的专业划分四个类别，即理农医类、经管类、工程类和人文社科类。从专业类别分布看，调查样本包括理农医类专业毕业生927人，占样本的12.2%，经管类专业毕业生1366人，占17.9%，工程类专业毕业生3381人，占44.4%，人文社科类专业毕业生1946人，占25.5%。

本研究所获得的7620个大学毕业生调查样本中，有创业经历的大学毕业生为1481人，占样本的19.4%，没有创业经历的为6139人，占样本的80.6%。调查样本中，有创业榜样的大学毕业生为5156人，占样本的67.7%，没有创业榜样的为2464人，占样本的32.3%。调查样本中，就业所在地区为经济发达地区的大学毕业生为2174人，占样本的28.5%，就业所在地区为经济欠发达地区的大学毕业生为5446人，占样本的71.5%。本研究的调查样本特征如表4-1所示。

表4-1 调查样本特征（N=7620）

变量	样本类别	人数	百分比（%）
性别	女	3518	46.2
	男	4102	53.8
学历	本科研究生	5333	69.9
	高职高专	2287	30.0
专业	文理农医类	2873	37.7
	经管工程类	4747	62.3
高校	公办本科高校	4423	58.0
	民办和高职院校	3197	42.0
创业经历	无	6139	80.6
	有	1481	19.4
创业榜样	无	2464	32.3
	有	5156	67.7
经济环境	经济发达地区	2174	28.5
	经济欠发达地区	5446	71.5

4.2 测量工具设计

4.2.1 创业意向、创业行为及创业意向的前置认知变量测量工具设计

为了有效测量大学毕业生的创业意向水平，本研究采用单一维度多变量测量的方法，结合我国大学毕业生的实际情况，并借鉴和参考了利尼安和陈（2009）、彭正霞和陆根书（2013）等设计的大学生创业意向测量工具，设计了由4个题目构成的大学毕业生创业意向测量工具。

个体创业意向的概念内涵是指一个人对自己未来从事创业的承诺、期望、关注和偏好等心理状态。本研究所设计的大学毕业生创业意向测量工具中的4个测量题目，就是从个体创业意向的概念内涵出发，测量大学毕业生对自己未来从事创业活动所具有的特定心理状态，包括他们对创业的承诺、对创业的期望、对创业的关注，以及在创业失败时仍然对创业有所偏好。一方面，这些测量题目将大学毕业生创业意向限定在狭义的"创办新的公司"的意向这一含义上，认为创业就是创建一个新的企业组织，而不是在现有岗位上的价值创新，也不

是一个人在不创建任何企业组织的情况下自我雇用,从而避免了对创业意向的泛化理解;另一方面,大学毕业生创业意向测量工具又强调了创业意向是大学毕业生的一种心理状态,从而排除了"为创业做准备"等创业行为的含义,明确了不能把大学毕业生的创业意向与某些创业行为相混淆。

本研究所设计的大学毕业生创业意向测量工具的全部测量题目都是按照李克特(Likert)式编制,调查对象对于题目的回答,都是从非常不同意、不同意、不确定、同意和非常同意5个等级中做出选择,数据处理时对这5个等级的回答依次赋值1~5分。然后,利用4个测量题目变量求取算术平均数,从而构建创业意向的变量。

表4-2列出了大学毕业生创业意向测量工具的因素分析和信效度分析结果。因素分析的结果表明,大学毕业生创业意向测量工具每个题目的因素负荷都在0.9以上,测量工具的4个测量题目共同解释了大学毕业生创业意向86.9%的方差变异。信度分析结果显示,大学毕业生创业意向测量工具的克隆巴赫值 α 高达0.950,表示测量工具具有很高的可信度。创业意向测量工具的平均提取方差值 AVE 为0.870,组合信度值 CR 也高达0.964,可见测量工具的聚合效度也较高。

表4-2 大学毕业生创业意向测量工具的因素分析与信效度分析结果

因素/测量题目	因素负荷	AVE	CR
创业意向(α=0.950)	—		
创业承诺	—		
1. 我的目标是成为一名创业者,我会尽一切努力去创业	0.928		
创业期望	—		
2. 我想在近期或未来3—5年内创办并经营自己的公司	0.937	0.870	0.964
创业关注	—		
3. 我经常搜索有关创业机会的信息	0.927		
创业偏好	—		
4. 即使遭遇失败,我也会坚持创业	0.938		—
特征值	3.477	—	—
解释的方差(%)	86.918	—	—

注:AVE 表示测量工具的平均提取方差值,CR 表示测量工具的组合信度值。下同。

因此,本研究所设计的大学毕业生创业意向测量工具可以用来准确、可靠地测量大学毕业生的创业意向水平。

本研究的创业行为变量是指大学毕业生在创业早期阶段具体采取了哪些初始创业行动。本研究在借鉴卡特（Carter）等（2003）和塞凯拉（Sequeira）等（2007）研究成果的基础上，设计了大学毕业生创业行为的测量工具，共有5个题目构成，包括制定计划书、完善创业项目、筹措资金或寻找场地、组建创业团队，以及尝试创业积累经验。这些题目基本可以反映出大学毕业生在创业早期可能采取的各类创业行动。这5个题目均按照李克特式编制，调查对象对问题的回答从非常不同意、不同意、不确定、同意和非常同意5个等级中选择，数据处理时对5个等级的回答依次赋值1~5分。本研究对5个题目变量求取算术平均数，从而构建大学毕业生创业行为的变量。

表4-3列出了大学毕业生创业行为测量工具的因素分析和信效度分析结果。因素分析的结果表明，大学毕业生创业行为测量工具每个题目的因素负荷都在0.9以上，测量工具的5个测量题目共同解释了大学毕业生创业行为91.5%的方差变异。信效度分析结果显示，大学毕业生创业行为测量工具的克隆巴赫值 α 高达0.976，表示测量工具具有很高的可信度。创业行为测量工具的平均提取方差值 AVE 为0.915，组合信度值 CR 也高达0.982，可见测量工具的聚合效度也很高。因此，本研究所设计的大学毕业生创业行为测量工具可以用来准确、有效地测量大学毕业生的创业行为。

表4-3 大学毕业生创业行为测量工具的因素分析与信效度分析结果

因素/测量题目	因素负荷	AVE	CR
创业行为（α=0.976）	—		
1. 我已经制定了可行的创业计划书	0.942		
2. 我正在优化完善自己的创业项目	0.970	0.915	0.982
3. 我正在筹措创业资金或寻找场地	0.972		
4. 我正在准备组建创业团队	0.973		
5. 我正在尝试创业并积累经验	0.924		
特征值	4.575	—	—
解释的方差（%）	91.498	—	—

创业态度是指个体对自己从事创业活动的积极或消极的评估和判断。这种评估、判断反映了个体创业认知的正面或负面倾向性的结果，因而可能直接影响个体的创业意向。本研究设计的大学毕业生创业态度测量工具，结合了大

毕业生的实际情况，并借鉴了利尼安和陈（2009）、彭正霞和陆根书（2013）的研究成果，由3个题目构成。这些测量题目包括由大学毕业生对创业的好处和坏处、愿意尝试创业，以及愿意为创业付出代价等方面进行评估和判断。大学毕业生创业态度测量工具的3个题目均按照李克特式编制，调查对象的回答从非常不同意、不同意、不确定、同意和非常同意5个等级中选择，数据处理时对5个等级的回答依次赋值1~5分。然后，本研究通过求取3个测量题目变量的算术平均数，构建一个大学毕业生创业态度的新变量。

表4-4列出了大学毕业生创业态度测量工具的因素分析和信效度分析结果。因素分析的结果表明，大学毕业生创业态度测量工具每个题目的因素负荷都接近0.9，测量工具的3个测量题目共同解释了大学毕业生创业行为81.0%的方差变异。信效度分析结果显示，大学毕业生创业态度测量工具的克隆巴赫值α达到0.882，表示测量工具具有很高的可信度。创业态度测量工具的平均提取方差值AVE为0.809，组合信度值CR也高达0.927，可见测量工具的聚合效度也较高。因此，本研究所涉及的大学毕业生创业态度测量工具可以用来准确、有效地测量大学毕业生的创业态度。

表4-4 大学毕业生创业态度测量工具的因素分析与信效度分析结果

因素/测量题目	因素负荷	AVE	CR
创业态度（α=0.882）	—		
1. 创业对我的好处多过坏处	0.897	0.809	0.927
2. 如果有机会和资源，我愿意尝试创业	0.893		
3. 我愿意为创业付出代价	0.909		
特征值	2.429		
解释的方差（%）	80.972	—	—

根据计划行为理论，主观规范是指个体感知到的来自社会关系中对自己将要执行某种行为的压力。如果个体的重要社会关系人反对其采取某种行为，则会对行为意向产生抑制作用。相反，如果个体的社会关系人支持其采取某种行为，则会对其行为意向产生促进作用。本研究在借鉴了彭正霞和陆根书（2013）的研究成果基础上，设计了由4个题目构成的大学毕业生感知的主观规范测量工具。这些题目主要考察大学毕业生感受到父母和其他直系亲属，他们的同学、朋友对创业的看法，以及这些社会关系人对自己采取创业行动的肯定或支持。

大学毕业生感知的主观规范测量工具的4个题目均按照李克特式编制，调查对象的回答从非常不同意、不同意、不确定、同意和非常同意5个等级中选择，数据处理时对5个等级的回答依次赋值1~5分。最后，利用4个测量题目变量，构建了大学毕业生感知的主观规范变量。

表4-5列出了大学毕业生感知的主观规范测量工具的因素分析和信效度分析结果。因素分析的结果表明，大学毕业生感知的主观规范测量工具每个题目的因素负荷都超过了0.8，测量工具的4个测量题目共同解释了大学毕业生感知的主观规范78.6%的方差变异。信效度分析结果显示，大学毕业生感知的主观规范测量工具的克隆巴赫值 α 达到0.909，表示测量工具具有很高的可信度。主观规范测量工具的平均提取方差值 AVE 为0.786，组合信度值 CR 也高达0.936，可见测量工具的聚合效度也较高。因此，本研究所设计的大学毕业生感知的主观规范测量工具可以用来准确、有效地测量大学毕业生感知的主观规范。

表4-5 大学毕业生感知的主观规范测量工具的因素分析与信效度分析结果

因素/测量题目	因素负荷	AVE	CR
主观规范（α=0.909）	—		
1. 我的父母和直系亲属认为创业比找一份工作更有价值	0.877		
2. 我的父母和直系亲属支持我创业	0.892	0.786	0.936
3. 我的同学、朋友认为创业比找一份工作更有价值	0.877		
4. 我的同学、朋友支持我创业	0.900		
特征值	3.145	—	—
解释的方差（%）	78.623	—	—

根据班杜拉的自我效能理论，自我效能是指个体对自己有能力应对各种状况、克服各种障碍的评估，以及对未来行动中取得成功的信念。创业自我效能是指个体对自己有能力成功地执行创业中各种不同角色和任务的信念力量，它为区分创业者和非创业者提供了可能。研究者在测量个体创业自我效能时通常采用两种方式，即一般自我效能（不指向创业任务）和任务定向的自我效能（指向创业任务）。相比之下，任务定向的创业自我效能可靠性更高。本研究采用任务定向的创业自我效能测量方式，参考了潘炳超和陆根书（2020）的研究成果，设计了由5个题目构成的大学毕业生创业自我效能测量工具。大学毕业生创业自我效能测量工具的5个题目均按照李克特式编制，调查对象的回答从非常不同

意、不同意、不确定、同意和非常同意5个等级中选择，数据处理时对5个等级的回答依次赋值1~5分。最后，利用5个测量题目变量，构建了大学毕业生的创业自我效能变量。

表4-6列出了大学毕业生创业自我效能测量工具的因素分析和信效度分析结果。因素分析的结果表明，大学毕业生创业自我效能测量工具每个题目的因素负荷都接近或超过了0.9，测量工具的5个测量题目共同解释了大学毕业生创业自我效能85.9%的方差变异。信效度分析结果显示，大学毕业生创业自我效能测量工具的克隆巴赫值α达到0.959，表示测量工具具有很高的可信度。创业自我效能测量工具的平均提取方差值AVE为0.859，组合信度值CR也高达0.968，可见测量工具的聚合效度也较高。因此，本研究所设计的大学毕业生创业自我效能测量工具可以用来准确、有效地测量大学毕业生的创业自我效能。

表4-6 大学毕业生创业自我效能测量工具的因素分析与信效度分析结果

因素/测量题目	因素负荷	AVE	CR
创业自我效能（α=0.959）	—		
1. 我相信自己比较容易创业	0.895		
2. 我相信自己能够选择一个有潜力的行业去创业	0.937	0.859	0.968
3. 我相信自己的知识、能力和素质有助于我成功创业	0.933		
4. 我相信自己的生活、工作经验有助于我成功创业	0.933		
5. 我如果创业的话，取得成功的机会很大	0.935		
特征值	4.293	—	—
解释的方差（%）	85.862	—	—

4.2.2 影响大学毕业生创业意向的个人因素的变量测量工具设计

本研究用来测量大学毕业生创业机会识别能力的工具，是在参考借鉴了马等（2011）和孙等（2020）研究成果基础上，并根据大学毕业生的实际情况，设计了由5个题目构成的大学毕业生创业机会识别能力量表。大学毕业生创业机会识别测量工具的5个题目均按照李克特式编制，调查对象的回答从非常不同意、不同意、不确定、同意和非常同意5个等级中选择，数据处理时对5个等级的回答依次赋值1~5分。最后，本研究求取了这5个题目变量的算术平均数，从而构建了大学毕业生创业机会识别能力这个影响创业意向的个人因素变量。

表4-7列出了大学毕业生创业机会识别测量工具的因素分析和信效度分析结果。因素分析的结果表明，大学毕业生创业机会识别测量工具每个题目的因素负荷都超过了0.9，测量工具的5个测量题目共同解释了大学毕业生创业机会识别88.9%的方差变异。信效度分析结果显示，大学毕业生创业机会识别测量工具的克隆巴赫值 α 达到0.969，表示测量工具具有很高的可信度。创业机会识别测量工具的平均提取方差值 AVE 为0.889，组合信度值 CR 也高达0.976，可见测量工具的聚合效度也很高。因此，本研究所设计的大学毕业生创业机会识别测量工具可以用来准确、有效地测量大学毕业生的创业机会识别能力。

表4-7 大学毕业生创业机会识别测量工具的因素分析与信效度分析结果

因素/测量题目	因素负荷	AVE	CR
创业机会识别（α=0.969）	—		
1. 我能发现周围环境中的创业机会	0.934		
2. 我了解获得创业机会的信息渠道	0.935		
3. 我能发现社会经济变化带来的创业机会	0.956	0.889	0.976
4. 我能发现科学技术进步带来的创业机会	0.936		
5. 我有发现创业机会的能力	0.952		
特征值	4.445	—	—
解释的方差（%）	88.892	—	—

大学毕业生的创业价值认同反映了他们对创业活动的个人价值和社会价值的认可程度。本研究设计了一个由5个题目构成的大学毕业生创业价值认同测量工具。这些题目包括考察大学毕业生对创业可以实现个人自由、实现个人价值、获得财富和声誉等个人价值，以及对创业可以满足人民群众需要、促进经济社会发展等社会价值的认可程度。大学毕业生创业价值认同测量工具的5个题目均按照李克特式编制，调查对象的回答从非常不同意、不同意、不确定、同意和非常同意5个等级中选择，数据处理时对5个等级的回答依次赋值1~5分。最后，本研究利用这5个题目变量构建了大学毕业生创业价值认同变量。

表4-8列出了大学毕业生创业价值认同测量工具的因素分析和信效度分析结果。因素分析的结果表明，大学毕业生创业价值认同测量工具每个题目的因素负荷都超过了0.8，测量工具的5个测量题目共同解释了大学毕业生创业价值认同70.5%的方差变异。信效度分析结果显示，大学毕业生创业价值认同测量

工具的克隆巴赫值 α 达到 0.895，表示测量工具具有很高的可信度。创业价值认同测量工具的平均提取方差值 AVE 为 0.705，组合信度值 CR 也高达 0.923，可见测量工具的聚合效度也较高。因此，本研究所设计的大学毕业生创业价值认同测量工具可以用来准确、有效地测量大学毕业生的创业价值认同。

表4-8 大学毕业生创业价值认同测量工具的因素分析与信效度分析结果

因素/测量题目	因素负荷	AVE	CR
创业价值认同（α=0.895）	—		
1. 我认为创业可以实现个人自由	0.828		
2. 我认为创业可以实现个人价值	0.881		
3. 我认为创业可以获得财富和声誉	0.826	0.705	0.923
4. 我认为创业可以满足人民群众需要	0.825		
5. 我认为创业可以促进经济社会发展	0.837		
特征值	3.526	—	—
解释的方差（%）	70.510	—	—

大学毕业生的创业失败恐惧感反映了他们对自己从事创业活动失败后果的警惕心理。本研究设计了一个由3个题目构成的大学毕业生创业失败恐惧感测量工具，包括测量大学毕业生对创业失败本身的畏惧，以及对创业失败造成经济损失和影响个人发展的警惕性。大学毕业生创业失败恐惧感测量工具的3个题目均按照李克特式编制，调查对象的回答从非常不同意、不同意、不确定、同意和非常同意5个等级中选择，数据处理时对5个等级的回答依次赋值1~5分。最后，本研究求取了这3个题目变量的算术平均数，从而构建了大学毕业生创业失败恐惧感的变量。

表4-9列出了大学毕业生创业失败恐惧感测量工具的因素分析和信效度分析结果。因素分析的结果表明，大学毕业生创业失败恐惧感测量工具每个题目的因素负荷都超过了0.9，测量工具的3个测量题目共同解释了大学毕业生创业失败恐惧感87.4%的方差变异。信效度分析结果显示，大学毕业生创业失败恐惧感测量工具的克隆巴赫值 α 达到0.927，表示测量工具具有很高的可信度。创业失败恐惧感测量工具的平均提取方差值 AVE 为0.874，组合信度值 CR 也高达0.954，可见测量工具的聚合效度也很高。因此，本研究所设计的大学毕业生创业失败恐惧感测量工具可以用来准确、有效地测量大学毕业生的创业失败恐惧感。

表4-9 大学毕业生创业失败恐惧感测量工具的因素分析与信效度分析结果

因素/测量题目	因素负荷	AVE	CR
创业失败恐惧感（α=0.927）	—	0.874	0.954
1. 我担心创业失败	0.946		
2. 我担心创业失败会导致很大的经济负担	0.954		
3. 我担心创业失败会影响我自身的发展	0.904		
特征值	2.622	—	—
解释的方差（%）	87.416	—	—

大学毕业生的离职倾向可能是其创业意向形成的重要促发因素。本研究设计了大学毕业生离职倾向测量工具，共有3个题目构成，即"我经常想辞去现在的工作""我在明年可能会离开现在的单位换一份新的工作""我打算在现在的单位做长期的职业发展"。这些题目均按照李克特式编制，调查对象的回答从非常不同意、不同意、不确定、同意和非常同意5个等级中选择，数据处理时最后一个题目反向计分，对5个等级的回答依次赋值1~5分。本研究利用求取的3个测量题目的算术平均数，构建了大学毕业生离职倾向的变量。

表4-10列出了大学毕业生离职倾向测量工具的因素分析和信效度分析结果。因素分析的结果表明，大学毕业生离职倾向测量工具每个题目的因素负荷都超过了0.8，测量工具的3个测量题目共同解释了大学毕业生离职倾向77.2%的方差变异。信效度分析结果显示，大学毕业生离职倾向测量工具的克隆巴赫值α达到0.852，表示测量工具具有很高的可信度。大学毕业生离职倾向测量工具的平均提取方差值 AVE 为0.771，组合信度值 CR 也高达0.910，可见测量工具的聚合效度也较高。因此，本研究所设计的大学毕业生离职倾向测量工具可以用来准确、有效地测量大学毕业生的离职倾向。

表4-10 大学毕业生离职倾向测量工具的因素分析与信效度分析结果

因素/测量题目	因素负荷	AVE	CR
离职倾向（α=0.852）	—	0.771	0.910
1. 我经常想辞去现在的工作	0.885		
2. 我在明年可能会离开现在的单位，换一份新的工作	0.922		
3. 我打算在现在的单位做长期的职业发展（反向计分）	0.825		
特征值	2.315	—	—

续表

因素/测量题目	因素负荷	AVE	CR
解释的方差（%）	77.154	—	—

本研究基于以往有关大学生创业人格特质的研究，设计了大学毕业生创业人格测量工具。此工具包括个人控制、主动性、创新导向、冒险倾向4个维度构成，共有12个题目。这些题目均按照李克特式编制，调查对象的回答从非常不同意、不同意、不确定、同意和非常同意5个等级中选择，数据处理时对5个等级的回答依次赋值1~5分。最后，本研究利用12个题目的算术平均数，构建了大学毕业生创业人格的变量。

表4-11列出了大学毕业生创业人格测量工具的因素分析和信效度分析结果。因素分析的结果表明，大学毕业生创业人格测量工具所有题目的因素负荷都在0.7~0.9。测量工具的12个测量题目共同解释了大学毕业生创业人格80.0%的方差变异。信效度分析结果显示，大学毕业生创业人格测量工具各个维度的克隆巴赫值 α 在0.8~0.9，表示测量工具具有很高的可信度。创业人格测量工具的平均提取方差值 AVE 为0.657，测量工具的组合信度值 CR 也高达0.958，可见测量工具的聚合效度也比较高。因此，本研究所设计的大学毕业生创业人格测量工具可以用来准确、有效地测量大学毕业生的创业人格。

表4-11 大学毕业生创业人格测量工具的因素分析与信效度分析结果

因素/测量题目	因素负荷	AVE	CR
因素1：个人控制（α=0.861）	—		
1. 在同事或同学中，我通常是集体活动的发起者	0.836		
2. 我很容易用自己的观点说服同事或同学	0.826		
3. 我周围的同事或同学都很依赖我	0.840		
因素2：主动性（α=0.900）	—		
4. 我有明确的职业目标	0.872	0.657	0.958
5. 我有明确的实现职业目标的计划	0.869		
6. 我能根据职业目标有目的地参加学习或培训	0.767		
因素3：创新导向（α=0.890）	—		
7. 我喜欢有创意的工作或学习任务	0.748		
8. 我喜欢尝试不同的工作或学习方式	0.865		

续表

因素 / 测量题目	因素负荷	AVE	CR
9. 我喜欢探索新的工作或学习任务	0.838		
因素4：冒险倾向（α=0.812）	—		
10. 我乐意对自己的工作或学习结果负责	0.757	0.657	0.958
11. 我乐于承担具有挑战性的任务	0.784		
12. 我乐于承担具有风险或不确定性的任务	0.705		

	因素1	因素2	因素3	因素4
特征值	2.524	2.509	2.463	2.101
解释的方差（%）	21.034	20.908	20.529	17.506
累积解释方差（%）	21.034	41.942	62.471	79.977

4.2.3 影响大学毕业生创业意向的环境因素的变量测量工具设计

创业教育是影响大学毕业生创业意向的重要环境因素之一。大学毕业生在校学习期间受到的创业教育影响会对其创业认知和创业意向产生深刻影响。根据我国高校创业教育的实际情况，本研究设计了大学毕业生所接受的创业教育测量工具。此工具重在从大学毕业生自我报告的视角来考察大学创业教育的质量水平。大学创业教育测量工具由5个题目构成，包括由大学毕业生评价学校的创业教育整体、学校的创业氛围、学校支持学生创业的管理措施、学校提供的创业实训条件，以及学校支持学生创业的服务等方面的质量。这些题目均按照李克特式编制，调查对象的回答从非常差、较差、一般、较好和非常好5个等级中选择，数据处理时对5个等级的回答依次赋值1~5分。最后，本研究利用5个题目变量，构建了大学创业教育质量的变量。

表4-12列出了大学创业教育测量工具的因素分析和信效度分析结果。因素分析的结果表明，大学创业教育测量工具每个题目的因素负荷都超过了0.9，测量工具的5个测量题目共同解释了大学创业教育质量89.8%的方差变异。信效度分析结果显示，大学创业教育测量工具的克隆巴赫值 $α$ 达到0.971，表示测量工具具有很高的可信度。大学创业教育质量测量工具的平均提取方差值 AVE 为0.898，组合信度值 CR 也高达0.978，可见测量工具的聚合效度也很高。因此，本研究所设计的大学创业教育测量工具可以用来准确、有效地测量大学

创业教育。

表4-12 大学创业教育质量测量工具的因素分析与信效度分析结果

因素／测量题目	因素负荷	AVE	CR
创业教育（α=0.971）	—		
1. 学校的创业教育	0.937		
2. 学校的创业氛围	0.949		
3. 学校支持学生创业的管理措施	0.953	0.898	0.978
4. 学校提供的创业实训条件（创业园、创客空间、创业训练营等）	0.948		
5. 学校支持学生创业的服务（创业资金支持、联系创业导师、入驻科技园等）	0.951		
特征值	4.488	—	—
解释的方差（%）	89.758	—	—

大学毕业生感知到的社会支持是影响其创业意向的重要因素。一般而言，毕业不久的大学毕业生在创业初期往往缺乏创业资源和社会网络资本，他们感知到周围环境中提供的创业支持对其创业意向的形成至关重要。本研究设计了一个由4个题目构成的创业支持测量工具，考察大学毕业生感知到的来自父母和直系亲属、同学和朋友可能为自己提供的创业资金、创业人脉两方面的支持。这些题目均按照李克特式编制，调查对象的回答从非常不同意、不同意、不确定、同意和非常同意5个等级中选择，数据处理时对5个等级的回答依次赋值1~5分。最后，本研究利用这4个测量题目构建了创业支持变量。

表4-13列出了大学毕业生感知的创业支持测量工具的因素分析和信效度分析结果。因素分析的结果表明，大学毕业生感知的创业支持测量工具每个题目的因素负荷都超过了0.9，测量工具的4个测量题目共同解释了大学毕业生感知的创业支持84.1%的方差变异。信效度分析结果显示，大学毕业生感知的创业支持测量工具的克隆巴赫值α达到0.937，表示测量工具具有很高的可信度。大学毕业生感知的创业支持测量工具的平均提取方差值AVE为0.841，组合信度值CR也高达0.955，可见测量工具的聚合效度也较高。因此，本研究所设计的这一测量工具可以用来准确、有效地测量大学毕业生感知的创业支持。

表4-13 大学毕业生感知的创业支持测量工具的因素分析与信效度分析结果

因素/测量题目	因素负荷	AVE	CR
社会支持（α=0.937）	—		
1. 我的父母和直系亲属能为我提供创业资金方面的支持	0.914		
2. 我的父母和直系亲属能为我提供创业人脉方面的支持	0.921	0.841	0.955
3. 我的同学、朋友能为我提供创业资金方面的支持	0.919		
4. 我的同学、朋友能为我提供创业人脉方面的支持	0.915		
特征值	3.365	—	—
解释的方差（%）	84.133	—	—

4.2.4 共同方法偏差控制和测量工具的信效度分析

本研究采用由调查对象自我报告的方式，并利用以上测量工具对相关研究变量进行测量，故可能存在由调查方式造成的共同方法偏差。因此，本研究采用哈曼（Harman）的单因素检测法，通过对大学毕业生创业意向及其影响因素的全部测量题目变量进行未经旋转的主成分分析，查看其抽取的初始因子解释的方差。本研究获得的第1个初始因子解释了33.53%的方差，小于40%的临界值。根据哈曼（Harman）单因素检测法的判断标准，可以判断大学毕业生创业意向及其影响因素的变量测量结果不存在严重的共同方法偏差。

从表4-2至表4-13可知，相关变量的所有测量题目因素负荷均大于0.7，表示每个题目对所属变量测量工具的贡献都比较大。而且，所有测量工具的克隆巴赫值 $α$ 都在0.8以上，表示所有测量工具的信度系数都较高或者很高。此外，所有变量测量工具的平均提取方差值 AVE 在0.657~0.915之间，因此所有变量的平均提取方差值 AVE 都大于0.6的最低标准，组合信度值 CR 都在0.9以上，都大于0.7的最低标准值，可见所有测量工具的聚合效度（或收敛效度）较高或者很高。

表4-14列出了研究变量相关分析和判别效度分析结果。表中横纵两个不同变量的交叉方格中显示的是两个变量的皮尔逊积差相关系数，表格的对角线上两个相同变量交叉的各个方格中显示的是此变量的平均提取方差 AVE 的平方根。可见，创业意向、创业行为、创业态度、主观规范、创业自我效能、创业机会识别、创业价值认同、创业失败恐惧感、离职倾向、创业人格、创业教育、

创业支持等12个等级变量两两之间全都存在不同程度的显著相关性，这符合本研究文献综述中对有关变量之间关系的理论解释。

表4-14还显示，各个变量的平均提取方差 AVE 的平方根都大于其所在行和所在列的相关系数的绝对值，表示该变量平均提取方差 AVE 的平方根比该变量与其它变量的相关系数都大，这表明所有测量工具所测得变量之间具有良好的判别效度。

表4-14 研究变量相关分析和判别效度分析结果

变量	EI	EB	ATE	SN	ESE	EOI	EVI	FOF	RT	EP	EE	ES
EI	0.933											
EB	0.640**	0.957										
ATE	0.799**	0.509**	0.899									
SN	0.767**	0.589**	0.762**	0.887								
ESE	0.766**	0.602**	0.764**	0.770**	0.927							
EOI	0.721**	0.587**	0.724**	0.724**	0.845**	0.943						
EVI	0.554**	0.426**	0.633**	0.580**	0.652**	0.678**	0.840					
FOF	0.148**	0.070**	0.274**	0.216**	0.231**	0.270**	0.551**	0.935				
RT	0.167**	0.133**	0.167**	0.144**	0.115**	0.104**	0.115**	0.077**	0.878			
EP	0.387**	0.298**	0.306**	0.325**	0.384**	0.409**	0.301**	0.056**	−0.044**	0.811		
EE	0.214**	0.324**	0.145**	0.248**	0.246**	0.255**	0.199**	0.074**	−0.075**	0.253**	0.948	
ES	0.698**	0.581**	0.654**	0.845**	0.735**	0.698**	0.536**	0.177**	0.100**	0.353**	0.310**	0.917

注：EI 创业意向，EB 创业行为，ATE 创业态度，SN 主观规范，ESE 创业自我效能，EOI 创业机会识别，EVI 创业价值认同，FOF 创业失败恐惧感，RT 离职倾向，EP 创业人格，EE 创业教育，ES 创业支持。在表格中对角线的数值为平均提取方差值 AVE 的平方根。** 表示 $P<0.01$。

4.3 数据分析方法

本研究主要使用SPSS18.0、AMOS17.0和Stata16软件，利用问卷调查获得的7620个大学毕业生的样本数据，实证地分析大学毕业生创业意向的影响因素及其作用机制。分析过程采用的数据分析方法包括因素分析和信效度分析、描述性统计和 T 检验及方差分析、多元线性回归分析、层次回归分析和结构方程模型分析。

4.3.1 因素分析和信效度分析

因素分析和信效度分析可以检验研究变量测量工具的有效性和可靠性。本研究利用获得的调查样本数据，采用主成分分析、信度分析、聚合效度分析、判别效度分析等技术检验所设计的变量测量工具的信效度，所采用的检验指标值包括因子负荷、特征值、解释的变异方差、克隆巴赫 α 信度系数、组合信度（Construct Reliability）、平均提取方差（Average Variance Extracted）及其平方根等。同时，本研究还采用哈曼（Harman）单因素检测控制共同方法偏差，从而全面保证整个研究测量变量的可信度、有效性，以及研究结论的可靠性。

4.3.2 描述性统计、T 检验和方差分析

本研究采用描述性分析方法，呈现了陕西省大学毕业生创业意向的整体特征，并采用 T 检验和方差分析比较了不同性别、不同学历、不同高校类型和不同专业类别的大学毕业生创业意向的组别差异。同时，本研究还利用 T 检验和方差分析对影响大学毕业生创业意向的类别变量因素进行检验，包括大学毕业生的创业经历，大学毕业生周围环境中的创业榜样，以及大学毕业生就业所在地区的经济环境。

4.3.3 多元线性回归分析和层次回归分析

回归分析技术是最常用的量化数据分析方法。回归分析常用于分析某些变量变异对另外一些变量变异方差的解释力，以寻找自变量和因变量之间的因果关系。首先，本研究采用多元线性回归分析方法探索大学毕业生创业意向与创业行为之间的关系，回答创业意向对创业行为的预测效力有多大这个问题。其次，本研究采用多元线性回归分析方法探索大学毕业生创业态度、主观规范、创业自我效能等创业意向的前置认知变量对创业意向的影响，以及个人因素、环境因素对大学毕业生创业态度、主观规范、创业自我效能等创业意向的前置认知变量的影响。最后，本研究采用层次回归分析方法探索离职倾向对大学毕业生创业态度、主观规范、创业自我效能影响其创业意向的调节效应，以及探

索创业人格对个人因素、环境因素影响大学毕业生创业态度、主观规范、创业自我效能的调节效应。

4.3.4 结构方程模型分析

结构方程模型的优势在于支持同时分析多个变量之间复杂的相互作用关系。本研究所构建的个人因素、环境因素影响大学毕业生创业意向的作用机制理论模型包含创业意向、创业意向的前置认知变量，以及多个个人因素或环境因素，多个变量之间的关系比较复杂，适合采用结构方程模型对理论模型进行检验。本研究采用结构方程模型分析方法的目的，主要是为了探索大学毕业生创业态度、主观规范、创业自我效能、创业意向之间的关系，以及分析创业态度、主观规范、创业自我效能在个人因素、环境因素影响其创业意向关系中的中介作用。同时，本研究还采用了结构方程模型的多群组分析技术，检验不同性别、不同学历、不同专业类别和不同类型高校的大学毕业生在以上关于创业意向前置认知变量的中介作用机制方面存在的差异。

4.3.5 分层线性模型分析

为了探索不同群组的大学毕业生创业意向形成机制的差异，本研究将采用分层线性模型分析，利用Stata16软件中的似不相关回归模型检验方法，分别检验个人因素、环境因素对大学毕业生创业意向影响的回归方程模型，通过对不同回归方程中各个自变量回归系数的差异分析，比较不同性别、不同学历、不同专业类别和不同类型高校的大学毕业生创业意向形成机制的差异。

5 大学毕业生创业意向与创业行为的特征及关系分析

5.1 大学毕业生创业意向的基本特征分析

本研究利用设计开发的大学毕业生创业意向测量工具,从创业承诺、创业期待、创业关注、创业偏好(创业承诺:我的目标是成为一名创业者,我会尽一切努力去创业;创业期待:我想在近期或未来3~5年内创办并经营自己的公司;创业关注:我经常搜索有关创业机会的信息;创业偏好:即使遭遇失败,我也会坚持创业)四个方面的题目进行大学毕业生创业意向的测量,被调查对象对每个题目的回答从非常不同意、不同意、不确定、同意、非常同意等五个等级中进行选择,并分别赋值1~5分。

经过对全样本7620名陕西省大学毕业生的创业意向统计显示,大学毕业生创业意向均值为2.83,介于"不同意"和"不确定"两个赞同程度等级值之间,但比较靠近中间值。由于目前缺少我国大学毕业生创业意向水平测量的常模数据,无法进行大学毕业生创业意向的省际比较,本研究仅针对陕西省大学毕业生创业意向的特征进行探讨。

本研究认为,陕西省大学毕业生创业意向均值为2.83这一测量结果,至少可以表明两个方面的含义。

一是陕西省大学毕业生整体的创业意向水平不高,创业意向总体偏向否定性,即陕西省大学毕业生对自己未来从事创业的承诺、期待等心理状态是偏向"不同意"的。近些年来,我国政府、高校和社会各界采取了一系列宣传、鼓励、扶持大学生创业的政策措施,面向大学生开展创业教育和培训,组织大学生参加创业比赛等活动。在外部创业氛围和创业条件改善的情况下，会引导一部分大学毕业生认真考虑从事自主创业，一定程度上对大学毕业生的创业意向有所提升。例如，2014年人力资源和社会保障部、国家发改委等九部门联合启动实施了"大学生创业引领计划"，针对大学生创业缺乏经验、资金不足、经营场所负担重等问题，要求在大学生中普及创业教育，加强大学生创业培训，为大学生创业提供政策便利、小额担保贷款，以及鼓励企业、行业协会、群团组织、天使投资人等以多种方式向创业大学生提供资金支持，并要求各地充分利用大学科技园、科技企业孵化器、高新技术开发区、经济技术开发区、工业园、农业产业园、城市配套商业设施、闲置厂房等资源，建设大学生创业园区和创业孵化基地，为大学生创业提供经营场所的扶持。同年，陕西省出台了《陕西省大学生创业引领计划实施方案（2014—2017）》，进一步明确措施手段以落实有关大学生创业扶持政策。2015年，国务院办公厅印发了《关于深化高等学校创新创业教育改革的实施意见》，要求高校完善人才培养质量标准，明确创新创业教育目标要求，促进专业教育与创新创业教育有机融合，面向全体大学生开设创业基础等课程，组织编写创新创业教育教材，配齐配强创新创业教育与创业就业指导专职教师队伍，建立健全学生创业指导服务专门机构等。但是，陕西省大学毕业生整体的创业意向水平仍然不高，表明这些政策措施对提升陕西省大学毕业生的创业意向水平还缺乏有效性和针对性，需要进一步完善、优化大学生创业扶持政策。

二是陕西省大学毕业生的创业意向水平有进一步提升的较大空间，大学毕业生的创业潜力有待挖掘。陕西省大学毕业生创业意向水平均值还处于"不确定"的中间值以下而偏向于"不同意"，反映出当前大学和社会环境中鼓励和扶持大学生创业的气氛虽然已经十分火热，但是相当多的大学毕业生仍然对创业活动保持比较保守、谨慎甚至是畏惧的旁观者态度。由于受到追求稳定职业的观念影响，我国大学毕业生在完成高等教育之后，可能大多数会倾向于求职就业，而不愿意涉足存在很大冒险性和不确定性的创业活动。而且，我国大学毕业生接受高等教育一般需要依靠家庭的资助，他们从大学毕业之后，更倾向于通过获得稳定的职业收入对家庭有所回馈，或者至少不愿意再为家庭增加更多负担。因此，大学毕业生在对从事创业的结果预期进行评估之后，如果不能有令人满意的结果预期，就会极大地限制他们的创业意向形成和发展。既然引导大学毕业生群体投入创新创业活动，对我国经济社会高质量发展具有重要的价值，那么政府、大学和有关社会组织就应采取针对性措施，创造完善的创业条件，提供可获得的创业资源，帮助大学毕业生形成对从事创业活动的良好预期，从而扭转他们的职业发展观念，以至于引导更多的大学毕业生从传统的职业发展道路上转移到创新创业的道路上来，实现对大学毕业生创业潜力的深入挖掘。

表5-1列出了大学毕业生创业意向各测量题目的分布特征。可见，大学毕业生的创业承诺为"非常同意"的比例仅为7.0%，为"同意"的比例为21.8%，这两者之和还不足30%，这表明超过三分之二的大学毕业生缺乏对从事创业的考虑。大学毕业生的创业期待为"非常同意"的比例仅为5.5%，为"同意"的比例为17.3%，二者之和为22.8%。这反映出对自己创业有期待的大学毕业生，比对创业有承诺的大学毕业生更少。大学毕业生的创业关注为"非常同意"的比例仅为6.6%，为"同意"的比例为25.7%，二者之和为32.3%。可见，赞同自己经常关注创业信息的大学毕业生，稍多于有创业承诺和创业期待的大学毕业生。大学毕业生的创业偏好为"非常同意"的比例仅为5.8%，为"同意"的比例为20.7%，二者之和为26.5%。这表明，大约四分之一的大学毕业生具有一定程度的创业偏好。

表5-1 大学毕业生创业意向各题目的分布特征

赞同程度	创业承诺		创业期待		创业关注		创业偏好	
	N	%	N	%	N	%	N	%
非常不同意	890	11.7	1060	13.9	871	11.4	919	12.1
不同意	1946	25.5	2197	28.8	2056	27.0	1881	24.7
不确定	2591	34.0	2624	34.4	2230	29.3	2796	36.7
同意	1659	21.8	1320	17.3	1957	25.7	1579	20.7
非常同意	534	7.0	419	5.5	506	6.6	445	5.8

5.2 大学毕业生创业意向的群组差异分析

表5-2列出了大学毕业生创业意向的性别差异比较结果。由表5-2可见，男生的创业意向水平均值为2.964，显著高于女生的创业意向（均值为2.670）。

这一研究结果与以往的研究发现相一致。而且，国内外关于大学生创业意向的性别比较研究，基本都支持男生创业意向水平显著高于女生的研究结论。

表5-2 不同性别大学毕业生创业意向差异比较的结果

性别	N	M	SD	T	P
男生	4102	2.964	1.051	12.846	<0.001
女生	3518	2.670	0.948		

本研究对大学毕业生创业意向的性别差异比较还反映出，即使是男生的创业意向均值2.964，也没有达到中间值"不确定"的水平，而女生的创业意向水平则更低。这启示我们，不仅要思考男性大学毕业生创业意向不高的原因，更要深入分析限制女性大学毕业生创业意向的因素，到底是什么原因导致我国女性大学毕业生对创业"敬而远之"。只有寻找到男女大学毕业生创业意向水平低下的根源，才可能采取更有效地引导和扶持大学毕业生创业的政策措施，切实做到有针对性地为男性和女性大学毕业生提供创业支持和服务。

表5-3列出了大学毕业生创业意向的学历差异比较结果。独立样本T检验发现，不同学历的大学毕业生创业意向之间存在显著的组间差异。其中，高职高专毕业生创业意向水平均值为3.171；本科和研究生学历的大学毕业生创业意向均值为2.681。可见，高职高专毕业生创业意向水平已经超过了"不确定"的中间值，而本科和研究生学历的大学毕业生创业意向则远低于高职高专毕业生，处于较低的水平。

表5-3 不同学历大学毕业生创业意向差异比较的结果

学历	N	M	SD	T	P
本科和研究生	5333	2.681	1.007	-20.294	<0.001
高职高专	2287	3.171	0.947		

造成不同学历大学毕业生创业意向之间显著差异的原因，至少存在两种不同的可能性解释，但还难以做出定论。

一种可能性解释是基于劳动力市场分割理论的观点，由于高职高专毕业生在就业市场上处于明显的劣势，他们在求职过程中很可能受到学历歧视，所以他们经常在就业竞争中因无法获得满意的职业岗位，不得已而考虑通过自主创业来满足个人生存需要和实现自身职业发展。相反，本科生和研究生相对而言具有求职就业的优势,所以他们如果放弃求职就业而去追求创业,就是一种存在较高的机会成本的冒险性选择。这就很容易造成高职高专毕业生创业意向水平高,而本科和研究生学历的大学毕业生创业意向水平低。

另一种可能性解释是基于筛选理论,认为基础教育和高考制度具有人才筛选的功能,学历本身就是人的才能的信号,不同学历的大学毕业生就是不同类型的人才,他们在人格特质、能力素质等方面,以及在面对创业的不确定性时所表现出的行为倾向都可能存在差异。从这个角度来思考,可能相比于本科和研究生学历的大学毕业生,高职高专毕业生本身对从事创业就更加具有兴趣、更愿意接受创业对自身发展带来的未知结果,而并非由于求职障碍造成的创业意向水平被动提高。

总之,我们不但要进一步提升高职高专毕业生的创业意向,更加重要的是促进本科和研究生学历的大学毕业生创业意向水平提升。我国要引导那些高学历的、掌握高精专科学知识和科技能力的大学毕业生投入创新创业活动,就要深入研究不同学历大学毕业生创业意向形成、发展的深层机制。

表5-4列出了不同类型高校的大学毕业生创业意向差异比较的结果。独立样本T检验发现,不同类型高校的大学毕业生创业意向存在显著的组间差异。其中,民办和高职院校的大学毕业生创业意向均值为3.071,而公办本科高校的大学毕业生创业意向均值仅为2.653。可见,公办本科高校大学毕业生的创业意向水平远低于民办和高职院校的大学毕业生。

表5-4 不同类型高校大学毕业生创业意向差异比较的结果

高校类型	N	M	SD	T	P
公办本科高校	4423	2.653	0.998	−18.186	<0.001
民办和高职院校	3197	3.071	0.987		

由于公办本科高校中包括陕西省几所老牌的研究型大学,并涵盖众多知名的综合性、行业性高校,但是这些高校的大学毕业生创业意向水平与民办和高职院校的大学毕业生之间存在如此大的差距,这与政府、大学自身和社会各界的期望都是不相符的。然而,从上述劳动力市场分割理论和筛选理论的视角解释不同学历大学毕业生创业意向的差异来看,这种结果又是十分合理的。因为公办本科高校主要是培养本科生和研究生,而高职高专毕业生则都是出自于民

办和高职院校。但是，从高校类型的差异来看，不同高校在开展创新创业教育、鼓励支持学生创业方面存在很大差异，这可能又是造成不同高校的大学毕业生创业意向存在差异的一个新的解释。

表5-5列出了不同专业类别的大学毕业生创业意向差异比较结果。独立样本T检验发现，不同专业类别的大学毕业生创业意向存在显著的组间差异。其中，经管工程类专业的大学毕业生的创业意向水平均值分别为2.857，显著高于文理农医类专业的大学毕业生的创业意向。文理农医类专业的大学毕业生的创业意向均值为2.780。可见，不同专业类别的大学毕业生创业意向有一定的差异，但其差异程度不如性别、学历、高校类型造成的差异那么大。

表5-5　不同专业类别大学毕业生创业意向差异比较的结果

专业类别	N	M	SD	T	P
文理农医类	2873	2.780	1.014	-3.225	<0.01
经管工程类	4747	2.857	1.014		

为什么经管和工程类专业的大学毕业生创业意向，要略高于文理农医类专业的大学毕业生呢？这可能表明，大学毕业生经受不同的专业学习和训练，对其创业意向有一定的差异化影响。

分析其中的原因，经管类专业大学毕业生的创业意向水平较高比较容易推想，这可能是由于此类专业的教育内容关注现实的工商业领域，大学毕业生接受此类专业学习和训练的同时对创业活动会有一定的了解和认知，从而可能引导他们产生对自己从事创业的设想。而工程类专业教育通常与各相关生产领域的实践有着紧密联系，大学毕业生经受工程类专业教育的学习和训练，所获得的知识与技能更具有应用性，他们更能直观地感受到科学知识和技术转化为产品的过程，这可能会对他们的创造精神和创新意识培养，以及对他们尝试研发某种创业产品产生激励的作用。这也许是经管工程类专业大学毕业生创业意向，显著高于文理农医类大学毕业生创业意向的主要原因。

表5-6列出了有无创业经历的大学毕业生创业意向差异比较结果。从中可知，有创业经历的大学毕业生创业意向水平显著高于没有创业经历的大学毕业生。有创业经历的大学毕业生群体的创业意向均值为3.322，没有创业经历的大学毕业生群体创业意向均值仅为2.706。这表明，大学毕业生具有独立发起创

业、发起团队创业，或者参加过老师、同学的创业项目等经历，对他们创业意向的形成具有积极影响。

表5-6 有无创业经历的大学毕业生创业意向差异比较结果

创业经历	N	M	SD	T	P
有	1481	3.322	0.968	21.768	<0.001
无	6139	2.706	0.990		

大学毕业生亲身参加过创业活动，有过一定的创业经历，可以帮助他们形成对创业的感性认知，对创业过程中的困难与挑战会有基本的掌握和判断。大学毕业生通过创业实践获得的经验，一定程度上有助于消除他们对创业的神秘感和畏惧感，降低对创业不确定性的感知。因此，大学毕业生具有创业经历，会促进他们创业意向的形成与发展。

表5-7列出了有无创业榜样的大学毕业生创业意向的差异比较结果。从中可知，有创业榜样的大学毕业生群体创业意向均值为2.920，显著高于没有创业榜样的大学毕业生群体。这表明，大学毕业生的父母或兄弟姐妹创业，或者他们的朋友或同学创业，都可以作为他们周围环境中的创业榜样，从而对他们的创业意向产生积极影响。

表5-7 有无创业榜样的大学毕业生创业意向差异比较的结果

创业榜样	N	M	SD	T	P
有	5156	2.920	1.009	11.534	<0.001
无	2464	2.636	1.001		

大学毕业生可以从创业榜样的创业活动中观察获得创业的知识、经验甚至是创业技能，而且大学毕业生还可能在与创业榜样的交流中获得对创业的间接认识。这些通过创业榜样获得的信息，可能在大学毕业生的创业认知心理过程中发挥提升其创业意向的作用。

表5-8列出了不同经济环境的大学毕业生创业意向差异比较结果。从中可见，就业地在我国经济发达地区的大学毕业生创业意向水平，显著低于在经济欠发达地区的大学毕业生。但是，从经济发达地区和欠发达地区两个大学毕业生群体的创业意向均值来看，即2.781和2.847，二者的差异并不大。这表明，经济环境对大学毕业生创业意向的形成发展具有较小的影响。分析其中原因，

经济欠发达地区可能存在更多的创业机会，创业门槛相对较低，因而对大学毕业生创业意向具有积极作用。

表5-8 不同经济环境的大学毕业生创业意向差异比较的结果

经济环境	N	M	SD	T	P
经济发达地区	2174	2.781	1.036	2.512	0.012
经济欠发达地区	5446	2.847	1.006		

5.3 大学毕业生创业行为的基本特征及群组差异分析

研究大学毕业生的创业意向，是为了更好地把握大学毕业生的创业行为。因此，我们还需要弄清楚大学毕业生的创业行为状况是怎样的。本研究利用设计开发的大学毕业生创业行为测量工具，包括"我已经制定了可行的创业计划书""我正在优化完善自己的创业项目""我正在筹措创业资金或寻找场地""我正在准备组建创业团队""我正在尝试创业并积累经验"等五个题目，测量了陕西高校大学毕业生的创业行为，被调查对象对每个题目的回答从非常不同意、不同意、不确定、同意、非常同意等5个等级中进行选择，并分别赋值1~5分。经过对全样本7620名陕西高校大学毕业生创业行为的统计显示，大学毕业生创业行为均值为2.31。

表5-9列出了大学毕业生创业行为的组别差异比较结果。研究发现，不同性别、不同学历、不同专业和不同高校的大学毕业生创业行为得分均值都存在显著差异。研究还发现，有创业经历的大学毕业生创业行为得分显著高于没有创业经历的大学毕业生，有创业榜样的大学毕业生创业行为得分同样显著高于没有创业经历的大学毕业生。此外，就业所在地为经济欠发达地区的大学毕业生创业行为得分显著高于就业所在地为经济发达地区的大学毕业生。

表5-9 大学毕业生创业行为的组别差异比较结果

分类变量		N	M	SD	T/F	P
性别	男生	4102	2.412	1.011	10.763	<0.001
	女生	3518	2.180	0.875		
学历	本科研究生	5333	2.190	0.938	-16.209	<0.001
	高职高专	2287	2.574	0.951		

续表

分类变量		N	M	SD	T/F	P
高校	公办本科高校	4423	2.152	0.920	−16.545	<0.001
	民办和高职院校	3197	2.517	0.970		
专业	文理农医类	2873	2.268	0.932	−2.684	<0.01
	经管工程类	4747	2.328	0.9727		
创业经历	有	1481	2.718	0.993	18.055	<0.001
	无	6139	2.206	0.922		
创业榜样	有	5156	2.373	0.959	9.048	<0.001
	无	2464	2.163	0.940		
经济环境	经济发达地区	2174	2.241	0.962	3.683	<0.001
	经济欠发达地区	5446	2.331	0.955		

5.4 大学毕业生创业意向与创业行为的关系分析

根据计划行为理论，个体的行为意向是其实际行为的预测变量。以往关于大学生创业意向和创业行为的关系研究也已经证实，大学生的创业意向可以有效地预测其创业行为。本研究以大学毕业生的创业意向为自变量，以大学毕业生的创业行为为因变量，控制变量包括性别、学历、高校类型、专业类别，从而构建多元线性回归方程，以检验大学毕业生创业意向对其创业行为的预测效力。

表5-10列出了大学毕业生创业意向对其创业行为影响的回归分析结果，采用标准化回归系数。从模型2可见，在控制了性别、学历、高校类型和专业类别的影响之后，大学毕业生的创业意向显著正向影响其创业行为，标准化回归系数高达0.624。从模型1到模型2的决定系数 R^2 变化来看，从0.052增加到0.414，即控制变量只解释了5.2%的创业行为变异方差，而在增加了创业意向一个自变量之后，控制变量和创业意向共同解释了41.4%的创业行为变异的方差，解释的方差增加了36.2%。因此，大学毕业生的创业意向可以有效地预测他们的创业行为，创业意向大约可以解释36%的创业行为变异方差。研究假设H1得到证实。

表5-10 大学毕业生创业意向对其创业行为影响的回归分析结果（标准化回归系数）

自变量	因变量：创业行为	
	模型1	模型2
性别（女生为参考类别）	—	—
男生	0.119***	0.031**
学历（本科研究生为参考类别）	—	—
高职高专	0.092***	0.001
专业类别（文理农医类为参考类别）	—	—
经管工程类	−0.054***	−0.017
高校类型（公办本科高校为参考类别）	—	—
民办和高职院校	0.122***	0.061***
创业意向	—	0.624***
F值	105.335***	1075.483***
调整的R^2	0.052	0.414
N	7620	7620

注：* 表示 $P<0.5$，** 表示 $P<0.01$，*** 表示 $P<0.001$。

6 个人因素影响大学毕业生创业意向的作用机制分析

6.1 前置认知变量对大学毕业生创业意向的影响及离职倾向的调节效应分析

6.1.1 前置认知变量对大学毕业生创业意向的多元线性回归分析

根据班杜拉的社会学习理论观点，大学毕业生的创业意向是其创业认知心理过程的一个结果变量。大学毕业生创业意向的形成受到其前置认知变量的直接影响，创业意向主要的前置认知变量包括创业态度、主观规范和创业自我效能。

表6-1列出了大学毕业生创业意向前置认知变量对创业意向影响的多元回归分析结果。从回归模型2可见，在控制了性别、学历、高校类型和专业类别的影响作用之后，创业态度、主观规范和创业自我效能都对大学毕业生创业意向具有显著正向影响，标准化回归系数分别为0.402、0.252和0.254。比较三个标准化回归系数的大小可知，大学毕业生的创业态度对创业意向的影响作用，明显大于感知的主观规范和创业自我效能的影响。这反映出大学毕业生的创业态度对其创业意向形成和发展具有至关重要的作用。因此，应把培养大学毕业生对创业的积极态度，作为提升他们创业意向水平的主要方式。当然，大学毕业生感知的主观规范和创业自我效能，同样对他们的创业意向具有不可忽视的重要影响，要提升大学毕业生的创业意向，还需要通过改变他们感知的主观规范，以及提高他们的创业自我效能。

表6-1 创业意向前置认知变量对创业意向影响的回归分析结果（标准化回归系数）

自变量	因变量：创业意向	
	模型1	模型2
性别（女生为参考类别）	—	—
男生	0.140***	0.025***
学历（本科研究生为参考类别）	—	—
高职高专	0.146***	0.035***
专业类别（文理农医类为参考类别）	—	—
经管工程类	−0.060***	−0.013*
高校类型（公办本科高校为参考类别）	—	—
民办和高职院校	0.098***	0.017
前置认知变量		
创业态度	—	0.402***
主观规范	—	0.252***
创业自我效能	—	0.254***
F 值	143.711***	2843.945***
调整的 R^2	0.070	0.723
N	7620	7620

注：* 表示 $P<0.5$，** 表示 $P<0.01$，*** 表示 $P<0.001$。

比较模型1和模型2的决定系数 R^2，从0.070增加到0.723，即控制变量只解释了大学毕业生创业意向7%的变异方差，而在增加了创业意向的三个前置认知变量之后，控制变量和前置认知变量共同解释了72.3%的创业意向变异的方差，解释效力增加了65.3%。因此，大学毕业生的创业态度、主观规范、创业自我效能均对创业意向具有显著正向影响，三者大约可以解释65%的创业意向变异的方差，从而证实了研究假设 H2、H3 和 H4。

6.1.2 离职倾向对前置认知变量影响创业意向的调节效应分析

根据克鲁格（2000）提出的创业意向认知基础模型，大学毕业生创业意向的形成过程是一个对创业的认知心理过程，这个过程不仅受到创业意向的前置认知变量的直接影响，还可能受到一定促发因素的调节作用。本研究认为，对于已处在职业岗位上的大学毕业生群体而言，由于各种因素导致他们产生的离职倾向，可能是他们创业意向形成的重要促发因素。离职倾向反映了大学毕业生对当前的职业状态不满意，他们在打算放弃现有工作的时候，很可能会把重新求职和自主创业这两种职业道路选择都纳入自己的考虑范围。因此，大学毕业生的离职倾向不仅会影响他们的创业意向，还可能会调节前置认知变量对创业意向的影响。

为了检验大学毕业生的离职倾向对前置认知变量影响大学毕业生创业意向的调节效应，本研究采用层次回归分析的方法，即将创业意向的前置认知变量、离职倾向，以及前置认知变量和离职倾向的乘积项变量，分层带入多元回归方程模型。

由于多个自变量和自变量的乘积项同时进入回归方程模型，可能造成自变量的共线性问题，从而导致回归分析结果失真。根据温忠麟等（2005）的研究观点，为了克服回归模型中多个自变量之间的共线性问题，以及检验调节乘积项变量回归系数的显著性，本研究首先将自变量创业态度、主观规范和创业自我效能，以及调节变量离职倾向，均做了中心化处理。其次，由于自变量和调节变量都是连续变量，本研究利用中心化变换后的自变量和调节变量，分别构造了三个乘积交互项，即创业态度＊离职倾向、主观规范＊离职倾向、创业自我效能＊离职倾向，然后在做了创业态度、主观规范、创业自我效能和离职倾向对创业意向的回归分析的基础上，让乘积项变量进入回归模型做层次回归分析。最后，看带有乘积项的回归模型的决定系数 R^2 是否显著提高，如果显著提高则表明调节效应存在，同时参考每个自变量和离职倾向的乘积项的显著性。

表6-2列出了离职倾向对前置认知变量影响大学毕业生创业意向的调节效应回归分析结果。可见，大学毕业生的创业态度、主观规范、创业自我效能、离职倾向都对创业意向具有显著正向影响。在模型2中引入创业态度＊离职倾向、主观规范＊离职倾向、创业自我效能＊离职倾向等三个乘积项变量之后，创业态度、主观规范、创业自我效能、离职倾向的标准化回归系数仍然显著。而且，从模型1到模型2，决定系数 R^2 有所提高，两个模型的 R^2 变化量 ΔR^2 虽然只有0.001，但 ΔR^2 是显著的。这可以表明，离职倾向对前置认知变量影响大学毕业生创业意向的调节效应是存在的。

表6-2 离职倾向对前置认知变量影响创业意向的调节效应回归分析结果（标准化回归系数）

自变量	因变量：创业意向	
	模型1	模型2
创业态度	0.403***	0.402***
主观规范	0.260***	0.261***
创业自我效能	0.254***	0.254***
离职倾向	0.034***	0.033***
创业态度*离职倾向	—	0.020
主观规范*离职倾向	—	−0.043***
创业自我效能*离职倾向	—	0.037***
F 值	4938.995***	2833.040***
R^2	0.722	0.723
ΔR^2	—	0.001***
N	7620	7620

注：* 表示 $P<0.5$，** 表示 $P<0.01$，*** 表示 $P<0.001$。

从回归模型2中三个乘积项的显著性来看，创业态度*离职倾向的标准化回归系数不显著，主观规范*离职倾向的标准化回归系数显著，但是为负值，创业自我效能*离职倾向的标准化回归系数为显著正值。这表明，大学毕业生的离职倾向不能调节创业态度对创业意向的影响，可以显著负向调节主观规范对创业意向的影响，而显著正向调节创业自我效能对创业意向的影响。至此，研究假设H7得到证伪，H9得到证实，H8得到部分证实。

结果表明，大学毕业生创业态度对创业意向的影响，不受大学毕业生离职倾向的调节作用。这可能是由于创业态度变量反映了大学毕业生自身对从事创业活动的深层次的内在倾向性，大学毕业生创业态度对其创业意向的影响关系，不容易受到外在条件的干扰。因此，无论大学毕业生的离职倾向是否强烈，创业态度解释的创业意向变异方差都不会发生大的改变。这再一次印证，大学毕业生的创业态度是影响他们创业意向的最主要的前置认知变量。

大学毕业生的离职倾向负向调节主观规范对创业意向的影响关系。这意味着：虽然大学毕业生感知的主观规范和离职倾向这两个因素的主效应都是显著正向的，都能独立地提高其创业意向，但是大学毕业生的离职倾向却抑制了主观规范对创业意向的提升作用。因此,离职倾向对大学毕业生创业意向的影响作用包含两部分,一部分是离职倾向的正向主效应,另一部分是离职倾向对主观规范影响创业意向的负向调节效应。这可能是因为在大学毕业生的离职倾向越高的情况下,更加可能被周围的亲密关系人期待去寻找新的工作,而不是被期待着去创业,从而产生了离职倾向对主观规范影响创业意向的抑制作用。这一研究发现值得我们深思,在我国独特的社会文化背景下,大学毕业生感知的创业主观规范,也就是他们感知到父母、亲属、朋友、同学等亲密关系人对自己从事创业的支持性压力,到底会怎样影响他们的创业意向,其中存在怎样的作用机理,这都有待进一步深入探索。

大学毕业生的离职倾向正向调节创业自我效能对创业意向的影响,这可能反映出离职倾向和创业自我效能之间的叠加效用。也就是说,大学毕业生的离职倾向和创业自我效能各自独立对创业意向产生积极影响,同时,离职倾向和创业自我效能产生的交互作用,也会再次提升大学毕业生的创业意向。分析其中的原因,可能是由于大学毕业生之所以会产生较高的离职倾向,对当前的职业状态不满意,本身就与他们对自己从事创业的自信心有关。从这个角度看,大学毕业生的离职倾向对创业自我效能影响创业意向关系发挥调节效应是比较自然的。因此,大学毕业生的离职倾向在发挥自身对创业意向的主效应之外,还可以增强创业自我效能对创业意向的提升作用。

6.2 个人因素对创业意向前置认知变量的多元线性回归分析

基于前述理论分析,大学毕业生创业意向的前置认知变量(包括创业态度、主观规范和创业自我效能)在个人因素影响创业意向的关系中发挥中介作用。本节主要分析个人因素对大学毕业生创业意向的前置认知变量的影响。

表6-3列出了个人因素对大学毕业生创业态度影响的多元线性回归分析结果。从回归模型2可见,大学毕业生的创业机会识别、创业价值认同、创业失败恐惧感、创业经历的标准化回归系数均显著,而且创业机会识别、创业价值认同、创业经历的系数均为正值,创业失败恐惧感的系数为负值。这表明,大学毕业生的创业机会识别、创业价值认同、创业经历对创业态度具有显著正向影

响，大学毕业生的创业失败恐惧感对创业态度具有显著负向影响。从模型1到模型2，决定系数 R^2 从0.057增加到0.572。因此，这四个大学毕业生的个人因素和控制变量共同解释了创业态度57.2%的变异方差。除去控制因素的影响，四个个人因素对大学毕业生创业态度的解释能力也很强，大约解释了51.5%的创业态度变异方差。

表6-3 个人因素对创业态度影响的回归分析结果（标准化回归系数）

自变量	因变量：创业态度	
	模型1	模型2
性别（女生为参考类别）	—	—
男生	0.134***	0.034***
学历（本科研究生为参考类别）	—	—
高职高专	0.130***	0.067***
专业类别（文理农医类为参考类别）	—	—
经管工程类	−0.046***	−0.003
高校类型（公办本科高校为参考类别）	—	—
民办和高职院校	0.082***	0.022*
个人因素	—	—
创业机会识别	—	0.516***
创业价值认同	—	0.276***
创业失败恐惧感	—	−0.021*
创业经历（无为参考类别）	—	0.037***
F 值	115.519***	1272.062***
调整的 R^2	0.057	0.572
N	7620	7620

注：* 表示 $P<0.5$，** 表示 $P<0.01$，*** 表示 $P<0.001$。

回归分析结果表明，大学毕业生的创业机会识别能力越高，则其创业态度就会越积极。这是因为大学毕业生的创业机会识别能力，可以帮助他们比较容易地发现可以利用的、有价值的创业机会，而识别创业机会意味着大学毕业生对创业结果产生了好的预期，可以引起大学毕业生创业态度的改变，从而产生积极的创业态度。

回归分析结果还表明，大学毕业生对创业活动的价值认同程度越高，则其创业态度就会越积极。这是由于创业价值认同实际上反映了大学毕业生的内在创业价值观，表示他们能够认识到创业活动对个人和社会两方面的积极价值。大学毕业生的创业价值认同，可以引导他们产生积极的创业认知心理状态，从而就会产生积极的创业态度，认同创业对自己的好处多过坏处，并愿意尝试创业以及愿意为创业付出一定代价。

大学毕业生参与过创业活动，具有一定形式的创业经历，作为他们的先前经验，反映了大学毕业生对创业活动已有感性的认识，可以帮助他们形成积极的创业认知心理，从而对创业态度产生积极的引导。

大学毕业生的创业失败恐惧感越强烈，则他们的创业态度就会越消极。这是因为大学毕业生对创业失败结果的担心、畏惧，能够反映出他们对创业失败结果的回避，而这种回避失败的心理倾向，自然会让他们产生对自己从事创业的负面评价，并产生不愿意尝试创业的念头，所以导致他们产生消极的创业态度。

从标准化回归系数的大小比较来看，大学毕业生的创业机会识别能力系数高达0.516，创业价值认同的系数为0.276，这两个因素对大学毕业生创业态度的影响都比较大。这表明，要培养大学毕业生积极的创业态度，就要高度重视培养他们的创业机会识别能力，引导他们充分认识并认同创业的个人价值、社会价值。此外，创业经历对大学毕业生创业态度的标准化回归系数仅为0.037，影响相对较小。创业失败恐惧感的标准化回归系数为 −0.021，所产生的负面影响也较小。

表6-4列出了个人因素对大学毕业生感知的主观规范影响的回归分析结果。从回归模型2可见，大学毕业生的创业机会识别、创业价值认同、创业失败恐惧感的标准化回归系数均显著，创业经历的回归系数不显著。而且，创业机会识别、创业价值认同的系数均为正值，创业失败恐惧感的系数为负值。这表明，大学毕业生的创业机会识别、创业价值认同对感知的主观规范具有显著正向影响，大学毕业生的创业失败恐惧感对感知的主观规范具有显著负向影响。此外，大学毕业生是否有创业经历，对他们感知的主观规范没有显著影响。从模型1到模型2，决定系数 R^2 从0.063增加到0.552。因此，个人因素和控制变量共同解释了大学毕业生感知的主观规范55.2%的变异方差。除去控制因素的影

响，个人因素对大学毕业生感知的主观规范的解释能力仍比较强，大约解释了48.9%的主观规范变异方差。

表6-4 个人因素对主观规范影响的回归分析结果（标准化回归系数）

自变量	因变量：主观规范	
	模型1	模型2
性别（女生为参考类别）	—	—
男生	0.125***	0.030***
学历（本科研究生为参考类别）	—	—
高职高专	0.133***	0.065***
专业类别（文理农医类为参考类别）	—	—
经管工程类	−0.049***	−0.007
高校类型（公办本科高校为参考类别）	—	—
民办和高职院校	0.103***	0.047***
个人因素	—	—
创业机会识别	—	0.581***
创业价值认同	—	0.205***
创业失败恐惧感	—	−0.056***
创业经历（无为参考类别）	—	−0.006
F 值	128.897***	1175.813***
调整的 R^2	0.063	0.552
N	7620	7620

注：* 表示 $P<0.5$，** 表示 $P<0.01$，*** 表示 $P<0.001$。

回归分析结果表明，大学毕业生创业机会识别能力越高，则他们感知的主观规范也会越积极。这可能是因为大学毕业生具有较高的创业机会识别能力，有助于他们获得周围亲密关系人对自己创业的赞同和认可，从而他们越容易感知到父母、朋友等对创业的支持性态度。

大学毕业生的创业价值认同程度越高，他们感知的主观规范也越积极。这反映出，大学毕业生对创业的个人价值和社会价值的认同，会影响他们感知到的周围亲密关系人对创业是否支持。也就是说，大学毕业生自己认为创业有价值，他们可能会觉得自己周围的亲密关系人也认为创业是有价值的一种活动。

此外，大学毕业生的创业失败恐惧感越强烈，则他们感知的主观规范就会越消极。其中的原因很容易理解，由于大学毕业生自身缺乏承受创业失败的不良后果的勇气，而倾向于回避创业失败结果，他们很自然就会感受到更多的来自社会关系中的反对压力。

从标准化回归系数的大小比较来看，大学毕业生的创业机会识别能力系数高达0.581，创业价值认同的系数为0.205，这两个因素对大学毕业生感知的主观规范的影响都比较大。这表明，要引导大学毕业生感知的主观规范趋向于积极状态，就要通过培养他们的创业机会识别能力，并引导他们充分认识以及认同创业的个人价值、社会价值。此外，创业失败恐惧感的标准化回归系数为-0.056，所产生的负面影响相对较小，但也要想办法帮助大学毕业生降低对创业失败的恐惧心理。

表6-5列出了个人因素对大学毕业生创业自我效能影响的回归分析结果。从回归模型2可见，大学毕业生的创业机会识别、创业价值认同、创业失败恐惧感、创业经历的标准化回归系数均显著，而且创业机会识别、创业价值认同、创业经历的系数均为正值，创业失败恐惧感的系数为负值。这表明，大学毕业生的创业机会识别、创业价值认同、创业经历对创业自我效能具有显著正向影响，大学毕业生的创业失败恐惧感对创业自我效能具有显著负向影响。从模型1到模型2，决定系数R^2从0.042增加到0.730。因此，个人因素和控制变量共同解释了大学毕业生创业自我效能73.0%的变异方差。除去控制因素的影响，个人因素对大学毕业生创业自我效能的解释能力仍然很强，大约解释了68.8%的创业自我效能变异的方差。

表6-5 个人因素对创业自我效能影响的回归分析结果（标准化回归系数）

自变量	因变量：创业自我效能	
	模型1	模型2
性别（女生为参考类别）	—	—
男生	0.116***	0.003
学历（本科研究生为参考类别）	—	—
高职高专	0.100***	0.017
专业类别（文理农医类为参考类别）	—	—
经管工程类	-0.063***	-0.011

续表

自变量	因变量：创业自我效能	
	模型1	模型2
高校类型（公办本科高校为参考类别）	—	—
民办和高职院校	0.086***	0.019*
个人因素	—	—
创业机会识别	—	0.722***
创业价值认同	—	0.195***
创业失败恐惧感	—	−0.073***
创业经历（无为参考类别）	—	0.020**
F 值	83.627***	2577.534***
调整的 R^2	0.042	0.730
N	7620	7620

注：* 表示 $P<0.5$，** 表示 $P<0.01$，*** 表示 $P<0.001$。

回归分析结果表明，大学毕业生的创业机会识别能力越强，则其创业自我效能感也越强。也就是说，创业机会识别能力可以帮助大学毕业生提高创业自我效能，让他们对自己能够成功地创业，并胜任一系列创业活动任务产生自信心。

大学毕业生的创业价值认同程度越高，则其创业自我效能也越强。这可能是由于大学毕业生对创业的个人价值和社会价值的认同是一种积极的导向，可以引导他们更愿意相信自己能够胜任创业活动任务，并实现创业成功。

此外，大学毕业生具有一定形式的创业经历，可以增加他们对创业活动的感性认识，从中获得一定的创业经验和技能，因而可以帮助提升创业自我效能感。相反地，大学毕业生对创业失败结果的恐惧感越强，则会打击他们胜任创业任务的自信心，从而降低其创业自我效能。

从标准化回归系数的大小比较来看，大学毕业生的创业机会识别能力系数高达0.722，是对大学毕业生创业自我效能影响最大的个人因素。大学毕业生的创业价值认同的标准化回归系数为0.195，这对创业自我效能的影响也比较大。这表明，通过培养大学毕业生的创业机会识别能力，并引导他们充分认识以及认同创业的个人价值、社会价值，可以帮助他们形成更强的创业自我效能感。

创业经历的标准化回归系数仅为 0.020，对大学毕业生创业自我效能也有一定影响。此外，创业失败恐惧感的标准化回归系数为 –0.073，能够在一定程度上降低大学毕业生的创业自我效能。因此，消除大学毕业生创业失败恐惧感，也是提升他们创业自我效能水平的一种办法。

6.3 创业人格对个人因素影响创业意向前置认知变量的调节效应分析

根据前述理论分析，创业人格可能在创业机会识别、创业价值认同、创业失败恐惧感、创业经历等个人因素影响大学毕业生创业意向前置认知变量的关系中发挥调节作用，从而影响大学毕业生的创业认知心理过程。本小节主要分析创业人格对个人因素影响创业意向的前置认知变量的调节效应。

为了检验大学毕业生的创业人格对个人因素影响大学毕业生创业意向前置认知变量的调节效应，本研究采用层次回归分析的方法，即将创业机会识别、创业价值认同、创业失败恐惧感、创业经历、创业人格，以及四个个人因素和创业人格的乘积项变量，分层带入多元回归方程模型。

由于多个自变量和自变量的乘积项同时进入回归方程模型，可能造成自变量的共线性问题，从而导致回归分析结果失真。根据温忠麟等（2005）的研究成果，由于自变量有连续变量和分类变量，调节变量为连续变量，首先，本研究将自变量创业机会识别、创业价值认同和创业失败恐惧感，以及调节变量创业人格，均做了中心化变换，而对创业经历编码成伪变量。其次，本研究利用自变量和调节变量，分别构造了四个乘积项，即创业机会识别 * 创业人格、创业价值认同 * 创业人格、创业失败恐惧感 * 创业人格、创业经历 * 创业人格。然后用不带乘积项和带有乘积项的回归方程，做层次回归分析。最后，看带有乘积项的回归方程的决定系数 R^2 是否显著提高，如果显著提高则表明创业人格的调节效应存在，反之，创业人格则不起调节效应。同时，还可以参考每个个人因素和创业人格的乘积项的显著性。

表 6-6 列出了创业人格对个人因素影响创业态度的调节效应的层次回归分析结果。首先，创业机会识别、创业价值认同、创业失败恐惧感、创业经历等个人因素都对大学毕业生创业态度具有显著影响，但是创业人格对创业态度的

影响不显著。其次，从模型1到模型2，决定系数 R^2 有所提高，两个模型 R^2 的变化量 ΔR^2 最然很小，只有0.001，但却是显著的。这表明创业人格对个人因素影响大学毕业生创业态度的调节效应是存在的。最后，从回归方程模型2中的四个乘积项的显著性来看，只有创业失败恐惧感*创业人格的标准化回归系数是显著，且为负值。由于创业失败恐惧感对创业态度的主效应也是显著负向的影响，因此与乘积项的回归系数符号方向一致。这表明，大学毕业生的创业人格正向调节创业失败恐惧感对创业态度的影响。因此，研究假设H20得到证实。但是，创业人格与其他三个个人因素的乘积项回归系数不显著，表明创业人格对创业机会识别、创业价值认同、创业经历影响大学毕业生创业态度的关系不起调节作用。因此，H14、H17和H23被证伪。

表6-6 创业人格对个人因素影响创业态度的调节效应回归分析结果（标准化回归系数）

自变量	因变量：创业态度	
	模型1	模型2
创业机会识别	0.533***	0.539***
创业价值认同	0.279***	0.279***
创业失败恐惧感	−0.026**	−0.027**
创业经历（无为参考类别）	0.042***	0.038***
创业人格	−0.003	−0.010
创业机会识别*创业人格	—	0.001
创业价值认同*创业人格	—	−0.005
创业失败恐惧感*创业人格	—	−0.030**
创业经历*创业人格	—	0.013
F 值	1968.121***	1097.740***
R^2	0.564	0.565
ΔR^2	—	0.001**
N	7620	7620

注：* 表示 $P<0.5$，** 表示 $P<0.01$，*** 表示 $P<0.001$。

回归分析结果表明，创业失败恐惧感对创业态度的主效应是显著负向的影响，创业人格对创业态度则没有显著影响，但是创业人格可以正向调节创业失败恐惧感对大学毕业生创业态度的影响。这表明，大学毕业生的创业人格越强烈,则越能增强创业失败恐惧感对创业态度的负向影响。这是因为大学毕业生的创业人格,反映了他们的个人控制、主动性、创新导向、冒险倾向等人格特征,具有这些人格特征的大学毕业生可能标志着同时具有对创业失败结果更为敏感的评估,因而创业人格与创业失败恐惧感的交互作用在主效应的基础上进一步叠加,从而加剧对大学毕业生创业态度的消极影响。此外,创业失败恐惧感 * 创业人格对创业失败恐惧感影响大学毕业生创业态度的调节效应值为 -0.030,表明创业人格有一定程度的调节作用。

表6-7列出了创业人格对个人因素影响感知主观规范的调节效应的层次回归分析结果。首先,创业机会识别、创业价值认同、创业失败恐惧感等个人因素,以及创业人格都对大学毕业生感知的主观规范具有显著影响,但是创业经历对主观规范的影响不显著。其次,从模型1到模型2,决定系数 R^2 有所提高,两个模型 R^2 的变化量 ΔR^2 最然很小,仅为0.002,但却是显著的。这表明创业人格对个人因素影响大学毕业生感知的主观规范的调节效应是存在的。最后,从回归模型2中四个乘积项的显著性来看,只有创业机会识别 * 创业人格的标准化回归系数是显著,且为正值,而创业机会识别对感知的主观规范的主效应也是正向的,二者的回归系数符号方向一致。这表明,创业人格可以正向调节大学毕业生的创业机会识别能力对其感知的主观规范的影响。因此,研究假设H15得到证实。相反,创业人格与其他三个个人因素的乘积项回归系数不显著,表明创业人格对创业价值认同、创业失败恐惧感、创业经历影响大学毕业生感知的主观规范的关系不起调节作用。因此,H18、H21和H24被证伪。

表6-7 创业人格对个人因素影响主观规范的调节效应的回归分析结果(标准化回归系数)

自变量	因变量:主观规范	
	模型1	模型2
创业机会识别	0.591***	0.584***
创业价值认同	0.205***	0.203***
创业失败恐惧感	-0.058***	-0.061***
创业经历(无为参考类别)	-0.004	-0.007
创业人格	0.026**	0.028**
创业机会识别 * 创业人格	—	0.028*

续表

自变量	因变量：主观规范	
	模型1	模型2
创业价值认同 * 创业人格	—	0.007
创业失败恐惧感 * 创业人格	—	0.018
创业经历 * 创业人格	—	0.003
F 值	1800.249***	1007.568***
R^2	0.542	0.544
ΔR^2	—	0.002***
N	7620	7620

注：* 表示 $P<0.5$，** 表示 $P<0.01$，*** 表示 $P<0.001$。

回归分析结果表明，创业机会识别、创业人格对大学毕业生感知的主观规范的主效应都是显著正向的影响，而且，创业人格又可以正向调节创业机会识别对主观规范的影响。分析其中原因，主观规范是大学毕业生感知的社会压力，本研究表示亲密关系人的支持性压力。因此，大学毕业生的创业机会识别与创业人格二者的交互效应，可能更加有助于他们感知到亲密关系人对创业的支持性态度，从而通过调节效应进一步放大创业机会识别、创业人格对主观规范正向影响的主效应。此外，创业机会识别 * 创业人格对创业机会识别影响大学毕业生感知的主观规范的调节效应值为 0.028，表明创业人格有一定程度的调节作用。

表 6-8 列出了创业人格对个人因素影响创业自我效能的调节效应的层次回归分析结果。首先，创业机会识别、创业价值认同、创业失败恐惧感、创业经历等个人因素，以及创业人格，都对大学毕业生的创业自我效能具有显著影响。其次，从模型 1 到模型 2，决定系数 R^2 有所提高，两个模型 R^2 的变化量 ΔR^2 最然很小，仅为 0.001，但却是显著的。这表明创业人格对个人因素影响大学毕业生创业自我效能的调节效应是存在的。最后，从回归模型 2 中四个乘积项的显著性来看，只有创业失败恐惧感 * 创业人格的标准化回归系数是显著的，且为正值。但是，创业失败恐惧感对大学毕业生创业自我效能的主效应回归系数却是负值，与乘积项变量的回归系数符号不一致。这表明，创业人格显著负向调节大学毕业生的创业失败恐惧感对创业自我效能的影响，研究假设 H22 得到部分

证实。此外，创业人格与其他三个个人因素的乘积项回归系数不显著，表明创业人格对创业机会识别、创业价值认同、创业经历影响大学毕业生创业自我效能的关系不起调节作用。因此，H16、H19和H25被证伪。

表6-8 创业人格对个人因素影响创业自我效能的调节效应的回归分析结果（标准化回归系数）

自变量	因变量：创业自我效能	
	模型1	模型2
创业机会识别	0.716***	0.712***
创业价值认同	0.192***	0.192***
创业失败恐惧感	−0.071***	−0.071***
创业经历（无为参考类别）	0.017**	0.017*
创业人格	0.034***	0.035***
创业机会识别 * 创业人格	—	0.006
创业价值认同 * 创业人格	—	0.004
创业失败恐惧感 * 创业人格	—	0.016*
创业经历 * 创业人格	—	0.000
F 值	4122.883***	2294.933***
R^2	0.730	0.731
ΔR^2	—	0.001**
N	7620	7620

注：* 表示 $P<0.5$，** 表示 $P<0.01$，*** 表示 $P<0.001$。

回归分析结果表明，创业失败恐惧感对创业自我效能的主效应是显著负向影响，而创业人格对创业自我效能的主效应是显著正向影响，创业人格可以负向调节创业失败恐惧感对创业自我效能的影响。因此，创业人格越强烈，则越能够降低创业失败恐惧感对创业自我效能的消极影响，发挥积极的调节作用。这与上文中创业人格调节创业失败恐惧感对创业态度影响的效应，在调节方向上有所不同，可能是由于创业失败恐惧感对创业自我效能、创业态度二者的影响机理不同所导致的。在对创业自我效能影响的调节效应中，创业人格与创业失败恐惧感的交互作用不再是交互叠加，而是相互抵消，创业失败恐惧感 * 创业人格这一乘积项变量最终在调节效应中显示为正值，这与创业失败恐惧感的主效应值符号相反，故为负向调节，但是调节的作用却是积极的，即调节效应有利于提高大学毕业生的创业自我效能。

经过创业人格对个人因素影响大学毕业生创业意向前置认知变量的调节效应分析，总体来看，创业人格虽然发挥了一定的调节作用，但这种调节作用只出现在个别因素影响大学毕业生创业意向的前置认知变量关系中。具体情况是，创业人格可以正向调节创业失败恐惧感对大学毕业生创业态度的影响，但是却负向调节创业失败恐惧感对大学毕业生创业自我效能的影响。此外，创业人格还能正向调节创业机会识别能力对大学毕业生感知的主观规范的影响。

6.4 前置认知变量在个人因素和创业意向之间中介作用的结构方程模型分析

为了进一步验证大学毕业生创业意向的前置认知变量（创业态度、主观规范和创业自我效能）在个人因素和大学毕业生创业意向之间的中介作用，本研究采用 AMOS17.0 统计软件进行个人因素和大学生创业意向及其前置认知变量之间关系的结构方程模型分析。

根据前文建构的个人因素对创业意向作用机制的理论模型，本研究利用 AMOS17.0 统计软件构建大学毕业生的创业机会识别、创业价值认同、创业失败恐惧感、创业经历与创业意向及其前置认知变量之间关系的结构方程模型。

由于本研究使用超大样本数据（7620个）进行结构方程模型分析，且进入模型中的大多数变量为等级变量，而创业经历则为类别变量，不能符合多变量正态性分布的假定。因此，根据吴明隆（2009）的观点，本研究应该放弃使用最常用的极大似然法（ML 法）进行参数估计，转而采用一般化最小平方法（GLS 法）。

由于大学毕业生的个人因素之间可能存在一定程度的相关性，本研究在结构方程模型分析过程中，为了有效降低模型的卡方值，并参考模型修正指标值 MI 在创业机会识别、创业价值认同、创业失败恐惧感和创业经历的误差变量之间，增加了4条共变关系路径，即 e5↔e6，e5↔e7，e5↔e8，e6↔e7，以及在创业态度和创业自我效能的误差变量之间增加了一条共变关系路径，即 e2↔e4。

分析结果显示，该验证模型的一些拟合优度指标值如下：卡方值

χ^2=566.935（df=8，$P<0.001$），绝对拟合度指标 GFI=0.981、$AGFI$=0.916、$REMSA$=0.096，增值拟合度指标 NFI=0.908、IFI=0.910、CFI=0.909。从以上拟合优度指标值来看，除了由于样本量很大（n=7620）导致 χ^2 极易达到显著水平，以及 $REMSA$ 值介于0.05和0.1之间，属于可接受的标准范围，而其它拟合度指标均比较理想。总体判断来看，个人因素通过前置认知变量的中介机制作用于创业意向结构方程模型的拟合优度指标在可接受到比较理想之间，表明该验证模型的拟合度比较良好。

图6-1显示了创业意向的前置认知变量在个人因素和创业意向之间中介作用的结构方程模型分析结果，图中路径上显示的数值采用了标准化的路径系数。

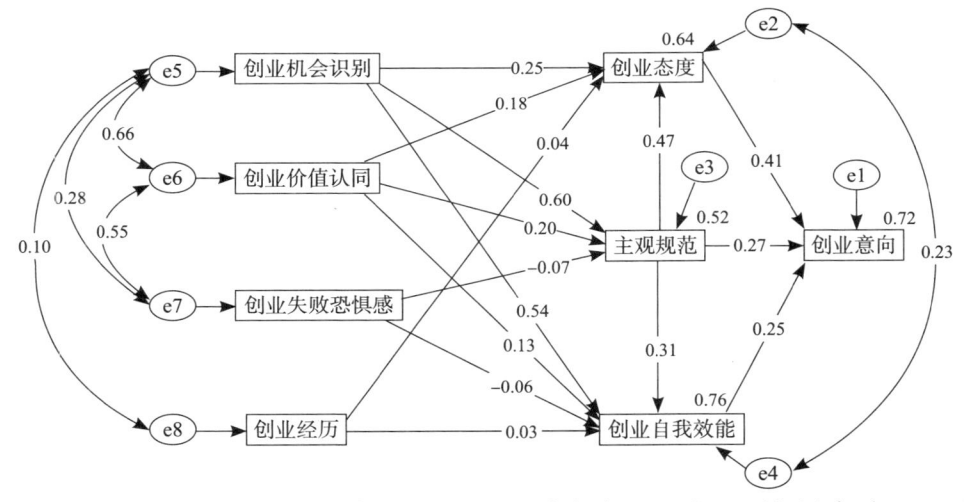

图6-1 前置认知变量在个人因素和创业意向之间中介作用的结构方程模型分析（N=7620）

首先，大学毕业生感知的主观规范对其创业态度、创业自我效能都具有显著积极影响，主观规范对创业态度的路径系数为0.47，主观规范对创业自我效能的路径系数为0.31。因此，在个人因素对大学毕业生创业意向作用机制的理论模型中，研究假设H5和H6均得到了证实。而且，在修正后的结构方程模型中，创业态度和创业自我效能的误差变量之间也存在共变关系，相关系数为0.23。这表明，大学毕业生的创业态度、主观规范、创业自我效能两两之间都是相互影响的，这三个前置认知变量对创业意向的影响并非是线性的关系，而是存在一个多路径的网状关系。也就是说，大学毕业生的创业态度、创业自我效能互相影响，大学毕业生的主观规范又影响创业态度、创业自我效能，故创业意向的三个前置认知变量两两之间都存在密切关系。其中的原因很容易理解，前文关于大学毕业生创业意向形成的认知心理机制已经阐明，大学毕业生创业意向的形成过程直接受到前置认知变量的决定性影响，所以创业态度、主观规范和创业自我效能对大学毕业生创业意向的影响作用都是发生在大学毕业生头脑内部的心理活动，它们之间相互关联是正常的。

其次，大学毕业生的创业机会识别、创业价值认同均以创业态度、主观规范和创业自我效能三个变量为中介，从而间接影响大学毕业生的创业意向。而且，所有的6条路径系数值均为正向。这表明，大学毕业生的创业机会识别能力越强、创业价值认同程度越高，则他们的创业态度、感知的主观规范和创业自我效能就越积极，从而越能提升大学毕业生的创业意向。这是本研究的重要发现，突出了大学毕业生的创业机会识别能力、对创业的个人价值和社会价值的认同，都会通过创业意向的三个前置认知变量的中介机制，或者说通过这种认知心理机制，有效地促进大学毕业生创业意向的形成。

再次，大学毕业生的创业失败恐惧感只能以主观规范、创业自我效能两个变量为中介，间接地影响大学毕业生的创业意向。而且，创业失败恐惧感对主观规范和创业自我效能的2条路径系数均为负值，即 -0.07 和 -0.06，绝对值均小于0.1。这表明，大学毕业生的创业失败恐惧感越高，则其感知的主观规范、创业自我效能就会越消极，从而越降低他们的创业意向水平，但是影响的作用并不大。从这个结果来看，大学毕业生的创业失败恐惧感是抑制他们创业意向的一个消极因素。这个研究发现的启示是，为了有效地提高大学毕业生的创业意向水平，应该降低大学毕业生的创业失败恐惧感，更应该防止大学毕业生的创业失败恐惧感对他们感知的主观规范和创业自我效能的负面影响，而不是试图完全消除大学毕业生的创业失败恐惧感。事实上，追求完全消除大学毕业生的创业失败恐惧感既是不合理的，也是行不通的做法。

最后，大学毕业生具有一定形式的创业经历，只能以创业态度、创业自我效能两个前置认知变量为中介，间接地影响创业意向。而且，创业经历对创业态度和创业自我效能的2条路径系数均为正值，即0.04和0.03，均小于0.1。这表明，大学毕业生具有独立发起创业、发起团队创业、参加同学创业或参加老师创业等任何形式的创业经历，都能通过创业态度、创业自我效能的中介作用，间接地提升他们的创业意向水平。创业经历到创业态度、创业自我效能的两条路径系数都比较小，这可能是由于大部分大学毕业生参加创业活动的经历都比较浅表化，还不够深入地参与创业过程和决策，缺乏沉浸式体验创业活动。因此，要有效提高大学毕业生的创业意向水平，要重视引导大学生参与各类创业活动，为大学生参加创业实践训练创造条件。大学毕业生不但要在书本上学习创业，更要在实践中体验创业。

表6-9列出了个人因素影响大学毕业生创业意向的直接效应、间接效应和总效应，采用了标准化的效应估计值。可见，在四个个人因素中，创业机会识别对大学毕业生创业意向的总效应值最大，为0.558；其次是创业价值认同的总效应值0.216；再次是创业失败恐惧感，其效应值为-0.053；创业经历的效应值最小，仅为0.023。这表明，大学毕业生具有更高的创业机会识别能力，最能够帮助提升其创业意向水平。同时，大学毕业生对创业的个人价值和社会价值具有更高的的认同程度，也可以很大程度上提升他们的创业意向。当然，大学毕业生经过一定的创业经历，也有助于创业意向的提升。但从相反的角度看，大学毕业生要提升创业意向，还要降低自身的创业失败恐惧感。

表6-9 个人因素影响大学毕业生创业意向的直接效应、间接效应和总效应（标准化效应值）

影响路径		直接效应	间接效应	总效应
从	到			
创业态度	创业意向	0.411	—	0.411
主观规范	创业意向	0.266	0.269	0.535
创业自我效能	创业意向	0.249	—	0.249
创业机会识别	创业意向	—	0.558	0.558
创业价值认同	创业意向	—	0.216	0.216
创业失败恐惧感	创业意向	—	-0.053	-0.053
创业经历	创业意向	—	0.023	0.023

总结来看，大学毕业生创业意向的前置认知变量创业态度、主观规范、创业自我效能，在个人因素对大学毕业生创业意向的影响中发挥重要中介作用。研究假设H10、H11得到证实，H12、H13得到部分证实。

6.5 研究假设检验结果小结

根据以上对个人因素影响大学毕业生创业意向作用机制的研究假设检验结果，本研究分析了大学毕业生创业意向前置认知变量对创业意向的影响，以及离职倾向在其中的调节作用机制，并分析了创业机会识别、创业价值认同、创业失败恐惧感和创业经历等个人因素以创业态度、主观规范、创业自我效能为中介影响大学毕业生创业意向的作用机制，以及创业人格在其中发挥的调节作用机制。下面对有关研究假设检验结果进行小结，如表6-10所示。

表6-10 个人因素影响创业意向研究假设检验结果

序号	研究假设	检验结果
H2	大学毕业生的创业态度正向影响创业意向	√
H3	大学毕业生的主观规范正向影响创业意向	√
H4	大学毕业生的创业自我效能正向影响创业意向	√
H5	大学毕业生的主观规范正向影响创业态度	√
H6	大学毕业生的主观规范正向影响创业自我效能	√
H7	大学毕业生的离职倾向正向调节创业态度对创业意向的影响	×
H8	大学毕业生的离职倾向正向调节主观规范对创业意向的影响	部分证实
H9	大学毕业生的离职倾向正向调节创业自我效能对创业意向的影响	√
H10	大学毕业生的创业机会识别能力通过前置认知变量的中介作用影响创业意向	√
H10a	大学毕业生的创业机会识别能力以创业态度为中介变量影响创业意向	√
H10b	大学毕业生的创业机会识别能力以主观规范为中介变量影响创业意向	√
H10c	大学毕业生的创业机会识别能力以创业自我效能为中介变量影响创业意向	√
H11	大学毕业生的创业价值认同通过前置认知变量的中介作用影响创业意向	√
H11a	大学毕业生的创业价值认同以创业态度为中介变量影响创业意向	√
H11b	大学毕业生的创业价值认同以主观规范为中介变量影响创业意向	√
H11c	大学毕业生的创业价值认同以创业自我效能为中介变量影响创业意向	√
H12	大学毕业生的创业失败恐惧感通过前置认知变量的中介作用影响创业意向	部分证实
H12a	大学毕业生的创业失败恐惧感以创业态度为中介变量影响创业意向	×
H12b	大学毕业生的创业失败恐惧感以主观规范为中介变量影响创业意向	√

续表

序号	研究假设	检验结果
H12c	大学毕业生的创业失败恐惧感以创业自我效能为中介变量影响创业意向	√
H13	大学毕业生的创业经历通过前置认知变量的中介作用影响创业意向	部分证实
H13a	大学毕业生的创业经历以创业态度为中介变量影响创业意向	√
H13b	大学毕业生的创业经历以主观规范为中介变量影响创业意向	×
H13c	大学毕业生的创业经历以创业自我效能为中介变量影响创业意向	√
H14	大学毕业生的创业人格正向调节创业机会识别对创业态度的影响	×
H15	大学毕业生的创业人格正向调节创业机会识别对主观规范的影响	√
H16	大学毕业生的创业人格正向调节创业机会识别对创业自我效能的影响	×
H17	大学毕业生的创业人格正向调节创业价值认同对创业态度的影响	×
H18	大学毕业生的创业人格正向调节创业价值认同对主观规范的影响	×
H19	大学毕业生的创业人格正向调节创业价值认同对创业自我效能的影响	×
H20	大学毕业生的创业人格正向调节创业失败恐惧感对创业态度的影响	√
H21	大学毕业生的创业人格正向调节创业失败恐惧感对主观规范的影响	×
H22	大学毕业生的创业人格正向调节创业失败恐惧感对创业自我效能的影响	部分证实
H23	大学毕业生的创业人格正向调节创业经历对创业态度的影响	×
H24	大学毕业生的创业人格正向调节创业经历对主观规范的影响	×
H25	大学毕业生的创业人格正向调节创业经历对创业自我效能的影响	×

7 环境因素影响大学毕业生创业意向的作用机制分析

7.1 环境因素对创业意向前置认知变量的多元线性回归分析

基于前述理论分析，大学毕业生创业意向的前置认知变量（包括创业态度、主观规范和创业自我效能）在环境因素影响创业意向的关系中间发挥中介作用。本节主要分析环境因素对大学毕业生创业意向的前置认知变量的影响。

表7-1列出了环境因素对大学毕业生创业态度影响的多元线性回归分析结果。从回归模型2可见，创业教育、创业支持、创业榜样三个变量的标准化回归系数均显著，而经济环境的回归系数不显著。但是，创业支持、创业榜样的回归系数均为正值，创业教育的系数却为负值。这表明，大学毕业生感知到的创业支持，以及有父母、兄弟姐妹等家庭成员创业或同学、朋友创业作为创业榜样，能够显著正向影响他们的创业态度。但是，大学创业教育质量越好，大学毕业生的创业态度却越消极。大学毕业生就业所在地的经济环境，对他们的创业态度没有显著影响。从模型1到模型2，决定系数 R^2 从0.057增加到0.445。因此，环境因素和控制变量共同解释了大学毕业生创业态度44.5%的变异方差。除去控制因素的影响，环境因素对大学毕业生创业态度的影响仍然较强，大约可以解释创业态度38.8%的变异方差。

表7-1 环境因素对创业态度影响的回归分析结果（标准化回归系数）

自变量	因变量：创业态度	
	模型1	模型2
性别（女生为参考类别）	—	—
男生	0.134***	0.056***
学历（本科研究生为参考类别）	—	—
高职高专	0.130***	0.074***
专业类别（文理农医类为参考类别）	—	—
经管工程类	−0.046***	−0.000
高校类型（公办本科高校为参考类别）	—	—
民办和高职院校	0.082***	0.012
环境因素	—	—
创业教育	—	−0.053***
创业支持	—	0.640***
创业榜样（无为参考类别）	—	0.060***
经济环境（发达地区为参考类别）	—	−0.004
F 值	115.519***	764.395***
调整的 R^2	0.057	0.445
N	7620	7620

注：* 表示 $P<0.5$，** 表示 $P<0.01$，*** 表示 $P<0.001$。

回归分析结果表明，大学创业教育质量越好，越能降低大学毕业生创业态度的积极性。这与以往的研究结论有所不同，但与李静薇（2013）的研究结论相似。她的研究发现，大学生参加创业教育的学习效果越好，大学生的创业意向反而会降低。究其原因，可能是大学毕业生接受的大学创业教育质量越好，越能帮助他们客观、理性地认识创业活动，以及比较合理地评价自己创业的适合性，因此会减少他们对创业的盲目认识，他们的创业态度也会比较理性而变得有所收敛，所以大学毕业生的创业态度就会越消极。相反，大学创业教育质量越低，大学毕业生在大学创业教育环境中受到创业气氛的感染和带动，可能越不顾个人的实际情况，而产生比较积极的创业态度。

当前，我国大学创业教育还不够成熟完善，特别是中西部很多大学的创业教育仍然处于形式化地宣传大学生创业、营造大学生创业氛围的初始阶段。不少高校的大学生创业教育还比较表面化，缺乏对大学生进行深入、全面的创业教育内容传递，这种较低的大学创业教育质量水平，不大可能帮助大学毕业生形成对创业的完整认识，更不可能进行切实有效的创业实践训练，大学生创业能力得不到有效培养，防范和应对创业风险的意识与技能都比较差。因此，这就造成大学毕业生虽然接受了创业教育，但是仍然因对创业的认识不足，存在被引导着盲目地投入创业的情况，从而导致了我国大学毕业生毕业即创业，创业失败率超高的现象。这是值得引起各方高度重视的问题，而且应该从深化大学创业教育改革和完善中寻找破解之策。

回归分析结果表明，大学毕业生感知的创业支持越高，则其创业态度越积极。这是由于大学毕业生的社会关系网络，如果能为他们创业提供资金、人脉等资源支持，将有助于他们更容易感知到对自己创业有利的一面，从而形成更加积极的创业态度。这表明，要培养大学毕业生形成积极的创业态度，让他们更多地感知到创业对他们自身发展的好处而不是坏处，以及促使他们更加愿意尝试创业，就应该从创业资金、创业人脉等资源支持的方面，创造和提供有利于大学毕业生创业的环境条件。

回归分析结果表明，有创业榜样的大学毕业生比没有创业榜样的大学毕业生创业态度更积极。这反映了大学毕业生的父母或兄弟姐妹创业、朋友或同学创业，都可能通过向他们提供创业的经验、技能，引导大学毕业生积极的创业认知心理，从而对自己未来创业的评估趋向于有利的结果，并愿意尝试创业。

从标准化回归系数的大小比较来看，创业支持对大学毕业生创业态度影响的标准化回归系数高达0.640，是影响大学毕业生创业态度最重要的环境因素。这表明，要培养大学毕业生积极的创业态度，就要高度重视为大学毕业生提供创业资源的支持。创业榜样的回归系数为0.060，对大学毕业生创业态度也有一定程度的积极影响。此外，创业教育对大学毕业生创业态度影响的标准化回归系数为－0.053，可见创业教育对大学毕业生的创业态度产生了消极影响。这反映了深化改革大学创业教育，提高大学创业教育质量的必要性。

表7－2列出了环境因素对大学毕业生感知的主观规范影响的回归分析结果。从回归模型2可见，在四个环境因素变量中，只有创业支持的标准化回归系数显著，且系数为正值，高达0.827，表明创业支持对大学毕业生感知的主观规范具有显著积极影响。相反，大学创业教育质量、大学毕业生是否有创业榜样，

以及大学毕业生就业所在地的经济环境，都对感知的主观规范没有显著影响。从模型1到模型2，决定系数 R^2 从0.063增加到0.720。因此，环境因素和控制变量共同解释了大学毕业生感知的主观规范72.3%的变异方差。除去控制因素的影响，环境因素仍能解释大约65.7%的主观规范变异方差。因此，环境因素（主要是创业支持）对大学毕业生感知的主观规范具有很强的影响作用。

表7-2 环境因素对感知的主观规范影响的回归分析结果（标准化回归系数）

自变量	因变量：主观规范	
	模型1	模型2
性别（女生为参考类别）	—	—
男生	0.125***	0.029***
学历（本科研究生为参考类别）	—	—
高职高专	0.133***	0.058***
专业类别（文理农医类为参考类别）	—	—
经管工程类	−0.049***	0.007
高校类型（公办本科高校为参考类别）	—	—
民办和高职院校	0.103***	0.015
环境因素	—	—
创业教育		−0.008
创业支持		0.832***
创业榜样（无为参考类别）		0.002
经济环境（发达地区为参考类别）	—	−0.006
F 值	128.897***	2452.046***
调整的 R^2	0.063	0.720
N	7620	7620

注：* 表示 $P<0.5$，** 表示 $P<0.01$，*** 表示 $P<0.001$。

回归分析结果表明，大学毕业生感知的创业支持越大，也就是说他们觉得能够从社会关系网络中获得创业所需要的资金、人脉等创业资源，则其感知的主观规范越积极。而且，在四个环境因素中，创业支持对大学毕业生感知的主观规范的影响效应值达到了0.832。这表明，父母等家庭成员，以及朋友和同学等所能提供的资金支持、人脉支持，对大学毕业生感知的主观规范具有十分重要的作用。

表7-3列出了环境因素对大学毕业生创业自我效能影响的回归分析结果。从回归模型2可见,创业教育、创业支持、创业榜样三个变量的标准化回归系数均显著,且为正值,而经济环境的系数不显著。这表明,大学毕业生接受的创业教育质量,感知到的创业支持,以及有父母等家庭成员或同学、朋友作为创业榜样,都可以正向影响他们的创业自我效能。大学毕业生就业所在地的经济环境对他们的创业自我效能没有显著影响。从模型1到模型2,决定系数 R^2 从0.042增加到0.546。因此,环境因素和控制变量共同解释了大学毕业生创业自我效能54.6%的变异方差。除去控制因素的影响,环境因素仍能大约解释创业自我效能50.4%的变异方差。因此,环境因素对大学毕业生的创业自我效能具有比较强的影响。

表7-3 环境因素对创业自我效能影响的回归分析结果(标准化回归系数)

自变量	因变量:创业自我效能	
	模型1	模型2
性别(女生为参考类别)	—	—
男生	0.116***	0.035***
学历(本科研究生为参考类别)	—	—
高职高专	0.100***	0.039**
专业类别(文理农医类为参考类别)	—	—
经管工程类	−0.063***	−0.012
高校类型(公办本科高校为参考类别)	—	—
民办和高职院校	0.086***	0.006
环境因素	—	—
创业教育	—	0.025**
创业支持	—	0.707***
创业榜样(无为参考类别)	—	0.055***
经济环境(发达地区为参考类别)		−0.004
F 值	83.627***	1148.414***
调整的 R^2	0.042	0.546
N	7620	7620

注:* 表示 $P<0.5$,** 表示 $P<0.01$,*** 表示 $P<0.001$。

回归分析结果表明，大学创业教育质量越好，大学毕业生创业自我效能水平越高。这是由于高质量的创业教育，不仅能够激发大学毕业生的创业精神，向大学毕业生传递有关创业知识和经验，还可能切实开展创业实践训练，培养大学毕业生的创业能力。所以，大学毕业生接受的大学创业教育质量越高，就会提高大学毕业生的创业自我效能水平，使他们树立胜任创业活动任务并取得创业成功的自信心。

回归分析结果表明，大学毕业生感知的创业支持越大，他们的创业自我效能水平也越高。这反映出，我国大学毕业生感知自己能否成功地创业，与他们感知到能否从社会关系网络中获得创业资金、人脉等方面的支持有很大的关系。因此，要促进大学毕业生创业自我效能提升，就要在为大学毕业生创业提供资源支持方面下功夫，避免他们因缺乏必要的创业资源支持而丧失创业自信心。

回归分析结果表明，有创业榜样的大学毕业生比没有创业榜样的大学毕业生创业自我效能水平更高。这表明了来自家庭、社会关系网络中的创业榜样人物，为大学毕业生提供了创业学习的对象。大学毕业生通过学习创业榜样获得创业知识、经验和技能，从而可以提高自己的创业自我效能水平。

从标准化回归系数的大小比较来看，创业支持对大学毕业生创业自我效能影响的标准化回归系数高达 0.707，是影响大学毕业生创业自我效能最重要的环境因素。这表明，要提高大学毕业生的创业自我效能水平，就要高度重视为大学毕业生提供创业资源的支持。创业榜样的回归系数为 0.055，对大学毕业生创业自我效能也有一定程度的积极影响。此外，创业教育对大学毕业生创业自我效能影响的标准化回归系数为 0.025，这启示我们要通过深化改革大学创业教育，提高大学创业教育质量，进而提升大学毕业生创业自我效能水平。

7.2 创业人格对环境因素影响创业意向前置认知变量的调节效应分析

根据前述理论分析，创业人格可能对环境因素影响大学毕业生创业意向的前置认知变量的关系发挥调节作用，从而影响大学毕业生的创业认知心理过程。本节主要分析创业人格对环境因素影响前置认知变量的调节效应。

为了检验大学毕业生的创业人格对环境因素影响大学毕业生创业意向前置认知变量的调节效应，本研究采用层次回归分析的方法，即将创业教育、创业支持、创业榜样、经济环境，以及这四个环境因素和创业人格的乘积项变量，分层带入多元回归方程模型。

由于多个自变量和自变量的乘积项同时进入回归方程模型，可能造成自变量的共线性问题，从而导致回归分析结果失真。为了消除自变量的共线问题，根据温忠麟等（2005）的研究成果，由于自变量有连续变量和分类变量，调节变量为连续变量，首先，本研究将自变量创业教育、创业支持，以及调节变量创业人格，均做了中心化变换，而对创业榜样、经济环境编码成伪变量。其次，本研究利用自变量和调节变量，分别构造了四个乘积项，即创业教育*创业人格、创业支持*创业人格、创业榜样*创业人格、经济环境*创业人格。然后用不带乘积项和带有乘积项变量的回归方程，做层次回归分析。最后，看带有乘积项的回归模型的决定系数 R^2 是否显著提高，如果显著提高则表明创业人格对环境因素影响大学毕业生创业意向前置认知变量的调节效应存在。反之，则创业人格不起调节作用。同时，还可以参考每个自变量和创业人格的乘积项的显著性。

表7-4列出了创业人格对环境因素影响创业态度的调节效应的层次回归分析结果。首先，创业教育、创业支持、创业榜样等环境因素，以及创业人格，都对大学毕业生的创业态度具有显著影响。其次，从模型1到模型2，R^2 的变化量 ΔR^2 不显著。这表明创业人格对环境因素影响大学毕业生创业态度的关系没有调节效应。研究假设 H30、H33、H36 和 H39 均被证伪。

表7-4 创业人格对环境因素影响创业态度的调节效应的回归分析结果（标准化回归系数）

自变量	因变量：创业态度	
	模型1	模型2
创业教育	-0.079***	-0.080***
创业支持	0.637***	0.634***
创业榜样	0.049***	0.050***
经济环境	0.003	0.003
创业人格	0.094***	0.111***
创业教育*创业人格	—	0.011
创业支持*创业人格	—	0.010

续表

自变量	因变量：创业态度	
	模型1	模型2
创业榜样 * 创业人格	—	0.007
经济环境 * 创业人格	—	−0.024
F 值	1208.072***	672.076***
R^2	0.442	0.443
ΔR^2	—	0.000
N	7620	7620

注：* 表示 $P<0.5$，** 表示 $P<0.01$，*** 表示 $P<0.001$。

表7-5列出了创业人格对环境因素影响感知的主观规范的调节效应的层次回归分析结果。首先，创业教育、创业支持两个环境因素，以及创业人格，都对大学毕业生的主观规范具有显著影响。其次，从模型1到模型2，R^2 的变化量 ΔR^2 虽然仅为0.001，但却是显著的。这表明，创业人格对环境因素影响大学毕业生感知的主观规范具有调节效应。最后，从模型2可见，创业教育 * 创业人格、创业支持 * 创业人格两个乘积项的标准化回归系数显著，且为正值，即0.023和0.024。创业榜样 * 创业人格、经济环境 * 创业人格两个乘积项的回归系数不显著。由于创业教育 * 创业人格的回归系数符号，与创业教育的主效应回归系数符号不一致。这表明，创业人格负向调节创业教育对大学毕业生感知的主观规范的影响。而创业支持 * 创业人格的回归系数符号，与创业支持的主效应回归系数符号一致。这表明，创业人格正向调节创业教育对大学毕业生感知的主观规范的影响。因此，研究假设 H31 得到部分证实，H34 得到证实，而 H37 和 H40 均被证伪。

表7-5 创业人格对环境因素影响主观规范的调节效应的回归分析结果（标准化回归系数）

自变量	因变量：主观规范	
	模型1	模型2
创业教育	−0.020**	−0.025***
创业支持	0.840***	0.832***
创业榜样	−0.003	−0.003
经济环境	0.000	−0.001

续表

自变量	因变量：主观规范	
	模型1	模型2
创业人格	0.034***	0.047**
创业教育 * 创业人格	—	0.023**
创业支持 * 创业人格	—	0.024***
创业榜样 * 创业人格	—	−0.015
经济环境 * 创业人格	—	0.003
F 值	3825.508***	2138.945***
R^2	0.715	0.717
ΔR^2		0.001***
N	7620	7620

注：* 表示 $P<0.5$，** 表示 $P<0.01$，*** 表示 $P<0.001$。

回归分析结果表明，大学创业教育质量对大学毕业生感知的主观规范的主效应是显著负向影响，创业人格的主效应是显著正向影响，而大学毕业生的创业人格与大学创业教育质量产生的交互作用，对主观规范具有显著正向影响。这表明，提高大学创业教育质量，并非是绝对地降低大学毕业生感知的主观规范，而是视大学毕业生的创业人格特质不同而有所不同。如果大学毕业生接受大学创业教育质量越好，同时其创业人格特质也越突出，就会积极影响他们感知的主观规范。这为大学创业教育工作提供了重要启示，即创业教育要"因材施教"，要分析大学生不同的创业人格特质，对具有突出创业人格特质的大学生，要不断提高创业教育质量。而对于缺乏创新性、主动性、冒险倾向等创业人格特质的大学生，则首先要通过创新创业教育培养、塑造他们的创业人格特质为主。

回归分析结果表明，创业支持对大学毕业生感知的主观规范的主效应是显著正向影响，创业人格的主效应也是显著正向影响，创业支持与大学毕业生的创业人格产生的交互作用，对主观规范具有显著正向影响。这表明，大学毕业生的创业人格不仅能够独立地积极影响大学毕业生的主观规范，而且，大学毕业生的创业人格特质越突出，则其与创业支持的交互作用，就越会增强创业支持对主观规范的积极影响。也就是说，对于那些有着突出创业人格特质的大学毕业生，创业支持会对大学毕业生感知的主观规范产生更加积极的影响。因此，提高大学毕业生感知的主观规范，要重视大学毕业生的创业人格和创业支持的交互作用，为那些有着突出创业人格特质的大学毕业生提供创业资金、指导等支持，将会发挥更大的作用。

表7-6列出了创业人格对环境因素影响创业自我效能的调节效应的层次回归分析结果。首先，创业支持、创业榜样两个环境因素，以及创业人格，都对大学毕业生的创业自我效能具有显著积极影响。其次，从模型1到模型2，R^2的变化量 ΔR^2 不显著。这表明创业人格对环境因素影响大学毕业生创业自我效能的关系没有调节效应。研究假设 H32、H35、H38 和 H41 均被证伪。

表7-6 创业人格对环境因素影响创业自我效能的调节效应的回归分析结果（标准化回归系数）

自变量	因变量：创业自我效能	
	模型1	模型2
创业教育	−0.002	−0.004
创业支持	0.680***	0.680***
创业榜样	0.042***	0.042***
经济环境	0.002	0.002
创业人格	0.139***	0.164***
创业教育 * 创业人格	—	0.013
创业支持 * 创业人格	—	−0.003
创业榜样 * 创业人格	—	−0.013
经济环境 * 创业人格	—	−0.017
F 值	1939.521***	1078.129***
R^2	0.560	0.560
ΔR^2	—	0.000
N	7620	7620

注：* 表示 $P<0.5$，** 表示 $P<0.01$，*** 表示 $P<0.001$。

经过创业人格对环境因素影响大学毕业生创业意向前置认知变量的调节效应分析，总体来看，创业人格的调节效应比较有限，只对创业教育、创业支持影响大学毕业生感知的主观规范的关系有调节作用。创业人格并不能调节环境因素对大学毕业生创业态度、创业自我效能的影响。

7.3 前置认知变量在环境因素和创业意向之间中介作用的结构方程模型分析

为了进一步验证大学毕业生创业意向的前置认知变量（创业态度、主观规范和创业自我效能）在环境因素和大学毕业生创业意向之间的中介作用，本研究采用 AMOS17.0 统计软件进行环境因素和大学生创业意向及其前置认知变量之间关系的结构方程模型分析。

为了检验大学毕业生创业意向的前置认知变量在环境因素和创业意向之间的中介作用，根据前文提出的环境因素对大学毕业生创业意向作用机制的理论模型，本研究构建了大学毕业生接受的创业教育、感知的创业支持、创业榜样、经济环境与创业意向及其前置认知变量之间的关系结构方程模型。

这里的参数估计方法与上述个人因素通过前置认知变量的中介作用影响创业意向的结构方程模型分析相同。由于影响大学毕业生创业意向的各个环境因素之间可能存在一定程度的相关性，本研究在结构方程模型分析过程中，为了有效降低模型的卡方值，并参考模型修正指标值 MI，在创业教育、创业支持、创业榜样的误差变量之间，增加了2条共变关系路径，即 e5↔e6、e5↔e7，以及在创业态度和创业自我效能的误差变量之间增加了一条共变关系路径，即 e2↔e4。

分析结果显示，该验证模型的一些拟合优度指标值如下：卡方值 χ^2=105.290（df=6，$P<0.001$），绝对拟合度指标 GFI=0.996、$AGFI$=0.982、$REMSA$=0.047，增值拟合度指标 NFI=0.979、IFI=0.980、CFI=0.980。从以上拟合优度指标值来看，除了由于样本量很大（N=7620）导致 χ^2 极易达到显著水平外，其他拟合度指标均十分理想。综合判断以上拟合优度指标可以认为，该验证模型拟合良好。

图7-1显示了前置认知变量在环境因素和创业意向之间中介作用的结构方程模型分析结果，同样采用了标准化路径系数。

首先，大学毕业生感知的主观规范对其创业态度、创业自我效能都具有显著积极影响。因此，在环境因素影响大学毕业生创业意向的模型中，研究假设 H5 和 H6 也得到证实。而且，在修正后的结构方程模型中，创业态度和创业自我效能的误差变量之间也存在较强的共变关系，相关系数为0.44。这进一步表明，大学毕业生的创业态度、主观规范、创业自我效能三个前置认知变量对创业意向的影响是一个多路径的网状关系，而不是单向的线性影响关系。大学毕

7 环境因素影响大学毕业生创业意向的作用机制分析

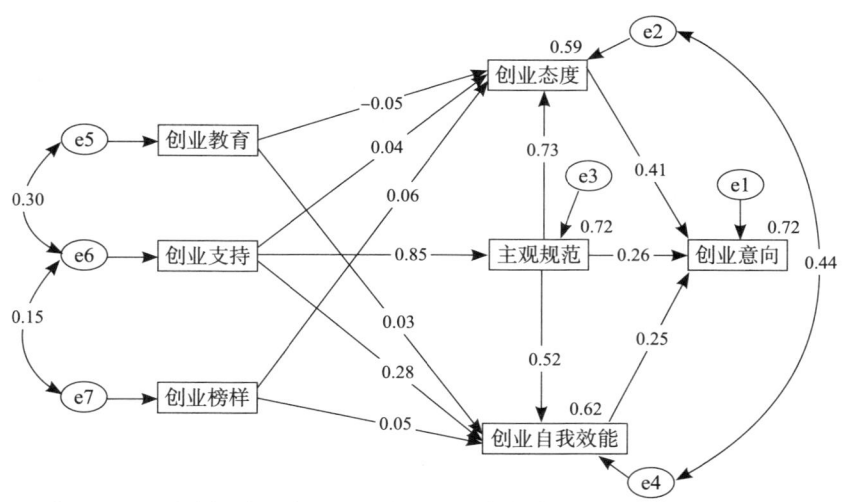

图 7-1 前置认知变量在环境因素和创业意向之间中介作用的结构方程模型分析（$N=7620$）

业生创业意向的形成过程是由三个前置认知变量共同决定的。

其次，创业教育以创业态度、创业自我效能两个变量为中介，从而间接影响大学毕业生的创业意向。但是，创业教育对创业态度的路径系数值为负向，而对创业自我效能的路径系数值则为正向。这表明，大学毕业生在学校接受的创业教育质量越好，则他们的创业态度会变得越消极，但大学创业教育质量越好，他们的创业自我效能却越积极。其中的原因已在上文回归分析中作出解释。这里需要注意的是，创业教育对大学毕业生创业意向的间接影响总效应，最终取决于通过创业态度、创业自我效能两条路径的中介影响效应之和。具体参见下文关于环境因素对大学毕业生创业意向的效应量分析。

再次，创业支持以创业态度、主观规范、创业自我效能三个变量为中介，从而间接影响大学毕业生的创业意向。而且，创业支持对创业态度、主观规范和创业自我效能的3条路径系数均为正值。这表明，大学毕业生感知到创业支持越强烈，则其创业态度、感知的主观规范、创业自我效能都会越积极，从而越能提高其创业意向水平。创业支持对大学毕业生创业意向的间接影响总效应，最终取决于通过创业态度、主观规范、创业自我效能三条路径的中介影响效应之和。

最后，创业榜样以创业态度、创业自我效能两个变量为中介，间接影响大学毕业生的创业意向。而且，创业榜样对创业态度和创业自我效能的2条路径系数均为正值，但绝对值均小于0.1。这表明，具有父母、兄弟姐妹或者同学、朋友创业作为自己创业榜样的大学毕业生，其创业态度、创业自我效能比没有创业榜样的大学毕业生更积极。创业榜样这个环境因素是通过创业态度、创业自我效能的中介作用间接地影响大学毕业生的创业意向。

需要指出的是,大学毕业生就业所处地区的经济环境对创业态度、主观规范和创业自我效能均没有显著影响,因此也不可能通过三个前置认知变量间接地影响大学毕业生的创业意向。这与以往研究对发展中国家和发达国家的大学生创业意向的比较结果不尽相同。国外有关研究大多认为发展中国家大学生创业意向水平要显著高于发达国家,这是由于受到发展中国家和发达国家不同的经济环境影响所导致的。但是,本研究采用独立样本 T 检验,对处于我国经济发达地区和经济欠发达地区的大学毕业生的创业意向进行均值比较,发现二者在 0.05 水平上存在显著差异,即经济欠发达地区的大学毕业生创业意向水平高于经济发达地区的大学毕业生。这可能是由于本研究采用大样本的统计分析,两类地区大学毕业生创业意向之间的差异很容易达到显著水平,而实际上二者并无实质差异。另外一种可能是,经济环境对大学毕业生创业意向的影响比较微弱,因此在分组比较中能够显著,但在结构方程模型分析中没有得到呈现。还有一种可能是,经济环境能够直接影响大学毕业生的创业意向,而不需要通过创业态度、主观规范和创业自我效能的中介作用。这都有待进一步深入探索。

表 7-7 列出了环境因素影响大学毕业生创业意向的直接效应、间接效应和总效应,同样采用标准化的效应估计值。可见,在有影响的三个环境因素中,创业支持对大学生创业意向的总效应值最大,达到 0.675;其次是创业榜样,总效应值为 0.037;大学创业教育质量的总效应值是通过创业自我效能和创业态度产生中介机制的正、负两条路径系数之和,结果为负值 -0.014,影响效应的绝对值最小,仅为 0.014。这表明,从环境因素来看,我国大学毕业生创业意向,主要受到创业支持的影响。这可能是由于大学毕业生缺乏资金、社会关系等创业资源积累,大部分大学毕业生从事创业所需要的资源都十分有限,因而其创业意向的形成,往往与其感知到能否获得来自社会关系网络中的资金、人脉等形式的创业支持有关。同时,周围环境中有创业榜样的大学毕业生,往往更容易形成较高的创业意向。

值得注意的是大学创业教育质量的影响效应。以往有研究表明,大学生的创业教育学习效果可以直接影响大学生的创业意向,大学生的创业教育学习效果越好,则他们的创业意向会越低。这种看似矛盾的研究结论,在本研究中得到深化的认识。虽然大学创业教育质量越好，越能提高大学毕业生的创业自我效能，但是却使得他们的创业态度变得消极。最终的结果是，大学创业教育质量通过创业态度和创业自我效能这两个变量的中介作用正负效应的相互抵消，所得总效应为负值，因而降低了大学毕业生的创业意向水平。至于为什么大学创业教育质量越好却降低大学毕业生的创业态度，前文已有相关分析。最主要的原因是创业教育质量越好，越能够帮助大学毕业生全面、深刻地认识创业活动，从而建立起客观、理性的创业态度，防止他们陷入盲目创业而很容易导致失败的不利境地。从这个角度来看，大学创业教育质量越好，越可以帮助大学毕业生形成更加明智、理性的创业意向。因此，提高大学创业教育质量，可以有效地避免大学毕业生因盲目创业导致高失败率的不良结果。

总之，结构方程模型分析表明，大学毕业生创业意向的前置认知变量创业态度、主观规范、创业自我效能，在环境因素对大学毕业生创业意向的影响中发挥重要中介作用。至此，研究假设 H27 得到证实，H26、H28 得到部分证实，H29 被证伪。

表 7-7 环境因素影响大学毕业生创业意向的直接效应、间接效应和总效应（标准化效应值）

影响路径		直接效应	间接效应	总效应
从	到			
创业态度	创业意向	0.409	—	0.409
主观规范	创业意向	0.263	0.429	0.693
创业自我效能	创业意向	0.252	—	0.252
创业教育	创业意向	—	−0.014	−0.014
创业支持	创业意向	—	0.675	0.675
创业榜样	创业意向	—	0.037	0.037

7.4 研究假设检验结果小结

根据以上对环境因素影响大学毕业生创业意向作用机制的研究假设检验结果，本研究分析了创业教育、创业支持、创业榜样和经济环境等环境因素以创业态度、主观规范、创业自我效能为中介影响大学毕业生创业意向的作用机制，以及创业人格在其中发挥的调节作用机制。下面对有关研究假设检验结果进行小结,如表7-8所示。

表7-8 环境因素影响创业意向的研究假设检验结果

序号	研究假设	检验结果
H26	创业教育通过前置认知变量的中介作用影响创业意向	部分证实
H26a	创业教育以创业态度为中介变量影响创业意向	√
H26b	创业教育以主观规范为中介变量影响创业意向	×
H26c	创业教育以创业自我效能为中介变量影响创业意向	√
H27	创业支持通过前置认知变量的中介作用影响创业意向	√
H27a	创业支持以创业态度为中介变量影响创业意向	√
H27b	创业支持以主观规范为中介变量影响创业意向	√
H27c	创业支持以创业自我效能为中介变量影响创业意向	√
H28	创业榜样通过前置认知变量的中介作用影响创业意向	部分证实
H28a	创业榜样以创业态度为中介变量影响创业意向	√
H28b	创业榜样以主观规范为中介变量影响创业意向	×
H28c	创业榜样以创业自我效能为中介变量影响创业意向	√
H29	经济环境通过前置认知变量的中介作用影响创业意向	×
H29a	经济环境以创业态度为中介变量影响创业意向	×
H29b	经济环境以主观规范为中介变量影响创业意向	×
H29c	经济环境以创业自我效能为中介变量影响创业意向	×
H30	创业人格正向调节创业教育对创业态度的影响	×
H31	创业人格正向调节创业教育对主观规范的影响	部分证实
H32	创业人格正向调节创业教育对创业自我效能的影响	×
H33	创业人格正向调节创业支持对创业态度的影响	×
H34	创业人格正向调节创业支持对主观规范的影响	√
H35	创业人格正向调节创业支持对创业自我效能的影响	×
H36	创业人格正向调节创业榜样对创业态度的影响	×
H37	创业人格正向调节创业榜样对主观规范的影响	×
H38	创业人格正向调节创业榜样对创业自我效能的影响	×
H39	创业人格正向调节经济环境对创业态度的影响	×
H40	创业人格正向调节经济环境对主观规范的影响	×
H41	创业人格正向调节经济环境对创业自我效能的影响	×

8 大学毕业生创业意向形成机制的群组比较

8.1 大学毕业生创业意向形成机制的性别比较

本节主要是比较不同性别的两组大学毕业生，在两个相互关联的回归模型中，创业意向对创业行为的回归系数是否存在显著差异，即检验男、女两组大学毕业生的创业意向与创业行为之间线性关系的斜率是否存在显著差异。

由于分别以男女两组大学毕业生为样本，进行创业意向对创业行为的线性回归分析时，两个回归方程的干扰项不能相互独立，因此本研究采用分层线性模型进行两组相关样本的回归系数差异检验。

针对分层线性模型的回归系数差异检验，连玉君和廖俊平（2017）提出了三种检验组间系数差异的方法，即引入交叉项（Chow Test）、基于似不相关模型检验方法（SUR Test）和费舍尔组合检验（Permutation Test）。由于 Chow 检验的假设条件十分严格，即要求除了拟检验的变量之外，回归方程中其他控制变量不能随组别发生变化，所以本研究放弃这种方法。另外，费舍尔组合检验主要以自抽样为基础，假设条件最为宽松，对于两个样本组中干扰项的分布，以及衡量组间系数差异的统计量 $d=\beta_1-\beta_2$ 的分布也未做任何限制，所以也不适合本研究的需要。似不相关模型检验的假设条件比较宽松，允许两组中所有变量的系数都存在差异，也允许两组的干扰项具有不同的分布，且彼此相关。根据本研究大学毕业生样本数据的分布特征，本研究采用似不相关模型检验的方法。

本研究利用 Stata16 统计分析软件，对上述有关大学生创业意向形成机制的回归方程，按照性别、学历、专业、高校等四个分类变量进行群组分层并执行

bdiff 命令，参数设置使用似不相关模型检验（Surtest）。

由于本研究使用数据的统一性，本章后面三节对不同学历、不同专业、不同高校的大学毕业生创业意向形成机制相关回归方程中自变量系数的分层线性模型检验，均采用似不相关模型检验的方法。

8.1.1 创业意向和创业行为之间关系的分层线性模型分析

表 8-1 显示了不同性别的大学毕业生创业意向对创业行为的影响差异检验结果。从中可见，在大学毕业生创业意向对创业行为的回归方程模型中，自变量创业意向的回归系数，在男生和女生两个群组之间存在显著差异，两个方程中自变量回归系数卡方的 P 值为 0.001。由 $\beta_{女生} - \beta_{男生}$ 的差值可见，男生的创业意向对创业行为的回归系数要显著大于女生。这表明，在男性大学毕业生群组中，创业意向对创业行为具有更强的预测效力。

表 8-1 不同性别的大学毕业生创业意向对创业行为的影响差异检验

变量	$\beta_{女生} - \beta_{男生}$	χ^2	P
创业意向	−0.067	11.71	0.001
学历	−0.070	2.80	0.094
专业类别	0.019	0.95	0.331
高校类型	0.035	1.86	0.173
常数项	0.142	2.47	0.116

由于不同性别的大学毕业生在做出创业决策的时候，可能存在着十分不同的决策思维模式。女性大学毕业生的创业行为可能受到除了创业意向之外的更多因素影响，因此她们的创业意向对创业行为的影响作用就相对降低。相比较而言，男性大学毕业生一旦形成较高水平的创业意向，可能会较少地考虑其它限制条件，从而更果断地采取某些创业行为。

8.1.2 前置认知变量对创业意向的影响及离职倾向调节效应的分层线性模型分析

表 8-2 显示了不同性别大学毕业生的三个前置认知变量对创业意向的影响差异检验结果。可见，对于男性和女性两个群组的大学毕业生而言，创业态度、主观规范和创业自我效能对创业意向的影响并不存在显著差异。这表明，大学

毕业生创业意向的三个前置认知变量对创业意向的影响作用是比较稳定的，不会因性别的不同而有所不同。

表8-2 不同性别的大学毕业生前置认知变量对创业意向的影响差异检验

变量	$\beta_{女生}-\beta_{男生}$	χ^2	P
创业态度	-0.041	1.86	0.173
主观规范	0.004	0.02	0.891
创业自我效能	0.001	0.00	0.977
学历	-0.001	0.00	0.967
专业类别	-0.002	0.03	0.866
高校类型	0.004	0.04	0.848
常数项	0.068	1.05	0.304

表8-3显示了不同性别大学毕业生离职倾向对前置认知变量影响创业意向的调节效应差异检验结果。可见，对于男性和女性两个群组的大学毕业生而言，离职倾向对创业态度、主观规范和创业自我效能影响创业意向的调节效应也不存在显著差异。

表8-3 不同性别的大学毕业生离职倾向对前置认知变量影响创业意向的调节效应差异检验

变量	$\beta_{女生}-\beta_{男生}$	χ^2	P
创业态度	-0.036	1.45	0.228
主观规范	0.003	0.01	0.914
创业自我效能	0.001	0.00	0.963
离职倾向	-0.023	0.92	0.337
创业态度*离职倾向	0.011	0.04	0.849
主观规范*离职倾向	0.055	0.89	0.345
创业自我效能*离职倾向	-0.067	1.50	0.221
学历	0.002	0.00	0.954
专业类别	-0.003	0.05	0.832
高校类型	0.004	0.04	0.840
常数项	0.115	1.58	0.209

可见，虽然前文研究发现大学毕业生的离职倾向对前置认知变量影响创业意向具有一定的调节效应，但是在不同性别的大学毕业生群组之间，这种调节

效应不存在显著差异。因此，无论对于男性还是女性大学毕业生，都应该同样地认识和对待离职倾向在前置认知变量和创业意向之间的调节作用。

8.1.3 个人因素对创业意向前置认知变量的影响及创业人格调节效应的分层线性模型分析

表8-4显示了不同性别大学毕业生个人因素对创业态度的影响及创业人格的调节效应差异检验结果。

表8-4 不同性别的大学毕业生个人因素对创业态度的影响及创业人格的调节效应差异检验

变量	$\beta_{女生} - \beta_{男生}$	χ^2	P
创业机会识别	0.014	0.22	0.641
创业价值认同	−0.078	4.87	0.027
创业失败恐惧感	0.048	4.65	0.031
创业经历	−0.053	1.92	0.166
创业人格	0.109	8.60	0.003
创业机会识别 * 创业人格	0.005	0.01	0.932
创业价值认同 * 创业人格	0.015	0.05	0.823
创业失败恐惧感 * 创业人格	−0.004	0.01	0.915
创业经历 * 创业人格	−0.000	0.00	0.995
学历	0.046	1.59	0.207
专业类别	0.016	0.98	0.321
高校类型	−0.028	1.44	0.230
常数项	−0.500	10.78	0.001

从男性和女性大学毕业生群组的两个回归方程中自变量回归系数的卡方 P 值来看，不同性别的大学毕业生创业价值认同、创业失败恐惧感和创业人格对创业态度的影响存在显著差异，这三个自变量回归系数的卡方 P 值分别为0.027、0.031和0.003。

进一步分析 $\beta_{女生} - \beta_{男生}$ 的差值发现，男性大学毕业生的创业价值认同对创业态度的影响比女性的更大。这表明，男性大学毕业生越认同创业的价值，其创业态度就会越积极，这种影响关系显著强于女性大学毕业生群组。但是，女性大学毕业生的创业人格对创业态度的影响，显著大于男性大学毕业生群组。

此外，由于创业失败恐惧感对男性和女性大学毕业生的创业态度的回归系数都是负值，而创业失败恐惧感的系数差值 $\beta_{女生} - \beta_{男生}$ 为正值，这表明，男性大学毕业生群组的创业失败恐惧感的回归系数绝对值显著大于女性大学毕业生。可见，男性大学毕业生的创业失败恐惧感对其创业态度的影响作用，同样强于女性大学毕业生。归纳起来，创业价值认同、创业失败恐惧感两个因素对创业态度的影响作用，在男性大学毕业生群组中都要强于女性大学毕业生。但是，创业人格对创业态度的影响，在女性大学毕业生群组中强于男性大学毕业生。

另外，从创业人格和四个个人因素的交互项回归系数卡方的 P 值来看，对于男性和女性大学毕业生两个群组而言，创业人格在个人因素影响创业态度的关系中的调节效应没有显著差异。

表 8-5 显示了不同性别大学毕业生个人因素对主观规范的影响及创业人格的调节效应差异检验结果。

表 8-5　不同性别的大学毕业生个人因素对主观规范的影响及创业人格的调节效应差异检验

变量	$\beta_{女生} - \beta_{男生}$	χ^2	P
创业机会识别	0.047	3.07	0.080
创业价值认同	−0.082	6.42	0.011
创业失败恐惧感	−0.012	0.29	0.589
创业经历	0.030	0.61	0.434
创业人格	0.009	0.05	0.816
创业机会识别 * 创业人格	0.041	0.72	0.396
创业价值认同 * 创业人格	0.002	0.00	0.976
创业失败恐惧感 * 创业人格	−0.019	0.25	0.620
创业经历 * 创业人格	−0.038	0.22	0.638
学历	−0.053	2.30	0.129
专业类别	−0.024	2.40	0.121
高校类型	0.029	1.78	0.183
常数项	0.175	1.33	0.249

从男性和女性大学毕业生群组的两个回归方程中自变量回归系数的卡方 P 值来看，不同性别的大学毕业生创业机会识别、创业价值认同对主观规范的影响存在显著差异，这三个自变量回归系数卡方的 P 值分别为 0.080 和 0.011。

进一步分析 $\beta_{女生} - \beta_{男生}$ 的差值发现，女性大学毕业生的创业机会识别能力对主观规范的影响比男性的更大。这表明，女性大学毕业生的创业机会识别能力越强，越能感受到周围环境中支持性的主观规范压力，这种影响关系显著强于男性大学毕业生群组。此外，男性大学毕业生的创业价值认同对主观规范的影响作用，强于女性大学毕业生群组。这说明男性大学毕业生对创业价值的认同程度，相比于女生而言更能够影响其主观规范。从对比来看，对于不同性别的大学毕业生群组，女性群组的主观规范受到更大的创业机会识别的影响，而男性群组的主观规范则受到更大的创业价值认同的影响。其他个人因素的影响在两个群组之间没有显著差异。

另外，从创业人格和四个个人因素的交互项回归系数卡方的 P 值来看，对于男性和女性大学毕业生两个群组而言，创业人格在个人因素影响主观规范的关系中的调节效应没有显著差异。

表 8-6 显示了不同性别大学毕业生个人因素对创业自我效能的影响及创业人格的调节效应差异检验结果。

表 8-6 不同性别大学毕业生个人因素对创业自我效能的影响及创业人格调节效应差异检验

变量	$\beta_{女生} - \beta_{男生}$	χ^2	P
创业机会识别	-0.008	0.11	0.738
创业价值认同	-0.028	1.03	0.311
创业失败恐惧感	0.014	0.65	0.419
创业经历	0.025	0.66	0.418
创业人格	0.053	3.26	0.071
创业机会识别 * 创业人格	-0.005	0.02	0.897
创业价值认同 * 创业人格	0.020	0.17	0.677
创业失败恐惧感 * 创业人格	-0.014	0.25	0.618
创业经历 * 创业人格	-0.126	3.85	0.050
学历	-0.001	0.00	0.984
专业类别	0.002	0.02	0.894
高校类型	0.009	0.27	0.603
常数项	-0.160	1.77	0.184

从男性和女性大学毕业生群组的两个回归方程中自变量回归系数的卡方 P

值来看，只有大学毕业生的创业人格对创业自我效能的影响存在显著差异，回归系数卡方的 P 值分别为 0.071。

进一步分析 $\beta_{女生}-\beta_{男生}$ 的差值发现，女性大学毕业生的创业人格对创业自我效能的影响作用比男性大学毕业生群组更大。这表明，女性大学毕业生的创业人格特质越突出，越具有从事创业活动的能力自信，这种影响关系显著强于男性大学毕业生群组。

此外，只有从创业人格和创业经历的交互项回归系数卡方的 P 值（0.050）处于显著水平，即对于男性和女性大学毕业生两个群组而言，创业人格在大学毕业生的创业经历对创业自我效能的影响中存在显著的调节效应差异。

8.1.4 环境因素对创业意向前置认知变量的影响及创业人格调节效应的分层线性模型分析

表 8-7 显示了不同性别大学毕业生的环境因素对创业态度的影响及创业人格的调节效应差异检验结果。

表 8-7 不同性别的大学毕业生环境因素对创业态度的影响及创业人格的调节效应差异检验

变量	$\beta_{女生}-\beta_{男生}$	χ^2	P
创业教育	0.003	0.02	0.879
创业支持	0.026	1.14	0.286
创业榜样	−0.083	5.61	0.018
经济环境	0.102	7.15	0.008
创业人格	0.188	5.95	0.015
创业教育 * 创业人格	−0.010	0.07	0.785
创业支持 * 创业人格	0.038	1.24	0.266
创业榜样 * 创业人格	−0.076	1.24	0.265
经济环境 * 创业人格	−0.086	1.38	0.240
学历	0.036	0.76	0.385
专业类别	0.040	4.62	0.032
高校类型	−0.030	1.29	0.257
常数项	−1.012	12.42	0.000

从男性和女性大学毕业生群组的两个回归方程中自变量回归系数的卡方 P

值来看，不同性别的大学毕业生是否有创业榜样、所处的经济环境两个环境因素，以及创业人格对创业态度的影响存在显著差异，这三个自变量回归系数的卡方 P 值分别为 0.018、0.008 和 0.015。

进一步分析 $\beta_{女生} - \beta_{男生}$ 的差值发现，男性大学毕业生有创业榜样对其创业态度的影响作用，比女性有创业榜样的影响更大。这表明，男性大学毕业生周围越有创业榜样，其创业态度就会越积极，这种影响关系显著强于女性大学毕业生群组。然而，女性大学毕业生所处地区的经济环境对创业态度的影响作用，要比男性群组的大。此外，与上文对个人因素回归模型的分析相似，创业人格对不同性别大学毕业生的创业态度影响存在显著差异，创业人格对女性大学毕业生创业态度的影响显著大于男性大学毕业生。

另外，从创业人格和四个环境因素的交互项回归系数卡方的 P 值来看，对于男性和女性大学毕业生两个群组而言，创业人格在环境因素影响创业态度的关系中的调节效应没有显著差异。

表 8-8 显示了不同性别大学毕业生的环境因素对主观规范的影响及创业人格的调节效应差异检验结果。

表8-8 不同性别的大学毕业生环境因素对主观规范的影响及创业人格的调节效应差异检验

变量	$\beta_{女生} - \beta_{男生}$	χ^2	P
创业教育	0.013	0.85	0.357
创业支持	0.042	6.78	0.009
创业榜样	−0.014	0.38	0.540
经济环境	0.061	5.71	0.017
创业人格	−0.037	0.58	0.447
创业教育 * 创业人格	0.007	0.09	0.763
创业支持 * 创业人格	0.011	0.23	0.633
创业榜样 * 创业人格	0.005	0.01	0.903
经济环境 * 创业人格	−0.005	0.01	0.913
学历	−0.048	2.89	0.089
专业类别	−0.007	0.29	0.592
高校类型	0.020	1.20	0.273
常数项	−0.040	0.05	0.825

从男性和女性大学毕业生群组的两个回归方程中自变量回归系数卡方的 P 值 P 值来看，不同性别的大学毕业生能获得的创业支持和所处地区的经济环境两个环境因素对主观规范的影响存在显著差异，这两个自变量回归系数的卡方 P 值分别为 0.009 和 0.017。

进一步分析两个群组的创业支持和经济环境的回归系数差值 $\beta_{女生}-\beta_{男生}$ 发现，女性大学毕业生能获得的创业支持对其主观规范的影响显著大于男性大学毕业生。而且，女性大学毕业生所处的经济环境对其主观规范的影响，同样显著大于男性大学毕业生。这反映出，女性大学毕业生感知到的社会规范压力，受到创业支持和经济环境等环境因素的影响比男性大学毕业生更大。

另外，从创业人格和四个环境因素的交互项回归系数卡方的 P 值来看，对于男性和女性大学毕业生两个群组而言，创业人格在环境因素影响主观规范的关系中的调节效应没有显著差异。

表 8-9 显示了不同性别大学毕业生的环境因素对创业自我效能的影响及创业人格的调节效应差异检验结果。

表 8-9　不同性别大学毕业生环境因素对创业自我效能的影响及创业人格调节效应差异检验

变量	$\beta_{女生}-\beta_{男生}$	χ^2	P
创业教育	−0.023	1.50	0.220
创业支持	0.052	6.30	0.012
创业榜样	−0.014	0.20	0.652
经济环境	0.071	4.68	0.031
创业人格	0.032	0.23	0.630
创业教育 * 创业人格	0.043	1.90	0.168
创业支持 * 创业人格	−0.018	0.33	0.563
创业榜样 * 创业人格	0.017	0.08	0.777
经济环境 * 创业人格	−0.078	1.38	0.240
学历	−0.007	0.04	0.850
专业类别	0.023	2.18	0.139
高校类型	0.003	0.02	0.892
常数项	−0.339	1.88	0.171

从男性和女性大学毕业生群组的两个回归方程中自变量回归系数卡方的 P

值来看，不同性别的大学毕业生能获得的创业支持和所处地区的经济环境两个环境因素对创业自我效能的影响存在显著差异，这两个自变量回归系数的卡方 P 值分别为 0.012 和 0.031。

进一步分析两个群组的创业支持和经济环境的回归系数差值 $\beta_{女生}-\beta_{男生}$ 发现，女性大学毕业生能获得的创业支持对其创业自我效能的影响显著大于男性大学毕业生。而且，女性大学毕业生所处的经济环境对其创业自我效能的影响，同样显著大于男性大学毕业生。这反映出，女性大学毕业生对自己从事创业活动的能力自信，受到创业支持和经济环境等环境因素的影响比男性大学毕业生更大。

另外，从创业人格和四个环境因素的交互项回归系数卡方的 P 值来看，对于男性和女性大学毕业生两个群组而言，创业人格在环境因素影响创业自我效能的关系中的调节效应没有显著差异。

8.1.5　前置认知变量中介作用的结构方程模型多群组分析

前文已经借助结构方程模型分析的方法，检验了全样本大学毕业生的个人因素以三个前置认知变量为中介影响创业意向的理论模型，得出的验证模型具有良好的拟合度和解释能力。以此验证模型为基础，本节可以进一步深入探索不同性别的大学毕业生群组之间这种中介作用机制的差异。

为了利用结构方程模型的多群组分析，在不同性别的大学毕业生群组之间，比较个人因素通过前置认知变量的中介作用影响创业意向的差异，本研究检验了不同性别大学生群组结构方程的基准模型，即所有路径系数都未受限制的模型，允许两个群组的变量有不同的回归系数和不同的截距。检验得到如下的拟合优度指标：$\chi^2=553.127$（$df=16$，$P<0.001$），$GFI=0.982$，$AGFI=0.918$，$REMSA=0.066$，$NFI=0.911$，$TLI=0.693$，$CFI=0.912$。这一结果表明，不同性别大学毕业生群组的基准模型拟合良好，该模型对不同性别大学毕业生群组是可接受的。

由于基准模型拟合良好，我们可以进一步对不同性别大学毕业生群组的结构方程模型中结构路径系数的恒等性假设进行检验。为此，我们限制不同性别大学毕业生群组的结构方程模型中结构路径系数都相等（后面称为"平行模型"）。本研究对不同性别大学毕业生群组的平行模型进行检验，检验得到如下的拟合优度指标：χ^2=610.337（df=36，P<0.001），GFI=0.980，$AGFI$=0.960，$REMSA$=0.046，NFI=0.901，TLI=0.854，CFI=0.906。因此，该平行模型具有很好的拟合度，是可接受的。

在上述分析的基础上，本研究对不同性别大学生群组的平行模型和基准模型卡方值进行了比较。结果表明，两个模型的卡方值差异达到了显著性水平（$\Delta\chi^2$=57.210，Δdf=20，P<0.001），因此，无法接受不同性别大学毕业生群组

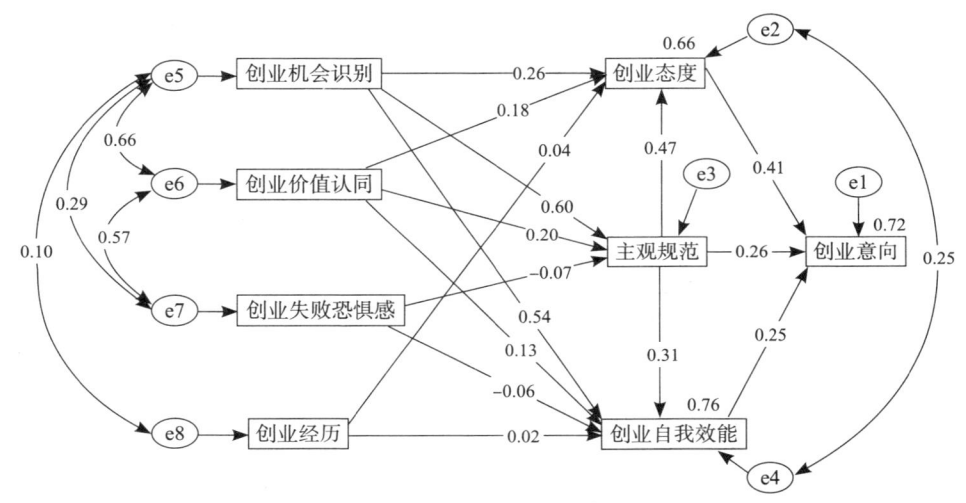

图8-1 前置认知变量在个人因素和创业意向之间中介作用的结构方程模型多群组分析
（女生=3518）

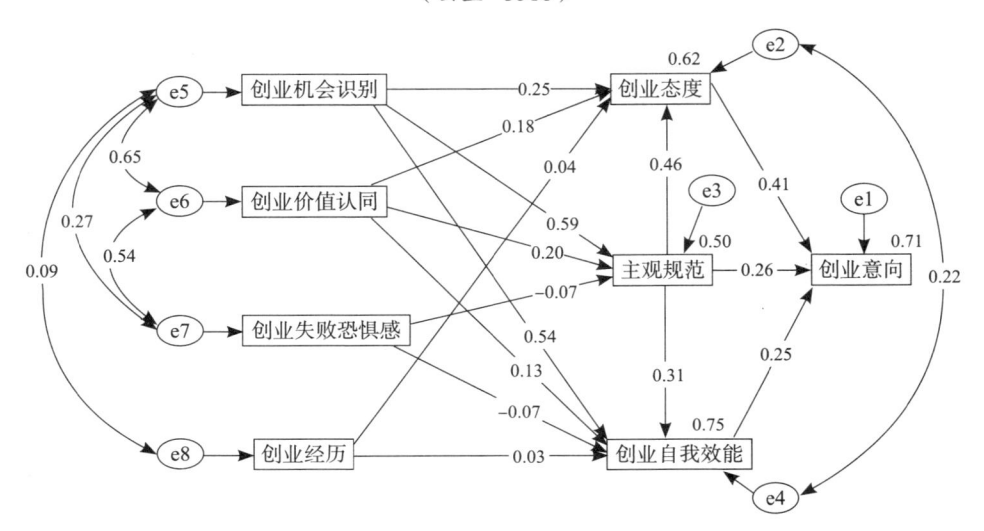

图8-2 前置认知变量在个人因素和创业意向之间中介作用的结构方程模型多群组分析
（男生=4102）

的结构方程模型中所有结构路径系数都相等的虚无假设,说明男生和女生两个大学毕业生群组的结构方程模型中有关结构路径系数存在显著差异。

因此,我们需要进一步探索不同性别大学毕业生群组的结构方程模型中哪些结构路径系数存在差异。本研究分别逐次将不同性别大学毕业生群组的平行模型中15个结构路径系数限制相等,再分别和基准模型进行卡方值差异检验,并结合 CR 指标(参数间差异的临界比),对不同性别大学毕业生群组在该结构路径上的回归系数进行比较。

表8-10列出了不同性别大学毕业生创业意向的前置认知变量在个人因素和创业意向之间中介作用的路径系数差异分析结果。从中可见,从创业机会识别到主观规范($\Delta\chi^2$=5.341,P=0.021)、从创业机会识别到创业自我效能($\Delta\chi^2$=4.544,P=0.033)、从创业价值认同到主观规范($\Delta\chi^2$=12.276,P<0.001),以及从主观规范到创业自我效能($\Delta\chi^2$=6.743,P=0.009)等四条路径,男性和女性大学毕业生两个群组之间的标准化回归系数存在显著差异。其中,女性大学毕业生群组在"从创业机会识别到主观规范"结构路径,以及在"从创业价值认同到主观规范"结构路径上的标准化回归系数显著大于男性大学毕业生群组,CR 值分别为54.894和16.327。然而,男性大学毕业生群组在"从创业机会识别到创业自我效能"结构路径,以及在"从主观规范到创业自我效能"结构路径上的标准化回归系数显著大于女性大学毕业生群组,CR 值分别为59.795和37.984。

表8-10 不同性别大学毕业生创业意向的前置认知变量中介作用路径系数差异分析(个人因素)

路径	结构路径		性别	结构路径	模型卡方差检验		
	从	到		标准回归系数	Δdf	$\Delta\chi^2$	P
1	创业机会识别	创业态度	女	0.256***	1	0.096	0.756
			男	0.251***			
2	创业机会识别	主观规范	女	0.609***	1	0.829	0.362
			男	0.583***			
3	创业机会识别	创业自我效能	女	0.543***	1	0.108	0.742
			男	0.544***			
4	创业价值认同	创业态度	女	0.186***	1	1.815	0.718
			男	0.178***			

续表

路径	结构路径 从	结构路径 到	性别	结构路径 标准回归系数	模型卡方差检验 Δdf	模型卡方差检验 $\Delta \chi^2$	模型卡方差检验 P
5	创业价值认同	主观规范	女	0.207***	1	0.024	0.877
			男	0.198***			
6	创业价值认同	创业自我效能	女	0.134***	1	0.604	0.437
			男	0.130***			
7	失败恐惧感	主观规范	女	−0.069***	1	6.743	0.009
			男	−0.066***			
8	失败恐惧感	创业自我效能	女	−0.066***	1	0.861	0.354
			男	−0.065***			
9	创业经历	创业态度	女	0.038***	1	0.026	0.872
			男	0.039***			
10	创业经历	创业自我效能	女	0.024***	1	0.057	0.812
			男	0.026***			
11	主观规范	创业态度	女	0.463***	1	1.179	0.277
			男	0.468***			
12	主观规范	创业自我效能	女	0.309***	1	1.179	0.277
			男	0.313***			
13	创业态度	创业意向	女	0.399***	1	1.179	0.277
			男	0.414***			
14	主观规范	创业意向	女	0.264***	1	1.179	0.277
			男	0.266***			
15	创业自我效能	创业意向	女	0.255***	1	1.179	0.277
			男	0.248***			

注：***$P<0.001$。

综合分析来看，对于不同性别的大学毕业生群组，从个人因素到前置认知变量，再从前置认知变量到创业意向，还没有两条连贯的结构路径同时存在显著差异。也就是说，两个群组创业意向的前置认知变量在个人因素和创业意向之间的中介作用并没有明显的差别。

前文已经借助结构方程模型分析的方法，检验了全样本大学毕业生的环境因素以前置认知变量为中介影响创业意向的理论模型，得出的验证模型具有良好的拟合度和解释能力。以此验证模型为基础，本节可以进一步深入探索不同性别的大学毕业生群组之间这种中介作用机制的差异。

为了利用结构方程模型的多群组分析，在不同性别的大学毕业生群组之间，比较环境因素通过前置认知变量的中介作用影响创业意向的差异，本研究检验了不同性别大学生群组结构方程的基准模型，即所有路径系数都未受限制的模型，允许两个群组的变量有不同的回归系数和不同的截距。检验得到如下的拟合优度指标：χ^2=119.296（df=12，P<0.001），GFI=0.996，$AGFI$=0.979，$REMSA$=0.034，NFI=0.977，TLI=0.925，CFI=0.979。这一结果表明，不同性别大学毕业生群组的基准模型拟合优良，该模型对不同性别大学毕业生群组是可接受的。

由于基准模型拟合良好，我们可以进一步对不同性别大学毕业生群组的结构方程模型中结构路径系数的恒等性假设进行检验。为此，我们限制不同性别大学毕业生群组的结构方程模型中结构路径系数都相等（后面称为"平行模型"）。本研究对不同性别大学毕业生群组的平行模型进行检验，检验得到如下的拟合优度指标：χ^2=169.540（df=27，P<0.001），GFI=0.994，$AGFI$=0.987，$REMSA$=0.026，NFI=0.967，TLI=0.956，CFI=0.972。因此，该平行模型具有很好的拟合度，该模型对不同性别的大学毕业生群组是可接受的。

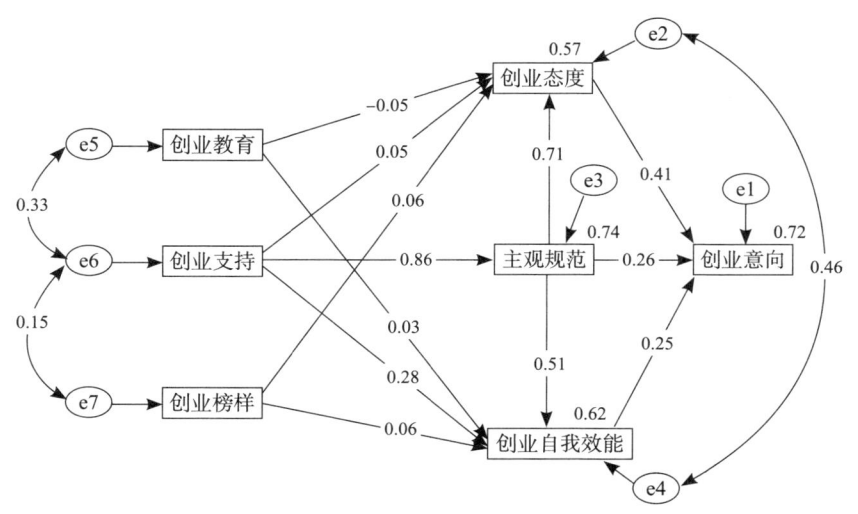

图8-3 前置认知变量在环境因素和创业意向之间中介作用的结构方程模型多群组分析
（女生=3518）

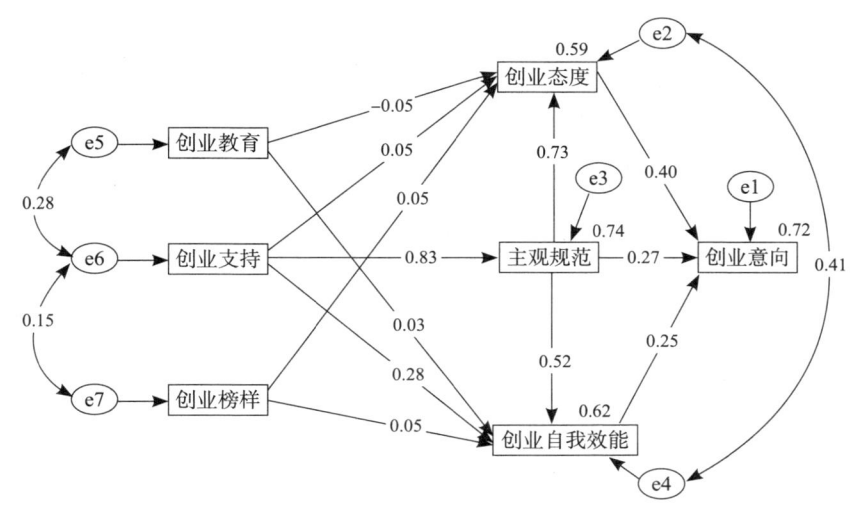

图 8-4 前置认知变量在环境因素和创业意向之间中介作用的结构方程模型多群组分析
（男生 =4102）

在上述分析的基础上，本研究对不同性别大学生群组的平行模型和基准模型卡方值进行了比较。结果表明，两个模型的卡方值差异达到了显著性水平（$\Delta\chi^2$ =50.244，Δdf=15，$P<0.001$），因此，无法接受不同性别大学毕业生群组的结构方程模型中所有结构路径系数都相等的虚无假设，说明男生和女生两个大学毕业生群组的结构方程模型中有关结构路径系数存在显著差异。

因此，我们需要进一步探索不同性别大学毕业生群组的结构方程模型中哪些结构路径系数存在差异。本研究分别逐次将不同性别大学毕业生群组的平行模型中 12 个结构路径系数限制相等，再分别和基准模型进行卡方值差异检验，并结合 CR 指标（参数间差异的临界比），对不同性别大学毕业生群组在该结构路径上的回归系数进行比较。

表 8-11 列出了不同性别大学毕业生创业意向的前置认知变量在环境因素和创业意向之间中介作用的路径系数差异分析结果。从中可见，从创业支持到主观规范（$\Delta\chi^2$=8.709，P=0.003）、从创业支持到创业自我效能（$\Delta\chi^2$=6.589，P=0.010），以及从创业榜样到创业态度（$\Delta\chi^2$=5.003，P=0.025）等三条路径，男性和女性大学毕业生两个群组之间的标准化回归系数存在显著差异。其中，女性大学毕业生群组在"创业支持到主观规范"结构路径，以及在"从创业榜样到创业态度"结构路径上的标准化回归系数显著大于男性大学毕业生群组，CR 值分别为 136.536 和 7.530。然而，男性大学毕业生群组在"从创业支持到创

业自我效能"结构路径上的标准化回归系数显著大于女性大学毕业生群组，CR 值分别为 20.358。

表 8-11 不同性别大学毕业生创业意向的前置认知变量中介作用路径系数差异分析（环境因素）

路径	结构路径 从	结构路径 到	性别	结构路径 标准回归系数	Δdf	$\Delta \chi^2$	P
1	创业教育	创业态度	女	−0.047***	1	0.243	0.622
			男	−0.050***			
2	创业教育	创业自我效能	女	0.028***	1	3.196	0.074
			男	0.030***			
3	创业支持	创业态度	女	0.044***	1	2.698	0.100
			男	0.045***			
4	创业支持	主观规范	女	0.857***	1	8.709	0.003
			男	0.837***			
5	创业支持	创业自我效能	女	0.279***	1	6.589	0.010
			男	0.283***			
6	创业榜样	创业态度	女	0.060***	1	5.003	0.025
			男	0.055***			
7	创业榜样	创业自我效能	女	0.056***	1	0.187	0.665
			男	0.052***			
8	主观规范	创业态度	女	0.718***	1	2.295	0.130
			男	0.728***			
9	主观规范	创业自我效能	女	0.507***	1	2.810	0.094
			男	0.518***			
10	创业态度	创业意向	女	0.410***	1	3.829	0.050
			男	0.402***			
11	主观规范	创业意向	女	0.265***	1	0.036	0.849
			男	0.260***			
12	创业自我效能	创业意向	女	0.260***	1	0.027	0.870
			男	0.251***			

注：***$P<0.001$。

综合分析来看，对于不同性别的大学毕业生群组，从环境因素到前置认知变量，再从前置认知变量到创业意向，还没有两条连贯的结构路径同时存在显著差异。也就是说，两个群组创业意向的前置认知变量在环境因素和创业意向之间的中介作用并没有明显的差别。

8.2 大学毕业生创业意向形成机制的学历比较

8.2.1 创业意向和创业行为之间关系的分层线性模型分析

表8-12显示了不同学历的大学毕业生创业意向对创业行为的影响差异检验结果。从表中可见，在大学毕业生创业意向对创业行为的回归方程模型中，自变量创业意向的回归系数，在本科研究生和高职高专两个大学毕业生群组之间没有显著差异，两个方程中自变量回归系数卡方的 P 值为0.508。这表明，大学毕业生创业意向对创业行为的预测作用，并不会随着学历的改变而有所不同。也就是说，在本科研究生和和高职高专两个大学毕业生群组中，创业意向对创业行为都有相似的预测作用。

表8-12　不同学历的大学毕业生创业意向对创业行为的影响差异检验

变量	$\beta_{本科研究生}-\beta_{高职高专}$	χ^2	P
创业意向	−0.015	0.44	0.508
性别	−0.032	0.61	0.435
专业类别	−0.093	4.11	0.043
高校类型	0.104	1.42	0.233
常数项	0.034	0.11	0.741

8.2.2 前置认知变量对创业意向的影响及离职倾向调节效应的分层线性模型分析

表8-13显示了不同学历大学毕业生的三个前置认知变量对创业意向的影响差异检验结果。可见，对于本科研究生和高职高专两个群组的大学毕业生而言，创业态度、主观规范和创业自我效能对创业意向的影响并不存在显著差异。这表明，大学毕业生创业意向的三个前置认知变量对创业意向的影响作用是比较稳定的，不会因学历的不同而有所不同。

表 8-13　不同学历的大学毕业生前置认知变量对创业意向的影响差异检验

变量	$\beta_{本科研究生} - \beta_{高职高专}$	χ^2	P
创业态度	-0.047	2.00	0.158
主观规范	0.039	1.37	0.242
创业自我效能	-0.047	2.07	0.150
性别	-0.007	0.06	0.811
专业类别	0.003	0.01	0.936
高校类型	0.086	1.76	0.185
常数项	0.031	0.15	0.701

表 8-14 显示了不同学历大学毕业生离职倾向对前置认知变量影响创业意向的调节效应差异检验结果。可见，对于本科研究生和高职高专两个群组的大学毕业生而言，离职倾向对创业态度、主观规范影响创业意向的调节效应不存在显著差异，但是对创业自我效能影响创业意向的调节效应在 90% 置信区间内存在显著差异，交互项"创业自我效能 * 离职倾向"回归系数的卡方 P 值为 0.087。

表 8-14　不同学历的大学毕业生离职倾向对前置认知变量影响创业意向的调节效应差异检验

变量	$\beta_{本科研究生} - \beta_{高职高专}$	χ^2	P
创业态度	-0.041	1.52	0.218
主观规范	0.032	0.93	0.334
创业自我效能	-0.047	2.02	0.155
离职倾向	0.001	0.00	0.974
创业态度 * 离职倾向	-0.068	1.29	0.256
主观规范 * 离职倾向	-0.005	0.01	0.932
创业自我效能 * 离职倾向	0.098	2.93	0.087
性别	-0.005	0.03	0.865
专业类别	-0.004	0.02	0.895
高校类型	0.075	1.35	0.245
常数项	0.040	0.14	0.711

分析 $\beta_{本科研究生} - \beta_{高职高专}$ 的差值可见，对于本科研究生学历的大学毕业生而言，离职倾向对创业自我效能影响创业意向的调节效应，显著大于高职高专学

历的大学毕业生。这表明，离职倾向可以促进创业自我效能对创业意向的影响，这种调节作用在本科研究生学历的大学毕业生群组中相对更大。

8.2.3 个人因素对创业意向前置认知变量的影响及创业人格调节效应的分层线性模型分析

表8-15显示了不同学历大学毕业生个人因素对创业态度的影响及创业人格的调节效应差异检验结果。

表8-15 不同学历的大学毕业生个人因素对创业态度的影响及创业人格的调节效应差异检验

变量	$\beta_{本科研究生}-\beta_{高职高专}$	χ^2	P
创业机会识别	0.137	15.14	<0.001
创业价值认同	−0.012	0.09	0.763
创业失败恐惧感	−0.046	3.05	0.081
创业经历	0.016	0.18	0.671
创业人格	−0.115	7.06	0.008
创业机会识别 * 创业人格	0.020	0.11	0.745
创业价值认同 * 创业人格	−0.030	0.18	0.675
创业失败恐惧感 * 创业人格	0.007	0.03	0.857
创业经历 * 创业人格	0.026	0.12	0.725
性别	−0.021	0.40	0.528
专业类别	0.003	0.01	0.943
高校类型	0.164	6.36	0.012
常数项	−0.081	0.24	0.625

从本科研究生和高职高专大学毕业生群组的两个回归方程中自变量回归系数的卡方 P 值来看，不同学历大学毕业生的创业机会识别能力、创业失败恐惧感和创业人格对创业态度的影响存在显著差异，这三个自变量回归系数的卡方 P 值分别为小于0.001、0.081和0.008。

进一步分析 $\beta_{本科研究生}-\beta_{高职高专}$ 的差值发现，本科研究生学历的大学毕业生的创业机会识别能力对创业态度的影响作用，要比高职高专学历大学毕业生更大。此外，由于创业失败恐惧感对不同学历大学毕业生的创业态度的回归系数都是负值，而创业失败恐惧感的系数差值 $\beta_{本科研究生}-\beta_{高职高专}$ 为负值，即本科研究生学历大学毕业生群组的创业失败恐惧感的回归系数绝对值显著大于高职高专学历的大学毕业生。这表明，本科研究生学历的大学毕业生的创业失败恐惧感对其创业态度的影响作用，同样大于高职高专学历大学毕业生。因此，学历水平越高的大学毕业生，他们的创业态度受到个人的创业机会识别能力、创业失败恐惧感的影响也越大。此外，高职高专学历大学毕业生的创业人格对创业态度的影响作用，显著大于本科研究生学历的大学毕业生。

另外，从创业人格和四个个人因素的交互项回归系数卡方的 P 值来看，对于本科研究生和高职高专大学毕业生两个群组而言，创业人格在个人因素影响创业态度的关系中的调节效应没有显著差异。

表 8-16 显示了不同学历大学毕业生个人因素对主观规范的影响及创业人格的调节效应差异检验结果。

表8-16 不同学历的大学毕业生个人因素对主观规范的影响及创业人格的调节效应差异检验

变量	$\beta_{本科研究生} - \beta_{高职高专}$	χ^2	P
创业机会识别	0.052	2.86	0.091
创业价值认同	−0.007	0.03	0.852
创业失败恐惧感	−0.056	4.38	0.036
创业经历	−0.003	0.01	0.931
创业人格	−0.089	4.75	0.029
创业机会识别 * 创业人格	−0.043	0.66	0.416
创业价值认同 * 创业人格	0.115	3.15	0.076
创业失败恐惧感 * 创业人格	−0.053	1.30	0.255
创业经历 * 创业人格	−0.052	0.44	0.509
性别	0.001	0.00	0.967
专业类别	−0.060	2.80	0.094
高校类型	0.129	3.54	0.060
常数项	0.175	1.22	0.270

从本科研究生和高职高专大学毕业生群组的两个回归方程中自变量回归系数的卡方 P 值来看，不同学历大学毕业生的创业机会识别能力、创业失败恐惧感和创业人格对主观规范的影响存在显著差异，这三个自变量回归系数的卡方 P 值分别为 0.091、0.036 和 0.029。

进一步分析 $\beta_{\text{本科研究生}} - \beta_{\text{高职高专}}$ 的差值发现，本科研究生学历的大学毕业生的创业机会识别能力对主观规范的影响作用，要比高职高专学历大学毕业生更大。此外，由于创业失败恐惧感对不同学历大学毕业生的创业态度的回归系数都是负值，而创业失败恐惧感的系数差值 $\beta_{\text{本科研究生}} - \beta_{\text{高职高专}}$ 为负值，即本科研究生学历大学毕业生群组的创业失败恐惧感的回归系数绝对值显著大于高职高专学历的大学毕业生。这表明，本科研究生学历的大学毕业生的创业失败恐惧感对其主观规范的影响作用，同样大于高职高专学历的大学毕业生。因此，学历水平越高的大学毕业生，他们感知的创业主观规范受到个人的创业机会识别能力、创业失败恐惧感的影响也越大。此外，高职高专学历大学毕业生的创业人格特质对主观规范的影响作用，显著大于本科研究生学历的大学毕业生。

另外，从创业人格和四个个人因素的交互项回归系数卡方的 P 值来看，只有"创业价值认同*创业人格"的回归系数卡方在90%的置信区间内显著，P 值为0.076。因此，创业人格对大学毕业生的创业价值认同影响主观规范的调节作用，在不同学历的毕业生群组之间具有显著差异，而且这个调节作用对本科研究生学历的大学毕业生群体而言相对大于高职高专学历的大学毕业生。

表8-17显示了不同学历大学毕业生个人因素对创业自我效能的影响及创业人格调节效应差异检验结果。

表8-17 不同学历大学毕业生个人因素对创业自我效能的影响及创业人格调节效应差异检验

变量	$\beta_{\text{本科研究生}} - \beta_{\text{高职高专}}$	χ^2	P
创业机会识别	0.049	3.37	0.067
创业价值认同	-0.006	0.03	0.856
创业失败恐惧感	-0.034	2.58	0.108
创业经历	0.045	2.04	0.153
创业人格	-0.013	0.17	0.678
创业机会识别*创业人格	0.064	1.74	0.187
创业价值认同*创业人格	0.001	0.00	0.981
创业失败恐惧感*创业人格	-0.066	3.15	0.076
创业经历*创业人格	-0.121	3.88	0.049
性别	0.004	0.02	0.887
专业类别	-0.008	0.07	0.791

续表

变量	$\beta_{本科研究生} - \beta_{高职高专}$	χ^2	P
高校类型	0.047	0.62	0.430
常数项	-0.059	0.20	0.655

从本科研究生和高职高专大学毕业生群组的两个回归方程中自变量回归系数的卡方 P 值来看，对于不同学历的大学毕业生群组，只有创业机会识别能力对创业自我效能的影响存在显著差异，回归系数的卡方 P 值分别为 0.067。进一步分析 $\beta_{本科研究生} - \beta_{高职高专}$ 的差值发现，本科研究生学历的大学毕业生的创业机会识别能力对创业自我效能的影响作用，要比高职高专学历大学毕业生更大。

另外，从创业人格和四个个人因素的交互项回归系数卡方的 P 值来看，"创业失败恐惧感 * 创业人格"和"创业经历 * 创业人格"的回归系数卡方存在显著差异，P 值分别为 0.076、0.049。因此，创业人格对大学毕业生的创业失败恐惧感影响创业自我效能的调节作用，以及对创业经历影响创业自我效能的调节作用，在不同学历的毕业生群组之间具有显著差异。而且，这两个调节作用对高职高专学历的大学毕业生，都相对大于本科研究生学历的大学毕业生。

8.2.4 环境因素对创业意向前置认知变量的影响及创业人格调节效应的分层线性模型分析

表 8-18 显示了不同学历大学毕业生环境因素对创业态度的影响及创业人格的调节效应差异检验结果。

表8-18 不同学历的大学毕业生环境因素对创业态度的影响及创业人格的调节效应差异检验

变量	$\beta_{本科研究生} - \beta_{高职高专}$	χ^2	P
创业教育	0.043	3.42	0.065
创业支持	0.135	21.48	<0.001
创业榜样	-0.042	1.23	0.268
经济环境	0.054	1.59	0.207
创业人格	-0.065	0.45	0.502
创业教育 * 创业人格	0.005	0.02	0.891
创业支持 * 创业人格	0.007	0.03	0.861
创业榜样 * 创业人格	0.027	0.13	0.721

续表

变量	$\beta_{本科研究生} - \beta_{高职高专}$	χ^2	P
经济环境 * 创业人格	−0.061	0.48	0.490
性别	0.016	0.18	0.672
专业类别	−0.006	0.02	0.891
高校类型	0.099	1.49	0.222
常数项	−0.553	2.42	0.120

从本科研究生和高职高专大学毕业生群组的两个回归方程中自变量回归系数的卡方 P 值来看，不同学历大学毕业生所受的创业教育、获得的创业支持对创业态度的影响存在显著差异，这两个环境因素自变量回归系数的卡方 P 值分别为 0.065 和 <0.001。

进一步分析 $\beta_{本科研究生} - \beta_{高职高专}$ 的差值发现，本科研究生学历的大学毕业生所受的创业教育对创业态度的影响作用，要比高职高专学历大学毕业生更大。此外，本科研究生学历的大学毕业生获得的创业支持对创业态度的影响作用，同样比高职高专学历的大学毕业生更大。可见，学历越高的大学毕业生，所受到的创业教育越能促进创业态度的积极性。而且，学历越高的大学毕业生，所获得的创业支持也越有利于促进其形成更积极的创业态度。

另外，从创业人格和四个环境因素的交互项回归系数卡方的 P 值来看，对于本科研究生和高职高专大学毕业生两个群组而言，创业人格在环境因素影响创业态度的关系中的调节效应没有显著差异。

表 8-19 显示了不同学历大学毕业生的环境因素对主观规范的影响及创业人格的调节效应差异检验结果。

表 8-19　不同学历的大学毕业生环境因素对主观规范的影响及创业人格的调节效应差异检验

变量	$\beta_{本科研究生} - \beta_{高职高专}$	χ^2	P
创业教育	0.018	1.36	0.244
创业支持	0.063	10.20	0.001
创业榜样	−0.033	1.73	0.189
经济环境	0.040	1.80	0.179
创业人格	−0.091	2.22	0.136
创业教育 * 创业人格	0.010	0.13	0.720

续表

变量	$\beta_{本科研究生}-\beta_{高职高专}$	χ^2	P
创业支持 * 创业人格	−0.030	1.24	0.265
创业榜样 * 创业人格	0.027	0.29	0.588
经济环境 * 创业人格	0.054	0.85	0.356
性别	0.016	0.38	0.537
专业类别	−0.021	0.52	0.469
高校类型	0.023	0.14	0.707
常数项	−0.037	0.03	0.871

从本科研究生和高职高专大学毕业生群组的两个回归方程中自变量回归系数的卡方 P 值来看，不同学历大学毕业生获得的创业支持对主观规范的影响存在显著差异。在本科研究生和高职高专大学毕业生两个群组的回归方程中，创业支持回归系数的卡方 P 值为 0.001。

进一步分析 $\beta_{本科研究生}-\beta_{高职高专}$ 的差值发现，本科研究生学历的大学毕业生获得的创业支持对主观规范的影响作用，比高职高专学历的大学毕业生更大。可见，学历越高的大学毕业生，所获得的创业支持对主观规范的积极影响也越大。

另外，从创业人格和四个环境因素的交互项回归系数卡方的 P 值来看，对于本科研究生和高职高专大学毕业生两个群组而言，创业人格在环境因素影响主观规范的关系中的调节效应没有显著差异。

表8-20 显示了不同学历大学毕业生的环境因素对创业自我效能的影响及创业人格的调节效应差异检验结果。

表8-20 不同学历大学毕业生环境因素对创业自我效能的影响及创业人格调节效应差异检验

变量	$\beta_{本科研究生}-\beta_{高职高专}$	χ^2	P
创业教育	−0.001	0.00	0.971
创业支持	0.105	18.07	<0.001
创业榜样	−0.014	0.17	0.684
经济环境	0.047	1.62	0.204
创业人格	−0.051	0.38	0.535
创业教育 * 创业人格	−0.004	0.02	0.896

续表

变量	$\beta_{本科研究生} - \beta_{高职高专}$	χ^2	P
创业支持 * 创业人格	−0.003	0.01	0.918
创业榜样 * 创业人格	0.081	1.52	0.217
经济环境 * 创业人格	0.002	0.00	0.982
性别	0.015	0.20	0.653
专业类别	0.002	0.00	0.945
高校类型	0.013	0.04	0.839
常数项	−0.250	0.72	0.395

从本科研究生和高职高专大学毕业生群组的两个回归方程中自变量回归系数的卡方 P 值来看，不同学历大学毕业生获得的创业支持对创业自我效能的影响存在显著差异。在本科研究生和高职高专大学毕业生两个群组的回归方程中，创业支持回归系数的卡方 P 值小于 0.001。

进一步分析 $\beta_{本科研究生} - \beta_{高职高专}$ 的差值发现，本科研究生学历的大学毕业生获得的创业支持对创业自我效能的影响作用，比高职高专学历的大学毕业生更大。可见，学历越高的大学毕业生，所获得的创业支持越能够提升其自身创业效能。

另外，从创业人格和四个环境因素的交互项回归系数卡方的 P 值来看，对于本科研究生和高职高专大学毕业生两个群组而言，创业人格在环境因素影响创业自我效能的关系中的调节效应没有显著差异。

8.2.5　前置认知变量中介作用的结构方程模型多群组分析

前文已经借助结构方程模型分析的方法，检验了全样本大学毕业生的个人因素以前置认知变量为中介影响创业意向的理论模型，得出的验证模型具有良好的拟合度和解释能力。以此验证模型为基础，本节可以进一步深入探索不同学历的大学毕业生群组之间这种中介作用机制的差异。

为了利用结构方程模型的多群组分析，在不同学历的大学毕业生群组之间，比较个人因素通过前置认知变量的中介作用影响创业意向的差异，本研究检验了不同学历大学毕业生群组结构方程的基准模型，即所有路径系数都未受限制的模型，允许两个群组的变量有不同的回归系数和不同的截距。检验得到如下的拟合优度指标：χ^2=556.704（df=16，P<0.001），GFI=0.982，$AGFI$=0.918，$REMSA$=0.067，NFI=0.909，TLI=0.689，CFI=0.911。这一结果表明，不同学历大学毕业生群组的基准模型拟合良好，该模型对不同学历大学毕业生群组是可接受的。

由于基准模型拟合良好，我们可以进一步对不同学历大学毕业生群组的结构方程模型中结构路径系数的恒等性假设进行检验。为此，我们限制不同学

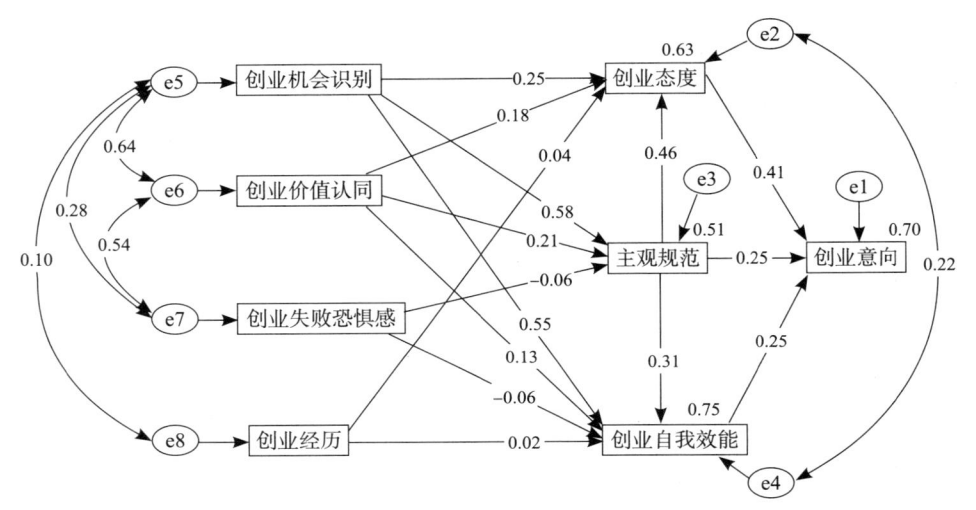

图8-5 前置认知变量在个人因素和创业意向之间中介作用的结构方程模型多群组分析
（本科研究生 =5333）

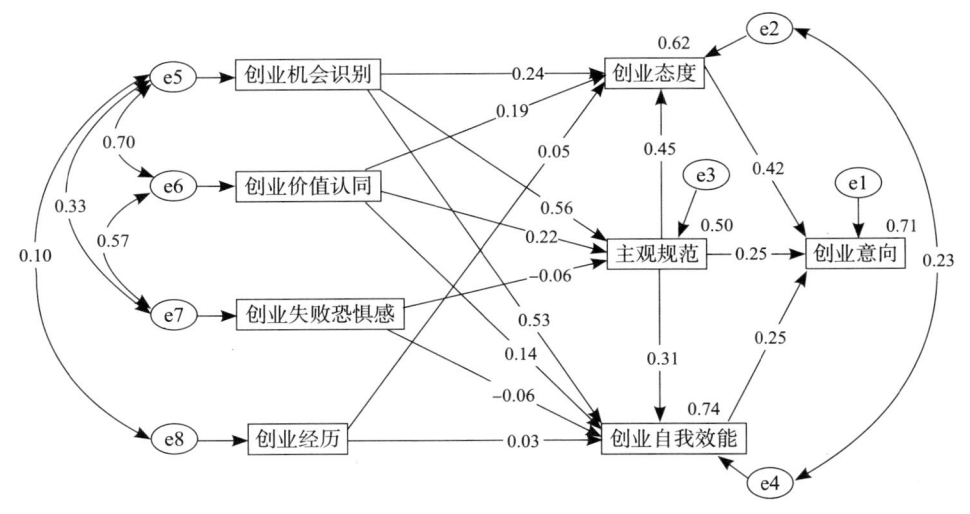

图8-6 前置认知变量在个人因素和创业意向之间中介作用的结构方程模型多群组分析
（高职高专 =2287）

历大学毕业生群组的结构方程模型中结构路径系数都相等（后面称为"平行模型"）。本研究对不同学历大学毕业生群组的平行模型进行检验，检验得到如下的拟合优度指标：χ^2=697.525（df=36，P<0.001），GFI=0.977，$AGFI$=0.954，$REMSA$=0.049，NFI=0.886，TLI=0.831，CFI=CFI=0.891。因此，该平行模型具有很好的拟合度，是可接受的。

在上述分析的基础上，本研究对不同学历大学生群组的平行模型和基准模型卡方值进行了比较。结果表明，两个模型的卡方值差异达到了显著性水平（$\Delta\chi^2$=140.820，Δdf=20，P<0.001）。因此，无法接受不同学历大学毕业生群组的结构方程模型中所有结构路径系数都相等的虚无假设，说明本科研究生和高职高专两个大学毕业生群组的结构方程模型中有关结构路径系数存在显著差异。

因此，我们需要进一步探索不同学历大学毕业生群组的结构方程模型中哪些结构路径系数存在差异。本研究分别逐次将不同学历大学毕业生群组的平行模型中15个结构路径系数限制相等，再分别和基准模型进行卡方值差异检验，并结合 CR 指标（参数间差异的临界比），对不同学历大学毕业生群组在该结构路径上的回归系数进行比较。

表8-21列出了不同学历大学毕业生创业意向的前置认知变量在个人因素和创业意向之间中介作用的路径系数差异分析结果。从中可见，从创业机会识别到创业态度（$\Delta\chi^2$=9.088，P=0.003）、从创业失败恐惧感到主观规范（$\Delta\chi^2$=4.741，P=0.029），以及从创业态度到创业意向（$\Delta\chi^2$=4.137，P=0.042）等三条路径，本科研究生和高职高专大学毕业生两个群组之间的标准化回归系数存在显著差异。其中，本科研究生学历的大学毕业生群组，在"从创业机会识别到创业态度"、"从创业失败恐惧感到主观规范"，以及在"从创业态度到创业意向"结构路径上的标准化回归系数，显著大于高职高专大学毕业生群组，CR 值分别为22.198、6.154和37.646。

表8-21 不同学历大学毕业生创业意向的前置认知变量中介作用路径系数差异分析（个人因素）

路径	结构路径		学历	结构路径	模型卡方差检验		
	从	到		标准回归系数	Δdf	$\Delta\chi^2$	P
1	创业机会识别	创业态度	本科研究生	0.251***	1	9.088	0.003
			高职高专	0.249***			

续表

路径	结构路径 从	结构路径 到	学历	标准回归系数	Δdf	Δχ²	P
2	创业机会识别	主观规范	本科研究生	0.592***	1	1.173	0.279
			高职高专	0.559***			
3	创业机会识别	创业自我效能	本科研究生	0.544***	1	0.049	0.825
			高职高专	0.540***			
4	创业价值认同	创业态度	本科研究生	0.188***	1	0.879	0.349
			高职高专	0.192***			
5	创业价值认同	主观规范	本科研究生	0.211***	1	0.576	0.448
			高职高专	0.206***			
6	创业价值认同	创业自我效能	本科研究生	0.133***	1	0.157	0.692
			高职高专	0.135***			
7	失败恐惧感	主观规范	本科研究生	−0.063***	1	4.741	0.029
			高职高专	−0.060***			
8	失败恐惧感	创业自我效能	本科研究生	−0.065***	1	0.570	0.450
			高职高专	−0.065***			
9	创业经历	创业态度	本科研究生	0.041***	1	0.136	0.712
			高职高专	0.050***			
10	创业经历	创业自我效能	本科研究生	0.025***	1	0.713	0.398
			高职高专	0.030***			
11	主观规范	创业态度	本科研究生	0.451***	1	1.105	0.293
			高职高专	0.472***			
12	主观规范	创业自我效能	本科研究生	0.305***	1	3.407	0.065
			高职高专	0.316***			
13	创业态度	创业意向	本科研究生	0.416***	1	4.137	0.042
			高职高专	0.399***			
14	主观规范	创业意向	本科研究生	0.256***	1	3.435	0.064
			高职高专	0.256***			
15	创业自我效能	创业意向	本科研究生	0.258***	1	2.379	0.123
			高职高专	0.249***			

注：***$P<0.001$。

综合分析来看，对于不同学历的大学毕业生群组，创业意向的前置认知变量在个人因素影响创业意向的关系中的中介作用存在显著差异。这种差异表现为，创业态度这个前置认知变量在创业机会识别和创业意向之间的中介作用是有差异的。此外，由于主观规范对创业态度也具有显著影响，而不同学历的大学毕业生创业失败恐惧感对主观规范的影响也存在显著差异，所以这种中介作用的差异还表现为，创业态度在创业失败恐惧感和创业意向之间的中介作用是有差异的。更确切地说，就是学历越高的大学毕业生创业态度越好，在创业机会识别、创业失败恐惧感和创业意向之间发挥的中介作用越大。

前文已经借助结构方程模型分析的方法，检验了全样本大学毕业生的环境因素以前置认知变量为中介影响创业意向的理论模型，得出的验证模型具有良好的拟合度和解释能力。以此验证模型为基础，本节可以进一步深入探索不同学历的大学毕业生群组之间这种中介作用机制的差异。

为了利用结构方程模型的多群组分析，在不同学历的大学毕业生群组之间，比较环境因素通过前置认知变量的中介作用影响创业意向的差异，本研究检验了不同学历大学毕业生群组结构方程的基准模型，即所有路径系数都未受限制的模型，允许两个群组的变量有不同的回归系数和不同的截距。检验得到如下的拟合优度指标：χ^2=116.845（df=12，P<0.001），GFI=0.996，$AGFI$=0.980，$REMSA$=0.034，NFI=0.977，TLI=0.927，CFI=0.979。这一结果表明，不同学历大学毕业生群组的基准模型拟合优良，该模型对不同学历大学毕业生群组是可接受的。

由于基准模型拟合良好，我们可以进一步对不同学历大学毕业生群组的结构方程模型中结构路径系数的恒等性假设进行检验。为此，我们限制不同学历大学毕业生群组的结构方程模型中结构路径系数都相等（后面称为"平行模型"）。本研究对不同学历大学毕业生群组的平行模型进行检验，检验得到如下的拟合优度指标：χ^2=209.247（df=27，P<0.001），GFI=0.992，$AGFI$=0.984，$REMSA$=0.030，NFI=0.959，TLI=0.943，CFI=0.964。因此，该平行模型具有很好的拟合度，该模型对不同学历的大学毕业生群组是可接受的。

在上述分析的基础上，本研究对不同学历大学生群组的平行模型和基准模型卡方值进行了比较。结果表明，两个模型的卡方值差异达到了显著性水平（$\Delta\chi^2$=92.402，Δdf=15，P<0.001）。因此，无法接受不同学历大学毕业生群组的结构方程模型中所有结构路径系数都相等的虚无假设，说明本科研究生和高职高专两

个大学毕业生群组的结构方程模型中有关结构路径系数存在显著差异。

因此，我们需要进一步探索不同学历大学毕业生群组的结构方程模型中哪些结构路径系数存在差异。本研究分别逐次将不同学历大学毕业生群组的平行模型中12个结构路径系数限制相等，再分别和基准模型进行卡方值差异检验，并结合 CR 指标（参数间差异的临界比），对不同学历大学毕业生群组在该结构路径上的回归系数进行比较。

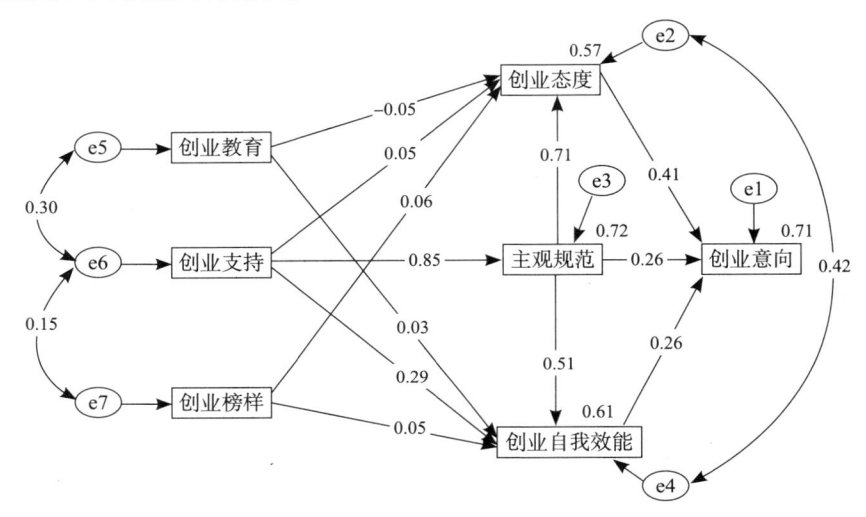

图8-7　前置认知变量在环境因素和创业意向之间中介作用的结构方程模型多群组分析
（本科研究生=5333）

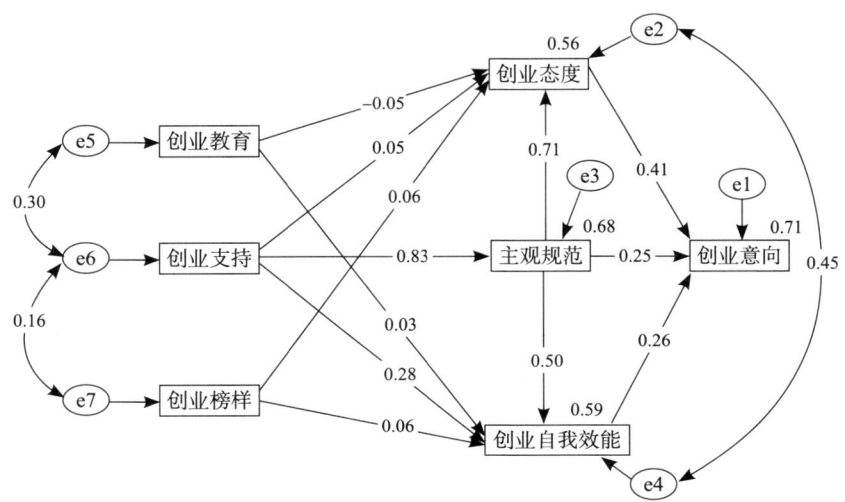

图8-8　前置认知变量在环境因素和创业意向之间中介作用的结构方程模型多群组分析
（高职高专=2287）

表 8-22 列出了不同学历大学毕业生创业意向的前置认知变量在环境因素和创业意向之间中介作用路径系数差异分析结果。从中可见，从创业支持到主观规范（$\Delta\chi^2$=13.122，$P<0.001$），以及从创业态度到创业意向（$\Delta\chi^2$=4.351，P=0.037）等两条路径，本科研究生和高职高专大学毕业生两个群组之间的标准化回归系数存在显著差异。其中，本科研究生学历的大学毕业生群组，在"创业支持到主观规范"和"从创业态度到创业意向"结构路径上的标准化回归系数，都显著大于高职高专大学毕业生群组，CR 值分别为 133.120 和 38.551。

表 8-22 不同学历大学毕业生创业意向的前置认知变量中介作用路径系数差异分析（环境因素）

路径	结构路径 从	结构路径 到	学历	结构路径 标准回归系数	模型卡方差检验 Δ df	模型卡方差检验 $\Delta\chi^2$	模型卡方差检验 P
1	创业教育	创业态度	本科研究生	−0.047***	1	3.007	0.083
			高职高专	−0.059***			
2	创业教育	创业自我效能	本科研究生	0.029***	1	0.050	0.823
			高职高专	0.037***			
3	创业支持	创业态度	本科研究生	0.043***	1	2.560	0.110
			高职高专	0.047***			
4	创业支持	主观规范	本科研究生	0.844***	1	13.122	<0.001
			高职高专	0.835***			
5	创业支持	创业自我效能	本科研究生	0.273***	1	0.974	0.324
			高职高专	0.293***			
6	创业榜样	创业态度	本科研究生	0.059***	1	0.713	0.398
			高职高专	0.067***			
7	创业榜样	创业自我效能	本科研究生	0.053***	1	0.001	0.975
			高职高专	0.060***			
8	主观规范	创业态度	本科研究生	0.705***	1	0.692	0.406
			高职高专	0.739***			
9	主观规范	创业自我效能	本科研究生	0.503***	1	2.735	0.098
			高职高专	0.523***			
10	创业态度	创业意向	本科研究生	0.415***	1	4.351	0.037
			高职高专	0.394***			

续表

路径	结构路径 从	结构路径 到	学历	结构路径 标准回归系数	模型卡方差检验 Δdf	$\Delta \chi^2$	P
11	主观规范	创业意向	本科研究生	0.254***	1	2.529	0.112
			高职高专	0.252***			
12	创业自我效能	创业意向	本科研究生	0.263***	1	3.155	0.076
			高职高专	0.251***			

注：***$P<0.001$。

综合分析来看，对于不同学历的大学毕业生群组，创业意向的前置认知变量在环境因素影响创业意向的关系中的中介作用存在显著差异。由于主观规范对创业态度也具有显著影响，所以这种差异主要表现为，创业态度这个前置认知变量在创业支持和创业意向之间的中介作用是有差异的。更确切地说，就是学历越高的大学毕业生创业态度，在创业支持和创业意向之间所发挥的中介作用越大。

8.3 大学毕业生创业意向形成机制的专业比较

8.3.1 创业意向和创业行为之间关系的分层线性模型分析

表8-23显示了不同专业类别的大学毕业生创业意向对创业行为的影响差异检验结果。从表中可见，在大学毕业生创业意向对创业行为的回归方程模型中，自变量创业意向的回归系数，在文理农医类专业和经管工程类专业两个大学毕业生群组之间存在显著差异，两个方程中创业意向回归系数卡方的 P 值为 0.021。通过创业意向回归系数的差值 $\beta_{文理农医类} - \beta_{经管工程类}$ 可见，经管工程类专业大学毕业生的创业意向对创业行为的影响作用，要大于文理农医类大学毕业生群组。

表8-23　不同专业的大学毕业生创业意向对创业行为的影响差异检验结果

变量	$\beta_{文理农医类} - \beta_{经管工程类}$	χ^2	P
创业意向	−0.046	5.32	0.021
性别	0.021	0.30	0.581

续表

变量	$\beta_{\text{文理农医类}} - \beta_{\text{经管工程类}}$	χ^2	P
学历	−0.100	2.78	0.096
高校类型	0.031	0.32	0.572
常数项	0.165	9.54	0.002

8.3.2 前置认知变量对创业意向的影响及离职倾向调节效应的分层线性模型分析

表8-24显示了不同专业类别大学毕业生的三个前置认知变量对创业意向的影响差异检验结果。可见，对于文理农医类专业和经管工程类专业两个群组的大学毕业生而言，创业态度和创业自我效能这两个前置认知变量，对创业意向的影响都存在显著差异，创业态度和创业自我效能的回归系数卡方的 P 值分别为0.025和0.005。

表8-24 不同专业的大学毕业生前置认知变量对创业意向的影响差异检验结果

变量	$\beta_{\text{文理农医类}} - \beta_{\text{经管工程类}}$	χ^2	P
创业态度	0.068	5.01	0.025
主观规范	0.028	0.78	0.378
创业自我效能	−0.086	7.76	0.005
性别	−0.005	0.03	0.856
学历	0.035	0.74	0.390
高校类型	−0.051	1.92	0.166
常数项	−0.010	0.06	0.812

结合创业态度回归系数的差值 $\beta_{\text{文理农医类}} - \beta_{\text{经管工程类}}$ 可知，文理农医类专业大学毕业生的创业态度对创业意向的影响作用，显著大于经管工程类专业大学毕业生群组。相反，经管工程类专业大学毕业生的创业自我效能对创业意向的影响作用，显著大于文理农医类专业大学毕业生群组。这反映出，大学毕业生创业意向前置认知变量对不同专业的大学毕业生创业意向的影响是不同的。相比较之下，文理农医类专业大学毕业生的创业意向受到创业态度的影响，比经管工程类大学毕业生相对更大，而经管工程类专业大学毕业生的创业意向受到创业自我效能的影响，则比文理农医类大学毕业生群组更大。

表 8-25 显示了不同专业的大学毕业生离职倾向对前置认知变量影响创业意向的调节效应差异检验结果。

表 8-25 不同专业的大学毕业生离职倾向对前置认知变量影响创业意向的调节效应差异检验

变量	$\beta_{文理农医类} - \beta_{经管工程类}$	χ^2	P
创业态度	0.067	4.97	0.026
主观规范	0.027	0.75	0.386
创业自我效能	−0.084	7.65	0.006
离职倾向	0.009	0.13	0.721
创业态度 * 离职倾向	0.084	2.30	0.129
主观规范 * 离职倾向	−0.018	0.09	0.765
创业自我效能 * 离职倾向	−0.040	0.49	0.483
性别	−0.007	0.07	0.791
学历	0.022	0.28	0.594
高校类型	−0.046	1.59	0.208
常数项	−0.037	0.25	0.617

从表中可见，对于文理农医类专业和经管工程类专业两个群组的大学毕业生而言，毕业生的离职倾向对创业态度、主观规范和创业自我效能影响创业意向的调节效应，都不存在显著差异。

8.3.3 个人因素对创业意向前置认知变量的影响及创业人格调节效应的分层线性模型分析

表 8-26 显示了不同专业类别的大学毕业生个人因素对创业态度的影响及创业人格的调节效应差异检验结果。

表 8-26 不同专业的大学毕业生个人因素对创业态度的影响及创业人格的调节效应差异检验

变量	$\beta_{文理农医类} - \beta_{经管工程类}$	χ^2	P
创业机会识别	−0.002	0.00	0.957
创业价值认同	0.020	0.31	0.581
创业失败恐惧感	0.018	0.62	0.430
创业经历	0.038	0.91	0.340
创业人格	0.019	0.22	0.636

续表

变量	$\beta_{\text{文理农医类}} - \beta_{\text{经管工程类}}$	χ^2	P
创业机会识别 * 创业人格	−0.003	0.00	0.958
创业价值认同 * 创业人格	−0.026	0.16	0.691
创业失败恐惧感 * 创业人格	0.017	0.20	0.654
创业经历 * 创业人格	−0.098	1.53	0.216
性别	−0.028	0.69	0.406
学历	0.057	1.41	0.234
高校类型	−0.059	1.80	0.179
常数项	−0.162	1.26	0.262

从文理农医类专业和经管工程类专业大学毕业生群组的两个回归方程中自变量回归系数的卡方 P 值来看，不同专业类别大学毕业生的创业机会识别、创业价值认同、创业失败恐惧感、创业经历和创业人格对创业态度的影响都没有显著差异。

另外，从创业人格和四个个人因素的交互项回归系数卡方的 P 值来看，对于文理农医类专业和经管工程类专业大学毕业生两个群组而言，创业人格在个人因素影响创业态度的关系中的调节效应也没有显著差异。

表 8-27 显示了不同专业类别的大学毕业生个人因素对主观规范的影响及创业人格的调节效应差异检验结果。

表 8-27 不同专业的大学毕业生个人因素对主观规范的影响及创业人格的调节效应差异检验

变量	$\beta_{\text{文理农医类}} - \beta_{\text{经管工程类}}$	χ^2	P
创业机会识别	0.020	0.50	0.480
创业价值认同	−0.043	1.66	0.198
创业失败恐惧感	0.002	0.00	0.944
创业经历	0.075	3.55	0.059
创业人格	−0.009	0.06	0.810
创业机会识别 * 创业人格	−0.008	0.03	0.868
创业价值认同 * 创业人格	0.041	0.46	0.496
创业失败恐惧感 * 创业人格	−0.004	0.01	0.915
创业经历 * 创业人格	−0.094	1.25	0.264
性别	0.020	0.41	0.520

续表

变量	$\beta_{\text{文理农医类}} - \beta_{\text{经管工程类}}$	χ^2	P
学历	0.026	0.31	0.579
高校类型	−0.093	4.74	0.029
常数项	0.120	0.73	0.394

从文理农医类专业和经管工程类专业大学毕业生群组的两个回归方程中自变量回归系数的卡方 P 值来看，只有创业经历对主观规范的影响存在显著差异（$P=0.059$，在 90% 的置信区间是显著的）。而且，从创业经历的回归系数 $\beta_{\text{文理农医类}} - \beta_{\text{经管工程类}}$ 的差值来看，文理农医类专业大学毕业生的创业经历对主观规范的影响作用，显著大于经管工程类专业大学毕业生群组。

另外，从创业人格和四个个人因素的交互项回归系数卡方的 P 值来看，对于文理农医类专业和经管工程类专业大学毕业生两个群组而言，创业人格在个人因素影响主观规范的关系中的调节效应没有显著差异。

表 8-28 显示了不同专业类别的大学毕业生个人因素对创业自我效能的影响及创业人格的调节效应差异检验结果。

表 8-28　不同专业大学毕业生个人因素对创业自我效能的影响及创业人格调节效应差异检验

变量	$\beta_{\text{文理农医类}} - \beta_{\text{经管工程类}}$	χ^2	P
创业机会识别	−0.007	0.09	0.770
创业价值认同	0.002	0.01	0.940
创业失败恐惧感	0.014	0.58	0.447
创业经历	0.006	0.04	0.845
创业人格	0.001	0.00	0.962
创业机会识别 * 创业人格	−0.101	5.35	0.021
创业价值认同 * 创业人格	0.113	5.02	0.025
创业失败恐惧感 * 创业人格	−0.024	0.63	0.429
创业经历 * 创业人格	−0.055	0.70	0.404
性别	0.006	0.05	0.816
学历	0.025	0.42	0.519
高校类型	−0.027	0.58	0.448
常数项	−0.012	0.01	0.916

从文理农医类专业和经管工程类专业大学毕业生群组的两个回归方程中自变量回归系数的卡方 P 值来看,不同专业类别大学毕业生的创业机会识别、创业价值认同、创业失败恐惧感、创业经历和创业人格对创业自我效能的影响都没有显著差异。

然而,从创业人格和四个个人因素的交互项回归系数卡方的 P 值来看,对于文理农医类专业和经管工程类专业大学毕业生两个群组而言,创业人格在创业机会识别、创业价值认同影响创业自我效能的关系中的调节效应存在显著差异,P 值分别为 0.021 和 0.025。但是,从回归系数 $\beta_{\text{文理农医类}} - \beta_{\text{经管工程类}}$ 的差值来看,经管工程类专业大学毕业生的创业机会识别对创业自我效能的影响关系中创业人格的调节效应,显著大于文理农医类大学毕业生。相反,文理农医类专业大学毕业生的创业价值认同对创业自我效能的影响关系中创业人格的调节效应,显著大于经管工程类大学毕业生。

8.3.4 环境因素对创业意向前置认知变量的影响及创业人格调节效应的分层线性模型分析

表 8-29 显示了不同专业类别的大学毕业生环境因素对创业态度的影响及创业人格的调节效应差异检验结果。

表 8-29 不同专业的大学毕业生环境因素对创业态度的影响及创业人格的调节效应差异检验

变量	$\beta_{\text{文理农医类}} - \beta_{\text{经管工程类}}$	χ^2	P
创业教育	0.037	2.51	0.113
创业支持	0.035	1.93	0.164
创业榜样	0.003	0.01	0.940
经济环境	−0.031	0.60	0.438
创业人格	−0.013	0.03	0.872
创业教育 * 创业人格	0.014	0.12	0.731
创业支持 * 创业人格	−0.046	1.53	0.217
创业榜样 * 创业人格	0.028	0.15	0.703
经济环境 * 创业人格	−0.011	0.02	0.888
性别	−0.021	0.32	0.572
学历	0.004	0.01	0.936

续表

变量	$\beta_{\text{文理农医类}} - \beta_{\text{经管工程类}}$	χ^2	P
高校类型	0.006	0.02	0.897
常数项	−0.130	0.19	0.666

从文理农医类专业和经管工程类专业大学毕业生群组的两个回归方程中自变量回归系数的卡方 P 值来看，不同专业类别大学毕业生的创业教育、创业支持、创业榜样和经济环境等四个环境因素对创业态度的影响都没有显著差异。

另外，从创业人格和四个环境因素的交互项回归系数卡方的 P 值来看，对于文理农医类专业和经管工程类专业大学毕业生两个群组而言，创业人格在环境因素影响创业态度的关系中的调节效应也没有显著差异。

表8-30显示了不同专业类别的大学毕业生环境因素对主观规范的影响及创业人格的调节效应差异检验结果。

表8-30　不同专业的大学毕业生环境因素对主观规范的影响及创业人格的调节效应差异检验

变量	$\beta_{\text{文理农医类}} - \beta_{\text{经管工程类}}$	χ^2	P
创业教育	0.027	3.12	0.077
创业支持	0.037	5.13	0.024
创业榜样	0.009	0.17	0.682
经济环境	−0.002	0.00	0.949
创业人格	−0.006	0.01	0.906
创业教育 * 创业人格	−0.006	0.04	0.834
创业支持 * 创业人格	−0.019	0.62	0.432
创业榜样 * 创业人格	−0.068	2.49	0.114
经济环境 * 创业人格	−0.000	0.00	1.000
性别	0.010	0.17	0.683
学历	0.007	0.04	0.843
高校类型	−0.035	1.08	0.300
常数项	−0.169	0.81	0.368

从文理农医类专业和经管工程类专业大学毕业生群组的两个回归方程中自变量回归系数的卡方 P 值来看，只有创业教育、创业支持对主观规范的影响存在显著差异。而且，从回归系数 $\beta_{\text{文理农医类}} - \beta_{\text{经管工程类}}$ 的差值来看，文理农医类专

业大学毕业生所受的创业教育对主观规范的影响作用，显著大于经管工程类专业大学毕业生群组。同样地，文理农医类专业大学毕业生获得的创业支持对主观规范的影响作用，也显著大于经管工程类专业大学毕业生群组。可见，文理农医类专业大学毕业生感知的创业主观规范受到创业教育、创业支持等环境因素的影响，相比于经管工程类专业大学毕业生群组要大。

另外，从创业人格和四个环境因素的交互项回归系数卡方的 P 值来看，对于文理农医类专业和经管工程类专业大学毕业生两个群组而言，创业人格在环境因素影响主观规范的关系中的调节效应没有显著差异。

表 8-31 显示了不同专业类别的大学毕业生环境因素对创业自我效能的影响及创业人格的调节效应差异检验结果。

表 8-31 不同专业大学毕业生环境因素对创业自我效能的影响及创业人格调节效应差异检验

变量	$\beta_{\text{文理农医类}} - \beta_{\text{经管工程类}}$	χ^2	P
创业教育	−0.000	0.00	0.981
创业支持	0.060	8.32	0.004
创业榜样	0.022	0.51	0.476
经济环境	−0.041	1.45	0.228
创业人格	0.010	0.02	0.893
创业教育 * 创业人格	0.005	0.03	0.873
创业支持 * 创业人格	−0.063	3.41	0.065
创业榜样 * 创业人格	0.062	1.00	0.317
经济环境 * 创业人格	−0.109	2.45	0.118
性别	−0.016	0.25	0.615
学历	−0.027	0.32	0.572
高校类型	0.035	0.64	0.425
常数项	−0.162	0.40	0.528

从文理农医类专业和经管工程类专业大学毕业生群组的两个回归方程中自变量回归系数的卡方 P 值来看，只有创业支持对创业自我效能的影响存在显著差异。而且，从创业支持的回归系数 $\beta_{\text{文理农医类}} - \beta_{\text{经管工程类}}$ 的差值来看，文理农医类专业大学毕业生获得的创业支持对创业自我效能的影响作用，显著大于经管工程类专业大学毕业生群组。

另外，从创业人格和四个环境因素的交互项回归系数卡方的 P 值来看，对于文理农医类专业和经管工程类专业大学毕业生两个群组而言，创业人格在创业支持影响创业自我效能的关系中的调节效应存在显著差异。从交互项回归系数 $\beta_{\text{文理农医类}}-\beta_{\text{经管工程类}}$ 的差值来看，经管工程类专业大学毕业生获得的创业支持对创业自我效能的影响关系中创业人格的调节效应，显著大于文理农医类专业大学毕业生群组。

8.3.5 前置认知变量中介作用的结构方程模型多群组分析

前文已经借助结构方程模型分析的方法，检验了全样本大学毕业生的个人因素以前置认知变量为中介影响创业意向的理论模型，得出的验证模型具有良好的拟合度和解释能力。以此验证模型为基础，本节可以进一步深入探索不同专业的大学毕业生群组之间这种中介作用机制的差异。

为了利用结构方程模型的多群组分析，在不同专业的大学毕业生群组之间，比较个人因素通过前置认知变量的中介作用影响创业意向的差异，本研究检验了不同专业大学毕业生群组结构方程的基准模型，即所有路径系数都未受限制的模型，允许两个群组的变量有不同的回归系数和不同的截距。检验得到如下的拟合优度指标：χ^2=573.433（df=16，P<0.001），GFI=0.981，AGFI=0.915，REMSA=0.068，NFI=0.908，TLI=0.683，CFI=0.909。这一结果表明，不同专业大学毕业生群组的基准模型拟合良好，该模型对不同专业大学毕业生群组是可接受的。

由于基准模型拟合良好，我们可以进一步对不同专业大学毕业生群组的结构方程模型中结构路径系数的恒等性假设进行检验。为此，我们限制不同专业大学毕业生群组的结构方程模型中结构路径系数都相等（后面称为"平行模型"）。本研究对不同专业大学毕业生群组的平行模型进行检验，检验得到如下的拟合优度指标：χ^2=611.681（df=36，P<0.001），GFI=0.980，AGFI=0.960，REMSA=0.046，NFI=0.901，TLI=0.854，CFI=0.906。因此，该平行模型具有很好的拟合度，是可接受的。

在上述分析的基础上，本研究对不同专业大学生群组的平行模型和基准模型卡方值进行了比较。结果表明，两个模型的卡方值差异达到了显著性水平（$\Delta\chi^2$=38.247，Δdf=20，P=0.008）。因此，无法接受不同专业大学毕业生群组的结构方程模型中所有结构路径系数都相等的虚无假设，说明本科研究生和高职高专两个大学毕业生群组的结构方程模型中有关结构路径系数存在显著差异。

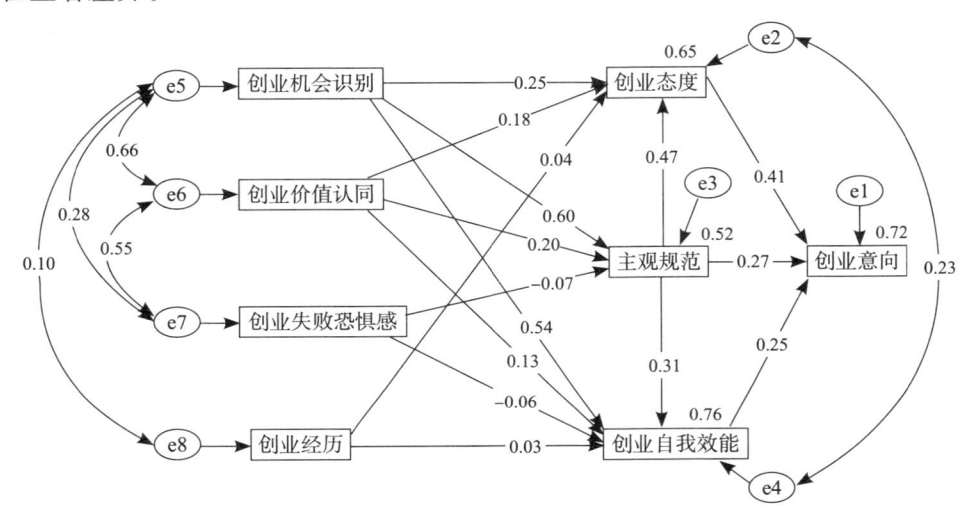

图 8-9　前置认知变量在个人因素和创业意向之间中介作用的结构方程模型多群组分析
（文理农医类=2873）

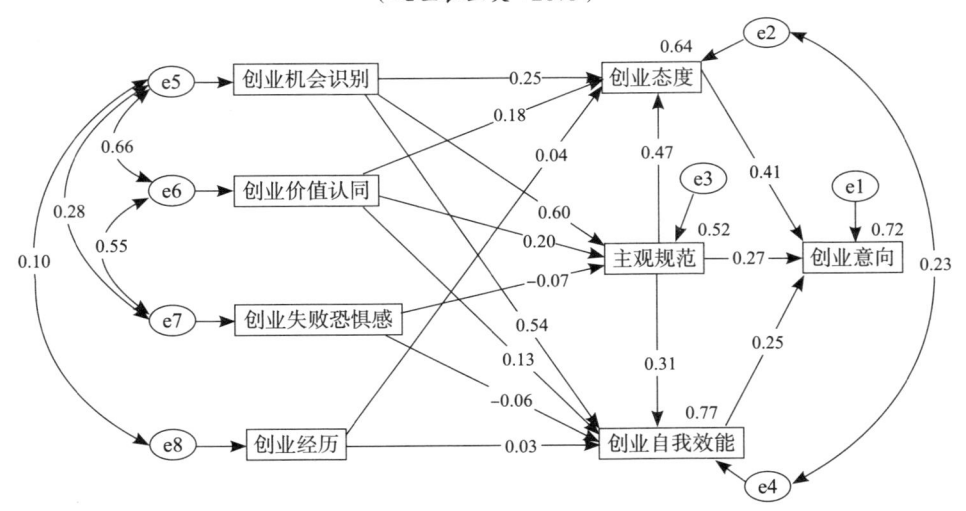

图 8-10　前置认知变量在个人因素和创业意向之间中介作用的结构方程模型多群组分析
（经管工程类=4747）

因此，我们需要进一步探索不同专业大学毕业生群组的结构方程模型中哪些结构路径系数存在差异。本研究分别逐次将不同专业大学毕业生群组的平行模型中 15 个结构路径系数限制相等，再分别和基准模型进行卡方值差异检验，并结合 CR 指标（参数间差异的临界比），对不同专业大学毕业生群组在该结构路径上的回归系数进行比较。

表 8-32 列出了不同专业类别的大学毕业生创业意向的前置认知变量在个人因素和创业意向之间中介作用的路径系数差异分析结果。从中可见，从创业价值认同到创业态度（$\Delta\chi^2$=5.618，P=0.018）、从创业态度到创业意向（$\Delta\chi^2$=8.665，P=0.003），以及从创业自我效能到创业意向（$\Delta\chi^2$=11.563，P=0.001）等三条路径，文理农医类和经管工程类专业两个群组之间的标准化回归系数存在显著差异。其中，经管工程类专业大学毕业生，在"从创业价值认同到创业态度"和"从创业自我效能到创业意向"结构路径上的标准化回归系数，都显著大于文理农医类专业大学毕业生群组，CR 值分别为 18.955 和 21.633。相反，文理农医类专业大学毕业生，在"从创业态度到创业意向"结构路径上的标准化回归系数，显著大于经管工程类专业大学毕业生群组，CR 值为 37.462。

表 8-32　不同专业大学毕业生创业意向的前置认知变量中介作用路径系数差异分析（个人因素）

路径	结构路径 从	结构路径 到	专业类别	结构路径 标准回归系数	模型卡方差检验 Δdf	$\Delta\chi^2$	P
1	创业机会识别	创业态度	文理农医类	0.253***	1	0.364	0.546
			经管工程类	0.252***			
2	创业机会识别	主观规范	文理农医类	0.605***	1	0.029	0.864
			经管工程类	0.592***			
3	创业机会识别	创业自我效能	文理农医类	0.543***	1	1.268	0.260
			经管工程类	0.544***			
4	创业价值认同	创业态度	文理农医类	0.181***	1	5.618	0.018
			经管工程类	0.183***			
5	创业价值认同	主观规范	文理农医类	0.203***	1	3.831	0.050
			经管工程类	0.203***			
6	创业价值认同	创业自我效能	文理农医类	0.130***	1	0.062	0.804
			经管工程类	0.132***			
7	失败恐惧感	主观规范	文理农医类	-0.068***	1	0.469	0.494
			经管工程类	-0.067***			
8	失败恐惧感	创业自我效能	文理农医类	-0.065**	1	1.007	0.316
			经管工程类	-0.065***			

续表

路径	结构路径 从	结构路径 到	专业类别	结构路径 标准回归系数	模型卡方差检验 Δdf	模型卡方差检验 $\Delta \chi^2$	模型卡方差检验 P
9	创业经历	创业态度	文理农医类	0.042***	1	0.097	0.756
			经管工程类	0.041***			
10	创业经历	创业自我效能	文理农医类	0.025***	1	0.541	0.462
			经管工程类	0.025***			
11	主观规范	创业态度	文理农医类	0.463***	1	0.010	0.919
			经管工程类	0.470***			
12	主观规范	创业自我效能	文理农医类	0.308***	1	0.955	0.328
			经管工程类	0.313***			
13	创业态度	创业意向	文理农医类	0.412***	1	8.665	0.003
			经管工程类	0.408***			
14	主观规范	创业意向	文理农医类	0.263***	1	0.297	0.586
			经管工程类	0.267***			
15	创业自我效能	创业意向	文理农医类	0.248***	1	11.563	0.001
			经管工程类	0.249***			

注：***$P<0.001$。

综合分析来看，对于不同专业类别的大学毕业生群组，创业意向的前置认知变量在个人因素影响创业意向的关系中的中介作用存在显著差异。这种差异主要表现为，创业态度这个前置认知变量在创业价值认同和创业意向之间的中介作用是有差异的。虽然"从创业自我效能到创业意向"的路径系数，在不同专业类别的大学毕业生群组之间也存在显著差异，但是从四个个人因素到创业自我效能的路径系数却都没有显著差异，所以不能认为创业自我效能的中介作用存在差异。

前文已经借助结构方程模型分析的方法，检验了全样本大学毕业生的环境因素以前置认知变量为中介影响创业意向的理论模型，得出的验证模型具有良好的拟合度和解释能力。以此验证模型为基础，本节可以进一步深入探索不同专业的大学毕业生群组之间这种中介作用机制的差异。

为了利用结构方程模型的多群组分析，在不同专业的大学毕业生群组之间，比较环境因素通过前置认知变量的中介作用影响创业意向的差异，本研究检验了不同专业大学毕业生群组结构方程的基准模型，即所有路径系数都未受限制的模型，允许两个群组的变量有不同的回归系数和不同的截距。检验得到如下的拟合优度指标：χ^2=109.332（df=12，P<0.001），GFI=0.996，$AGFI$=0.981，$REMSA$=0.033，NFI=0.979，TLI=0.933，CFI=CFI=0.981。这一结果表明，不同专业大学毕业生群组的基准模型拟合优良，该模型对不同专业大学毕业生群组是可接受的。

由于基准模型拟合良好，我们可以进一步对不同专业大学毕业生群组的结构方程模型中结构路径系数的恒等性假设进行检验。为此，我们限制不同专业大学毕业生群组的结构方程模型中结构路径系数都相等（后面称为"平行模型"）。本研究对不同专业大学毕业生群组的平行模型进行检验，检验得到如下的拟合优度指标：χ^2=150.905（df=27，P<0.001），GFI=0.994，$AGFI$=0.988，$REMSA$=0.025，NFI=0.970，TLI=0.962，CFI=0.975。因此，该平行模型具有很好的拟合度，该模型对不同专业的大学毕业生群组是可接受的。

在上述分析的基础上，本研究对不同专业大学生群组的平行模型和基准模型卡方值进行了比较。结果表明，两个模型的卡方值差异达到了显著性水平（$\Delta\chi^2$=41.572，Δdf=15，P<0.001）。因此，无法接受不同专业大学毕业生群组的结构方程模型中所有结构路径系数都相等的虚无假设，说明文理农医类专业和经管工程类专业两个大学毕业生群组的结构方程模型中有关结构路径系数存在显著差异。

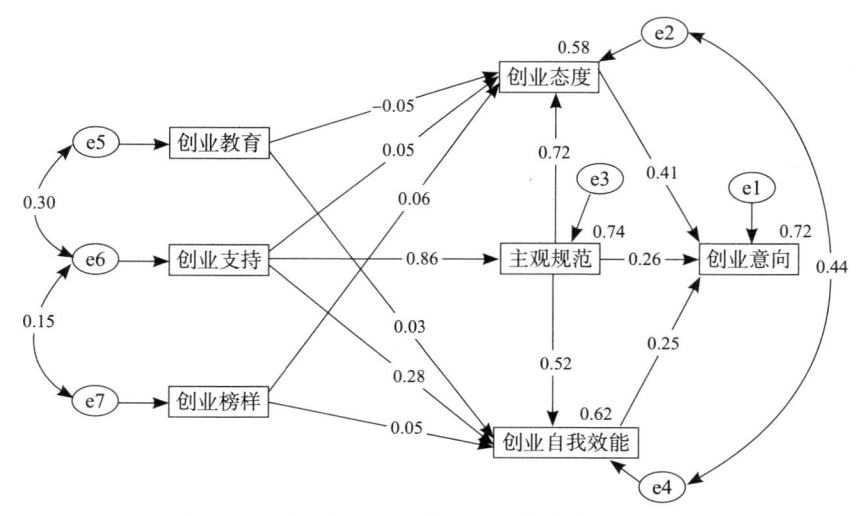

图 8-11 前置认知变量在环境因素和创业意向之间中介作用的结构方程模型多群组分析
（文理农医类 =2873）

8 大学毕业生创业意向形成机制的群组比较

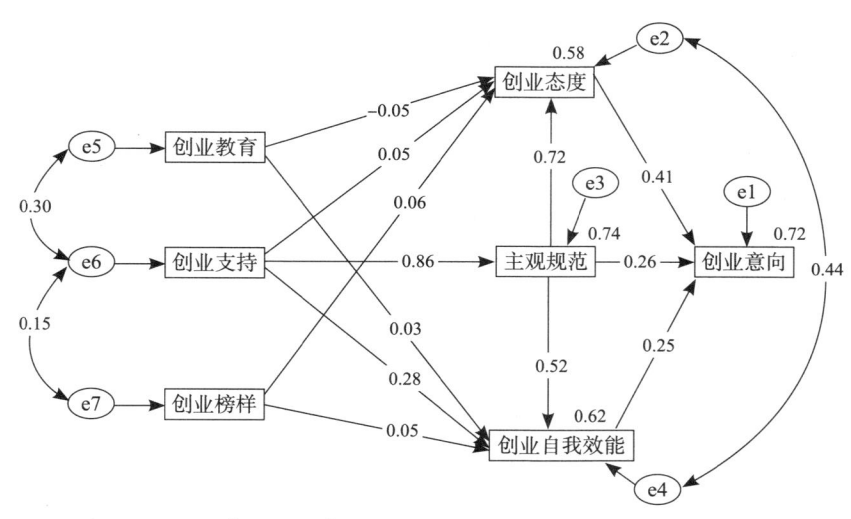

图 8-12 前置认知变量在环境因素和创业意向之间中介作用的结构方程模型多群组分析
（经管工程类 =4747）

因此，我们需要进一步探索不同专业大学毕业生群组的结构方程模型中哪些结构路径系数存在差异。本研究分别逐次将不同专业大学毕业生群组的平行模型中12个结构路径系数限制相等，再分别和基准模型进行卡方值差异检验，并结合 CR 指标（参数间差异的临界比），对不同专业大学毕业生群组在该结构路径上的回归系数进行比较。

表 8-33列出了不同专业类别的大学毕业生创业意向的前置认知变量在环境因素和创业意向之间中介作用的路径系数差异分析结果。从中可见，从创业支持到创业自我效能（$\Delta\chi^2$=10.141，P=0.001）、从主观规范到创业自我效能（$\Delta\chi^2$=6.725，P=0.010）、从创业态度到创业意向（$\Delta\chi^2$=8.233，P=0.004），以及从创业自我效能到创业意向（$\Delta\chi^2$=12.259，P<0.001）等四条路径，文理农医类和经管工程类专业两个群组之间的标准化回归系数存在显著差异。其中，经管工程类专业大学毕业生，在"从创业支持到创业自我效能""从主观规范到创业自我效能"和"从创业自我效能到创业意向"结构路径上的标准化回归系数，都显著大于文理农医类专业大学毕业生群组，CR 值分别为20.305、38.381和23.316。相反，文理农医类专业大学毕业生，在"从创业态度到创业意向"结构路径上的标准化回归系数，显著大于经管工程类专业大学毕业生群组，CR 值为38.549。

表8-33 不同专业大学毕业生创业意向的前置认知变量中介作用路径系数差异分析（环境因素）

路径	结构路径 从	结构路径 到	专业类别	结构路径 标准回归系数	Δdf	$\Delta\chi^2$	P
1	创业教育	创业态度	文理农医类	-0.051***	1	1.534	0.216
			经管工程类	-0.053***			
2	创业教育	创业自我效能	文理农医类	0.028***	1	0.873	0.350
			经管工程类	0.029***			
3	创业支持	创业态度	文理农医类	0.045***	1	0.031	0.860
			经管工程类	0.046***			
4	创业支持	主观规范	文理农医类	0.855***	1	2.998	0.083
			经管工程类	0.842***			
5	创业支持	创业自我效能	文理农医类	0.278***	1	10.141	0.001
			经管工程类	0.281***			
6	创业榜样	创业态度	文理农医类	0.057***	1	0.039	0.844
			经管工程类	0.059***			
7	创业榜样	创业自我效能	文理农医类	0.052***	1	0.117	0.732
			经管工程类	0.054***			
8	主观规范	创业态度	文理农医类	0.722***	1	0.134	0.714
			经管工程类	0.731***			
9	主观规范	创业自我效能	文理农医类	0.511***	1	6.725	0.010
			经管工程类	0.523***			
10	创业态度	创业意向	文理农医类	0.411***	1	8.233	0.004
			经管工程类	0.407***			
11	主观规范	创业意向	文理农医类	0.261***	1	0.594	0.441
			经管工程类	0.264***			
12	创业自我效能	创业意向	文理农医类	0.251***	1	12.259	<0.001
			经管工程类	0.253***			

注：***$P<0.001$。

综合分析来看，对于不同专业类别的大学毕业生群组，创业意向的前置认知变量在环境因素影响创业意向的关系中的中介作用存在显著差异。这种差异主要表现为，创业自我效能这个前置认知变量在创业支持和创业意向之间的中介作用是有差异的。虽然"从创业态度到创业意向"的路径系数，在不同专业类别的大学毕业生群组之间也存在显著差异，但是从四个环境因素到创业态度的路径系数却都没有显著差异，所以不能认为创业态度的中介作用存在差异。

8.4 大学毕业生创业意向形成机制的校际比较

8.4.1 创业意向和创业行为之间关系的分层线性模型分析

表8-34显示了不同类型高校的大学毕业生创业意向对创业行为的影响差异检验结果。从表中可见，在大学毕业生创业意向对创业行为的回归方程模型中，自变量创业意向的回归系数，在公办本科高校、民办和高职院校两个大学毕业生群组之间没有显著差异。这表明，大学毕业生的创业意向对创业行为的预测作用，不会因高校类型不同而发生根本的变化。

表8-34 不同高校的大学毕业生创业意向对创业行为的影响差异检验

变量	$\beta_{公办本科高校} - \beta_{民办和高职院校}$	χ^2	P
创业意向	−0.022	1.22	0.269
性别	−0.012	0.11	0.740
学历	0.071	0.69	0.406
专业类别	−0.044	1.20	0.274
常数项	−0.028	0.20	0.653

8.4.2 前置认知变量对创业意向的影响及离职倾向调节效应的分层线性模型分析

表8-35显示了不同类型高校大学毕业生的三个前置认知变量对创业意向的影响差异检验结果。可见，对于公办本科高校、民办和高职院校两个群组的大学毕业生而言，创业态度、主观规范和创业自我效能这三个前置认知变量，对创业意向的影响都在90%的置信区间水平上存在显著差异。

表8-35 不同高校的大学毕业生前置认知变量对创业意向的影响差异检验

变量	$\beta_{公办本科高校} - \beta_{民办和高职院校}$	χ^2	P
创业态度	−0.052	2.99	0.084

续表

变量	$\beta_{公办本科高校} - \beta_{民办和高职院校}$	χ^2	P
主观规范	0.054	3.03	0.082
创业自我效能	−0.059	3.69	0.055
性别	0.015	0.30	0.583
学历	0.106	2.68	0.102
专业类别	−0.029	1.03	0.310
常数项	0.149	10.01	0.002

结合三个变量回归系数的差值 $\beta_{文理农医类} - \beta_{经管工程类}$ 可知，公办本科高校大学毕业生的主观规范对创业意向的影响作用，显著大于民办和高职院校大学毕业生群组。相反，民办和高职院校大学毕业生的创业态度、创业自我效能对创业意向的影响作用，显著大于公办本科高校大学毕业生群组。这反映出，大学毕业生创业意向前置认知变量对不同类型高校的大学毕业生创业意向的影响是不同的。相比较之下，公办本科高校大学毕业生的创业意向受到主观规范的影响，比民办和高职院校大学毕业生相对更大，而民办和高职院校大学毕业生的创业意向受到创业态度、创业自我效能的影响，则比公办本科高校大学毕业生群组更大。

表8-36显示了不同类型高校的大学毕业生离职倾向对前置认知变量影响创业意向的调节效应差异检验结果。

表8-36　不同高校的大学毕业生离职倾向对前置认知变量影响创业意向的调节效应差异检验

变量	$\beta_{公办本科高校} - \beta_{民办和高职院校}$	χ^2	P
创业态度	−0.049	2.62	0.106
主观规范	0.046	2.18	0.140
创业自我效能	−0.052	2.88	0.090
离职倾向	0.007	0.09	0.770
创业态度*离职倾向	−0.026	0.22	0.639
主观规范*离职倾向	−0.029	0.25	0.620
创业自我效能*离职倾向	0.094	2.87	0.090
性别	0.016	0.34	0.561
学历	0.092	2.05	0.152

续表

变量	$\beta_{公办本科高校} - \beta_{民办和高职院校}$	χ^2	P
专业类别	−0.030	1.17	0.279
常数项	0.129	2.65	0.104

从表中可见，对于公办本科高校、民办和高职院校两个群组的大学毕业生而言，毕业生的离职倾向对创业自我效能影响创业意向的调节效应，在90%的置信区间水平上存在显著差异。而且，离职倾向的这种正向调节作用，在公办本科高校的大学毕业生群组中要大于民办和高职院校大学毕业生。

8.4.3 个人因素对创业意向前置认知变量的影响及创业人格调节效应的分层线性模型分析

表8-37显示了不同类型高校的大学毕业生个人因素对创业态度的影响及创业人格的调节效应差异检验结果。

表8-37 不同高校的大学毕业生个人因素对创业态度的影响及创业人格的调节效应差异检验

变量	$\beta_{公办本科高校} - \beta_{民办和高职院校}$	χ^2	P
创业机会识别	0.064	3.91	0.048
创业价值认同	0.024	0.44	0.509
创业失败恐惧感	−0.038	2.71	0.100
创业经历	0.003	0.01	0.930
创业人格	−0.095	5.84	0.016
创业机会识别 * 创业人格	0.021	0.14	0.710
创业价值认同 * 创业人格	−0.043	0.44	0.509
创业失败恐惧感 * 创业人格	0.010	0.07	0.788
创业经历 * 创业人格	−0.010	0.02	0.889
性别	−0.029	0.86	0.355
学历	0.143	4.57	0.033
专业类别	−0.010	0.10	0.757
常数项	0.185	1.71	0.191

从公办本科高校、民办和高职院校大学毕业生群组的两个回归方程中自变量回归系数的卡方 P 值来看，不同类型高校大学毕业生的创业机会识别和创

业人格对创业态度的影响存在显著差异。通过分析 $\beta_{公办本科高校} - \beta_{民办和高职院校}$ 的差值发现，公办本科高校大学毕业生的创业机会识别能力对创业态度的影响作用，要比民办和高职院校的大学毕业生更大。相反，民办和高职院校大学毕业生的创业人格特质对创业态度的影响作用，要大于公办本科高校的大学毕业生群组。

另外，从创业人格和四个个人因素的交互项回归系数卡方的 P 值来看，对于公办本科高校、民办和高职院校两个大学毕业生群组而言，创业人格在个人因素影响创业态度的关系中的调节效应没有显著差异。

表8-38显示了不同类型高校的大学毕业生个人因素对主观规范的影响及创业人格的调节效应差异检验结果。

表8-38 不同高校的大学毕业生个人因素对主观规范的影响及创业人格的调节效应差异检验

变量	$\beta_{公办本科高校} - \beta_{民办和高职院校}$	χ^2	P
创业机会识别	0.039	1.98	0.160
创业价值认同	0.037	1.23	0.268
创业失败恐惧感	−0.076	10.61	0.001
创业经历	0.017	0.21	0.648
创业人格	−0.097	6.71	0.010
创业机会识别 * 创业人格	−0.060	1.61	0.205
创业价值认同 * 创业人格	0.069	1.46	0.227
创业失败恐惧感 * 创业人格	−0.014	0.12	0.727
创业经历 * 创业人格	−0.090	1.31	0.253
性别	0.010	0.12	0.729
学历	0.093	1.84	0.175
专业类别	−0.081	6.31	0.012
常数项	0.349	6.63	0.010

从公办本科高校、民办和高职院校大学毕业生群组的两个回归方程中自变量回归系数的卡方 P 值来看，不同类型高校大学毕业生的创业失败恐惧感和创业人格对主观规范的影响存在显著差异。通过分析 $\beta_{公办本科高校} - \beta_{民办和高职院校}$ 的差值发现，由于创业失败恐惧感的回归系数为负值且差值也为负值，因此从绝对值来比较，公办本科高校大学毕业生的创业失败恐惧感对主观规范的影响作用，

要比民办和高职院校的大学毕业生更大。但是，民办和高职院校大学毕业生的创业人格特质对主观规范的影响作用，却是大于公办本科高校的大学毕业生群组的。

另外，从创业人格和四个个人因素的交互项回归系数卡方的 P 值来看，对于公办本科高校、民办和高职院校两个大学毕业生群组而言，创业人格在个人因素影响主观规范的关系中的调节效应没有显著差异。

表 8-39 显示了不同类型高校的大学毕业生个人因素对创业自我效能的影响及创业人格的调节效应差异检验结果。

表 8-39　不同高校大学毕业生个人因素对创业自我效能的影响及创业人格调节效应差异检验

变量	$\beta_{公办本科高校} - \beta_{民办和高职院校}$	χ^2	P
创业机会识别	0.015	0.39	0.532
创业价值认同	0.030	1.19	0.276
创业失败恐惧感	−0.039	4.39	0.036
创业经历	0.042	1.89	0.170
创业人格	−0.029	0.96	0.327
创业机会识别 * 创业人格	0.022	0.28	0.595
创业价值认同 * 创业人格	0.014	0.08	0.776
创业失败恐惧感 * 创业人格	−0.052	2.83	0.092
创业经历 * 创业人格	−0.081	1.71	0.190
性别	0.015	0.37	0.544
学历	0.039	0.41	0.521
专业类别	−0.020	0.60	0.438
常数项	0.063	0.32	0.571

从公办本科高校、民办和高职院校大学毕业生群组的两个回归方程中自变量回归系数的卡方 P 值来看，只有不同类型高校大学毕业生的创业失败恐惧感对创业自我效能的影响存在显著差异。通过分析 $\beta_{公办本科高校} - \beta_{民办和高职院校}$ 的差值发现，由于创业失败恐惧感的回归系数为负值且差值也为负值，因此从绝对值来比较，公办本科高校大学毕业生的创业失败恐惧感对创业自我效能的影响作用，要比民办和高职院校的大学毕业生更大。

另外，从创业人格和四个个人因素的交互项回归系数卡方的 P 值来看，对于公办本科高校、民办和高职院校两个大学毕业生群组而言,只有创业人格在创业失败恐惧感影响创业自我效能的关系中的调节效应,在90%的置信区间水平上存在显著差异。

8.4.4 环境因素对创业意向前置认知变量的影响及创业人格调节效应的分层线性模型分析

表8-40显示了不同类型高校的大学毕业生环境因素对创业态度的影响及创业人格的调节效应差异检验结果。

表8-40 不同高校的大学毕业生环境因素对创业态度的影响及创业人格的调节效应差异检验

变量	$\beta_{\text{公办本科高校}} - \beta_{\text{民办和高职院校}}$	χ^2	P
创业教育	0.039	3.12	0.078
创业支持	0.075	8.28	0.004
创业榜样	−0.025	0.48	0.488
经济环境	0.022	0.33	0.566
创业人格	−0.063	0.58	0.445
创业教育*创业人格	−0.001	0.00	0.970
创业支持*创业人格	−0.008	0.05	0.815
创业榜样*创业人格	0.013	0.03	0.856
经济环境*创业人格	−0.045	0.35	0.555
性别	0.006	0.02	0.876
学历	0.089	1.12	0.291
专业类别	0.015	0.17	0.684
常数项	−0.135	0.21	0.649

从公办本科高校、民办和高职院校大学毕业生群组的两个回归方程中自变量回归系数的卡方P值来看,不同类型高校大学毕业生所受到的创业教育、获得的创业支持对创业态度的影响存在显著差异。通过分析$\beta_{\text{公办本科高校}} - \beta_{\text{民办和高职院校}}$的差值发现,公办本科高校大学毕业生的创业教育对创业态度的影响作用,要比民办和高职院校的大学毕业生更大。而且,公办本科高校大学毕业生获得的创业支持对创业态度的影响作用,同样大于民办和高职院校的大学毕业生群组。

另外，从创业人格和四个环境因素的交互项回归系数卡方的 P 值来看，对于公办本科高校、民办和高职院校两个大学毕业生群组而言，创业人格在环境因素影响创业态度的关系中的调节效应没有显著差异。

表8-41显示了不同类型高校的大学毕业生环境因素对主观规范的影响及创业人格的调节效应差异检验结果。

表8-41 不同高校的大学毕业生环境因素对主观规范的影响及创业人格的调节效应差异检验

变量	$\beta_{公办本科高校} - \beta_{民办和高职院校}$	χ^2	P
创业教育	0.005	0.09	0.759
创业支持	0.055	9.95	0.002
创业榜样	−0.024	1.08	0.299
经济环境	0.028	1.15	0.283
创业人格	−0.113	4.88	0.027
创业教育 * 创业人格	0.003	0.01	0.920
创业支持 * 创业人格	−0.019	0.61	0.434
创业榜样 * 创业人格	0.018	0.16	0.687
经济环境 * 创业人格	0.078	2.51	0.113
性别	0.028	1.25	0.264
学历	−0.003	0.00	0.959
专业类别	−0.030	1.35	0.246
常数项	0.234	1.56	0.212

从公办本科高校、民办和高职院校大学毕业生群组的两个回归方程中自变量回归系数的卡方 P 值来看，不同类型高校大学毕业生获得的创业支持对主观规范的影响存在显著差异。通过分析 $\beta_{公办本科高校} - \beta_{民办和高职院校}$ 的差值发现，公办本科高校大学毕业生获得的创业支持对主观规范的影响作用，要大于民办和高职院校的大学毕业生群组。

另外，从创业人格和四个环境因素的交互项回归系数卡方的 P 值来看，对于公办本科高校、民办和高职院校两个大学毕业生群组而言，创业人格在环境因素影响主观规范的关系中的调节效应没有显著差异。

表8-42显示了不同类型高校的大学毕业生环境因素对创业自我效能的影响及创业人格的调节效应差异检验结果。

表8-42 不同高校大学毕业生环境因素对创业自我效能的影响及创业人格调节效应差异检验

变量	$\beta_{公办本科高校} - \beta_{民办和高职院校}$	χ^2	P
创业教育	0.016	0.69	0.406
创业支持	0.066	9.08	0.003
创业榜样	0.014	0.21	0.646
经济环境	0.056	2.80	0.094
创业人格	−0.060	0.76	0.385
创业教育 * 创业人格	0.000	0.00	1.000
创业支持 * 创业人格	−0.008	0.07	0.791
创业榜样 * 创业人格	0.090	2.19	0.139
经济环境 * 创业人格	−0.032	0.23	0.634
性别	0.038	1.53	0.216
学历	−0.013	0.04	0.850
专业类别	0.020	0.38	0.536
常数项	−0.102	0.17	0.679

从公办本科高校、民办和高职院校大学毕业生群组的两个回归方程中自变量回归系数的卡方 P 值来看，不同类型高校大学毕业生获得的创业支持、所处的经济环境对创业自我效能的影响存在显著差异。通过分析 $\beta_{公办本科高校} - \beta_{民办和高职院校}$ 的差值发现，公办本科高校大学毕业生获得的创业支持对创业自我效能的影响作用，要大于民办和高职院校的大学毕业生群组。而且，公办本科高校大学毕业生所处的经济环境对创业自我效能的影响作用，同样大于民办和高职院校的大学毕业生群组。

另外，从创业人格和四个环境因素的交互项回归系数卡方的 P 值来看，对于公办本科高校、民办和高职院校两个大学毕业生群组而言，创业人格在环境因素影响创业自我效能的关系中的调节效应没有显著差异。

8.4.5 前置认知变量中介作用的结构方程模型多群组分析

前文已经借助结构方程模型分析的方法，检验了大学毕业生的个人因素以前置认知变量为中介影响创业意向的理论模型，得出的验证模型具有良好的拟合度和解释能力。以此验证模型为基础，本节可以进一步深入探索不同高校的大学毕业生群组之间这种中介作用机制的差异。

为了利用结构方程模型的多群组分析，在不同高校的大学毕业生群组之间，比较个人因素通过前置认知变量的中介作用影响创业意向的差异，本研究检验了不同高校大学毕业生群组结构方程的基准模型，即所有路径系数都未受限制的模型，允许两个群组的变量有不同的回归系数和不同的截距。检验得到如下的拟合优度指标：χ^2=544.882（df=16，P<0.001），GFI=0.982，$AGFI$=0.920，$REMSA$=0.066，NFI=0.912，TLI=0.697，CFI=0.913。这一结果表明，不同高校大学毕业生群组的基准模型拟合良好，该模型对不同高校大学毕业生群组是可接受的。

由于基准模型拟合良好，我们可以进一步对不同高校大学毕业生群组的结构方程模型中结构路径系数的恒等性假设进行检验。为此，我们限制不同高校大学毕业生群组的结构方程模型中结构路径系数都相等（后面称为"平行模型"）。本研究对不同高校大学毕业生群组的平行模型进行检验，检验得到如下的拟合优度指标：χ^2=633.882（df=36，P<0.001），GFI=0.979，$AGFI$=0.958，$REMSA$=0.047，NFI=0.897，TLI=0.848，CFI=0.902。因此，该平行模型具有很好的拟合度，是可接受的。

在上述分析的基础上，本研究对不同高校大学生群组的平行模型和基准模型卡方值进行了比较。结果表明，两个模型的卡方值差异达到了显著性水平（$\Delta\chi^2$=89.000，Δdf=20，P<0.001）。因此，无法接受不同高校大学毕业生群组的结构方程模型中所有结构路径系数都相等的虚无假设，说明公办本科高校与民办和高职院校两个大学毕业生群组的结构方程模型中有关结构路径系数存在显著差异。

因此，我们需要进一步探索不同高校大学毕业生群组的结构方程模型中哪些结构路径系数存在差异。本研究分别逐次将不同高校大学毕业生群组的平行模型中15个结构路径系数限制相等，再分别和基准模型进行卡方值差异检验，并结合CR指标（参数间差异的临界比），对不同高校大学毕业生群组在该结构路径上的回归系数进行比较。

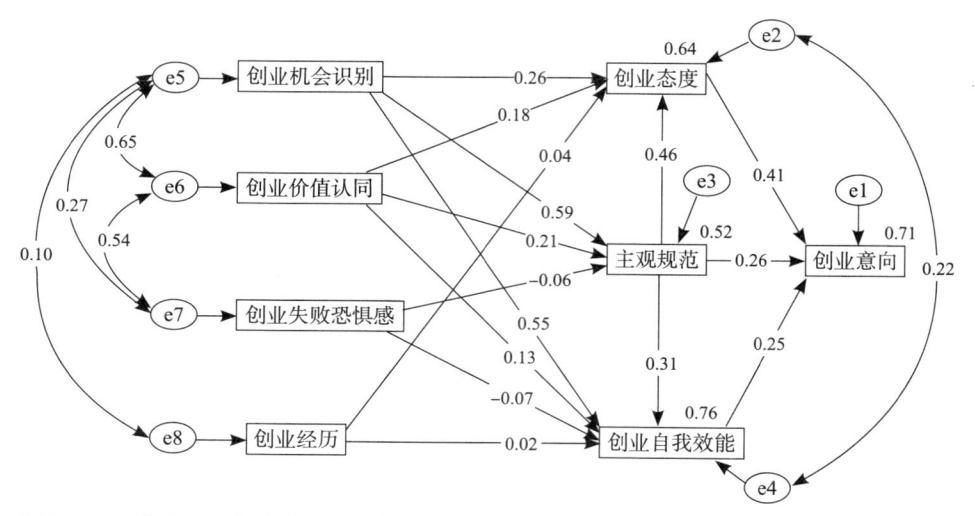

图 8-13 前置认知变量在个人因素和创业意向之间中介作用的结构方程模型多群组分析
（公办本科高校 =4423）

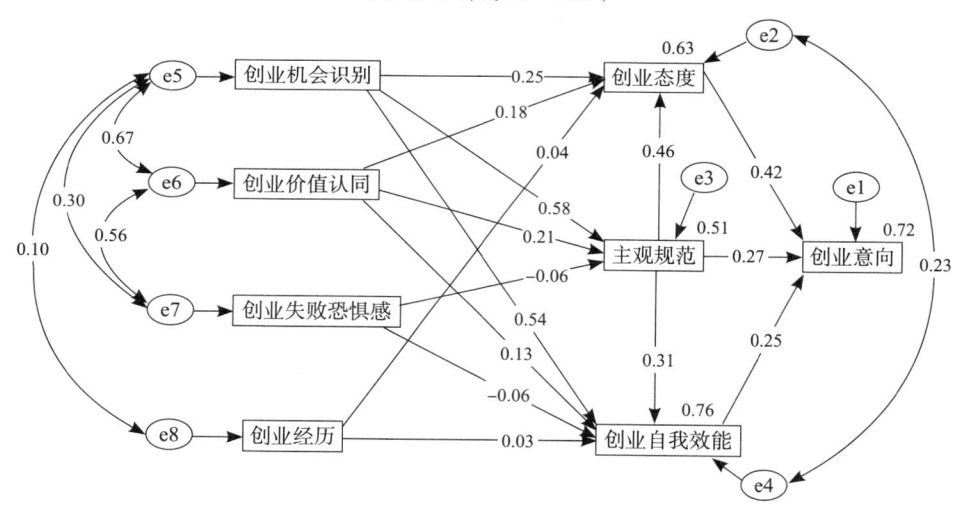

图 8-14 前置认知变量在个人因素和创业意向之间中介作用的结构方程模型多群组分析
（民办和高职院校 =3197）

表 8-43 列出了不同类型高校的大学毕业生创业意向的前置认知变量在个人因素和创业意向之间中介作用的路径系数差异分析结果。从中可见，从创业失败恐惧感到主观规范（$\Delta\chi^2=12.529$，$P<0.001$）、从主观规范到创业意向（$\Delta\chi^2=4.568$，$P=0.033$）、从创业态度到创业意向（$\Delta\chi^2=5.433$，$P=0.020$），以及从创业自我效能到创业意向（$\Delta\chi^2=4.878$，$P=0.027$）等四条路径，公办本科高校、民办和高职院校两个群组之间的标准化回归系数存在显著差异。而且，在四条

结构路径上，公办本科高校大学毕业生的路径系数绝对值，都显著大于民办和高职院校大学毕业生，CR 值依次为 6.411、22.952、37.842 和 22.190。

表8-43 不同高校大学毕业生创业意向的前置认知变量中介作用路径系数差异分析（个人因素）

路径	结构路径 从	结构路径 到	高校类型	结构路径 标准回归系数	Δdf	$\Delta \chi^2$	P
1	创业机会识别	创业态度	公办本科高校	0.253***	1	0.868	0.351
			民办和高职院校	0.252***			
2	创业机会识别	主观规范	公办本科高校	0.594***	1	0.158	0.691
			民办和高职院校	0.574***			
3	创业机会识别	创业自我效能	公办本科高校	0.544***	1	0.286	0.593
			民办和高职院校	0.546***			
4	创业价值认同	创业态度	公办本科高校	0.186***	1	0.252	0.615
			民办和高职院校	0.185***			
5	创业价值认同	主观规范	公办本科高校	0.210***	1	0.401	0.526
			民办和高职院校	0.205***			
6	创业价值认同	创业自我效能	公办本科高校	0.132***	1	0.548	0.459
			民办和高职院校	0.132***			
7	失败恐惧感	主观规范	公办本科高校	-0.067***	1	12.529	<0.001
			民办和高职院校	-0.062***			
8	失败恐惧感	创业自我效能	公办本科高校	-0.066***	1	1.146	0.284
			民办和高职院校	-0.064***			
9	创业经历	创业态度	公办本科高校	0.042***	1	0.067	0.796
			民办和高职院校	0.041***			
10	创业经历	创业自我效能	公办本科高校	0.024***	1	1.109	0.292
			民办和高职院校	0.028***			
11	主观规范	创业态度	公办本科高校	0.456***	1	0.284	0.594
			民办和高职院校	0.464***			
12	主观规范	创业自我效能	公办本科高校	0.306***	1	0.548	0.459
			民办和高职院校	0.311***			
13	创业态度	创业意向	公办本科高校	0.418***	1	5.431	0.020
			民办和高职院校	0.404***			

续表

路径	结构路径 从	结构路径 到	高校类型	结构路径 标准回归系数	模型卡方差检验 Δdf	模型卡方差检验 $\Delta \chi^2$	模型卡方差检验 P
14	主观规范	创业意向	公办本科高校	0.260***	1	4.568	0.033
			民办和高职院校	0.254***			
15	创业自我效能	创业意向	公办本科高校	0.258***	1	4.878	0.027
			民办和高职院校	0.249***			

注：***$P<0.001$。

综合分析来看，对于不同类型高校的大学毕业生群组，创业意向的前置认知变量在个人因素影响创业意向的关系中的中介作用存在显著差异。这种差异主要表现为，主观规范这个前置认知变量在创业失败恐惧感和创业意向之间的中介作用是有差异的。

前文已经借助结构方程模型分析的方法，检验了大学毕业生的环境因素以前置认知变量为中介影响创业意向的理论模型，得出的验证模型具有良好的拟合度和解释能力。以此验证模型为基础，本节可以进一步深入探索不同高校的大学毕业生群组之间这种中介作用机制的差异。

为了利用结构方程模型的多群组分析，在不同高校的大学毕业生群组之间，比较环境因素通过前置认知变量的中介作用影响创业意向的差异，本研究检验了不同高校大学毕业生群组结构方程的基准模型，即所有路径系数都未受限制的模型，允许两个群组的变量有不同的回归系数和不同的截距。检验得到如下的拟合优度指标：χ^2=107.846（df=12，$P<0.001$），GFI=0.996，$AGFI$=0.981，$REMSA$=0.032，NFI=0.979，TLI=0.933，CFI=0.981。这一结果表明，不同高校大学毕业生群组的基准模型拟合优良，该模型对不同高校大学毕业生群组是可接受的。

由于基准模型拟合良好，我们可以进一步对不同高校大学毕业生群组的结构方程模型中结构路径系数的恒等性假设进行检验。为此，我们限制不同高校大学毕业生群组的结构方程模型中结构路径系数都相等（后面称为"平行模型"）。本研究对不同高校大学毕业生群组的平行模型进行检验，检验得到如下的拟合优度指标：χ^2=175.223（df=27，$P<0.001$），GFI=0.993，$AGFI$=0.986，$REMSA$=0.027，NFI=0.965，TLI=0.954，CFI=0.971。因此，该平行模型具有很好的拟合度，该模型对不同高校的大学毕业生群组是可接受的。

在上述分析的基础上，本研究对不同高校大学生群组的平行模型和基准模型卡方值进行了比较。结果表明，两个模型的卡方值差异达到了显著性水平（$\Delta\chi^2=67.376$，$\Delta df=15$，$P<0.001$）。因此，无法接受不同高校大学毕业生群组的结构方程模型中所有结构路径系数都相等的虚无假设，说明公办本科高校与民办和高职院校两个大学毕业生群组的结构方程模型中有关结构路径系数存在显著差异。

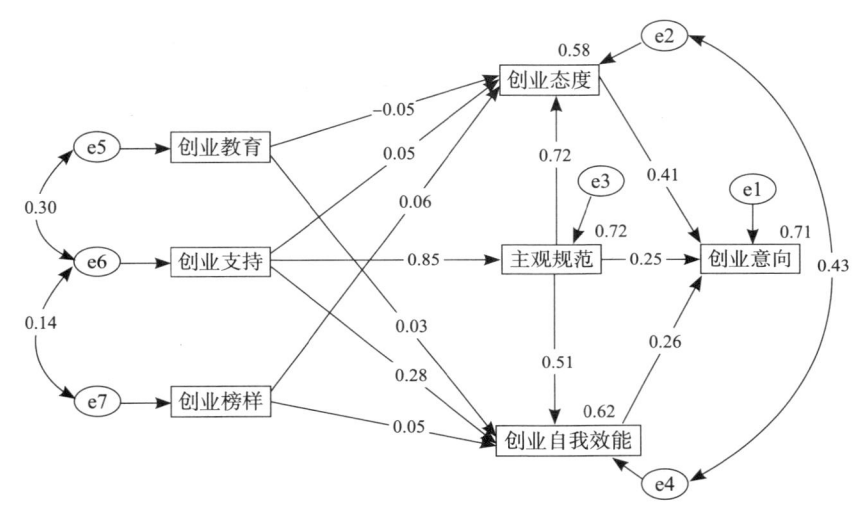

图8-15 前置认知变量在环境因素和创业意向之间中介作用的结构方程模型多群组分析（公办本科高校=4423）

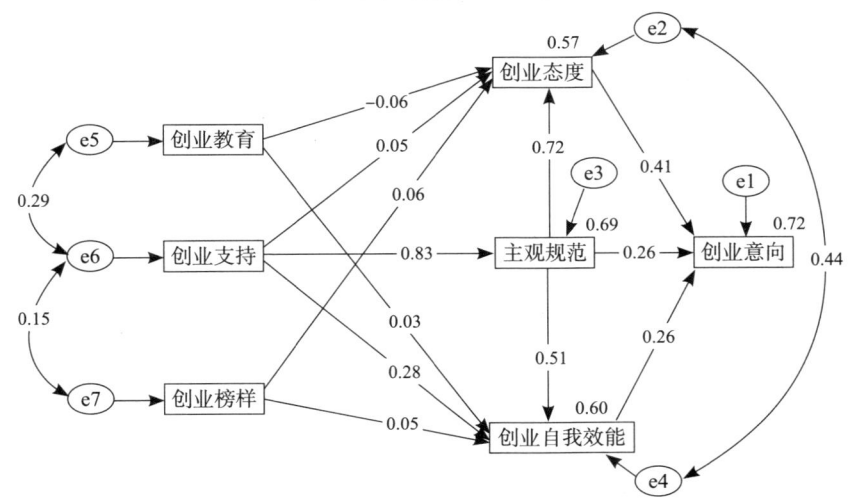

图8-16 前置认知变量在环境因素和创业意向之间中介作用的结构方程模型多群组分析（民办和高职院校=3197）

因此，我们需要进一步探索不同高校大学毕业生群组的结构方程模型中哪些结构路径系数存在差异。本研究分别逐次将不同高校大学毕业生群组的平行模型中12个结构路径系数限制相等，再分别和基准模型进行卡方值差异检验，并结合 CR 指标（参数间差异的临界比），对不同高校大学毕业生群组在该结构路径上的回归系数进行比较。

表8-44列出了不同类型高校的大学毕业生创业意向的前置认知变量在环境因素和创业意向之间中介作用的路径系数差异分析结果。从中可见，从创业教育到创业态度（$\Delta\chi^2$=4.302，P=0.038）、从创业支持到主观规范（$\Delta\chi^2$=5.652，P=0.017）、从创业态度到创业意向（$\Delta\chi^2$=6.244，P=0.012）、从主观规范到创业意向（$\Delta\chi^2$=4.629，P=0.031），以及从创业自我效能到创业意向（$\Delta\chi^2$=5.486，P=0.019）等五条路径，公办本科高校、民办和高职院校两个群组之间的标准化回归系数存在显著差异。而且，在"从创业支持到主观规范""从创业态度到创业意向""从主观规范到创业意向""从创业自我效能到创业意向"等四条结构路径上，公办本科高校大学毕业生的路径系数都显著大于民办和高职院校大学毕业生，CR 值依次为133.900、38.702、23.823和23.883。相反，"创业教育到创业态度"的路径系数是负值，其绝对值却是高职院校大学毕业生群组大于公办本科高校大学毕业生。

表8-44 不同高校大学毕业生创业意向的前置认知变量中介作用路径系数差异分析（环境因素）

路径	结构路径		高校类型	结构路径标准回归系数	模型卡方差检验		
	从	到			Δ df	$\Delta\chi^2$	P
1	创业教育	创业态度	公办本科高校	−0.048***	1	4.302	0.038
			民办和高职院校	−0.057***			
2	创业教育	创业自我效能	公办本科高校	0.028***	1	0.539	0.463
			民办和高职院校	0.033***			
3	创业支持	创业态度	公办本科高校	0.044***	1	0.219	0.640
			民办和高职院校	0.046***			
4	创业支持	主观规范	公办本科高校	0.844***	1	5.652	0.017
			民办和高职院校	0.837***			
5	创业支持	创业自我效能	公办本科高校	0.275***	1	0.544	0.461
			民办和高职院校	0.285***			

续表

路径	结构路径 从	结构路径 到	高校类型	结构路径 标准回归系数	模型卡方差检验 Δdf	模型卡方差检验 $\Delta \chi^2$	模型卡方差检验 P
6	创业榜样	创业态度	公办本科高校	0.058***	1	0.081	0.766
			民办和高职院校	0.060***			
7	创业榜样	创业自我效能	公办本科高校	0.053***	1	0.703	0.402
			民办和高职院校	0.055***			
8	主观规范	创业态度	公办本科高校	0.716***	1	1.283	0.257
			民办和高职院校	0.726***			
9	主观规范	创业自我效能	公办本科高校	0.509***	1	0.110	0.741
			民办和高职院校	0.519***			
10	创业态度	创业意向	公办本科高校	0.416***	1	6.244	0.012
			民办和高职院校	0.402***			
11	主观规范	创业意向	公办本科高校	0.258***	1	4.629	0.031
			民办和高职院校	0.251***			
12	创业自我效能	创业意向	公办本科高校	0.262***	1	5.486	0.019
			民办和高职院校	0.252***			

注：***$P<0.001$。

综合分析来看，对于不同类型高校的大学毕业生群组，创业意向的前置认知变量在环境因素影响创业意向的关系中的中介作用存在显著差异。这种差异主要表现为两个方面，一是创业态度在创业教育和创业意向之间的中介作用，对不同类型高校的大学毕业生具有显著差异，二是主观规范在创业支持和创业意向之间的中介作用是有差异的。

8.5 研究假设检验结果小结

根据以上对大学毕业生创业意向形成机制的群组差异比较和分析，首先，通过大学毕业生创业意向形成机制的性别比较发现，不同性别的大学毕业生的创业态度、主观规范、创业自我效能等三个前置认知变量对创业意向的影响没有显著差异。但是总体而言，男性大学毕业生创业意向的前置认知变量，受到创业价值认同、创业失败恐惧感等个人因素,以及受到创业榜样等环境因素的影响作用,显著大于女性大学毕业生。而女性大学毕业生创业意向的前置认知变量,受到创业机会识别能力、创业人格等个人因素,以及受到创业支持、经济环境等环境因素的影响作用,显著大于男性大学毕业生。这表明,男性和女性大学毕业生创业意向的形成机制差异,主要表现为他们的创业意向前置认知变量受到不同个人因素和环境因素的影响存在显著差异。

首先,男性大学毕业生创业意向的形成可能受到个人主观意志的影响更大,主要表现为男性大学毕业生对创业价值的认同,对创业失败后果的担忧,以及受创业榜样的感染等。而女性大学毕业生创业意向的形成,则可能与客观性因素有更大的关系,主要表现为女性大学毕业生对创业机会的识别能力、个人的创业人格特质、所获得的创业支持和经济环境等。

其次,通过大学毕业生创业意向形成机制的学历比较发现,不同学历的大学毕业生的创业态度、主观规范、创业自我效能等三个前置认知变量对创业意向的影响没有显著差异。但是,本科研究生学历的大学毕业生离职倾向对创业自我效能影响创业意向的调节效应,显著大于高职高专学历的大学毕业生。这表明,学历越高的大学毕业生,他们的离职倾向更加能够强化创业自我效能对创业意向的积极影响。因此,离职倾向是一个很重要的创业意向形成的促发因素。

本科研究生学历的大学毕业生创业意向的前置认知变量,受到创业机会识别能力、创业价值认同、创业失败恐惧感等个人因素,以及受到创业教育、创业支持等环境因素的影响作用,都要显著地大于高职高专大学毕业生。但是,高职高专学历大学毕业生的创业意向的前置认知变量受到创业人格的影响作用,显著地大于本科研究生学历的大学毕业生。因此,本科研究生学历的大学毕业生创业意向形成,受到各种个人因素和环境因素影响更大,而高职高专学历的大学毕业生创业意向的形成,则受到创业人格特质的影响更大。可见,高职高专大学毕业生创业意向可能与他们早期成长经历的关系更为密切,而本科研究生学历的大学毕业生创业意向则在很大程度上是受到他们成长后期诸多因素影响的结果。

本科研究生学历的大学毕业生的创业态度,在创业机会识别、创业失败恐惧感、创业支持三个因素和创业意向之间发挥的中介作用,都要比高职高专学历的大学毕业生更大。

再次,通过大学毕业生创业意向形成机制的专业比较发现,大学毕业生创业意向前置认知变量对不同专业类别的大学毕业生创业意向的影响是不同的，主要表现为文理农医类专业大学毕业生的创业意向受到创业态度的影响，比经管工程类大学毕业生更大，而经管工程类专业大学毕业生的创业意向受到创业自我效能的影响，则比文理农医类大学毕业生更大。

进一步看，文理农医类专业大学毕业生创业意向的前置认知变量，受到创业经历等个人因素，以及创业教育、创业支持等环境因素的影响，都要比经管工程类专业大学毕业生更大。然而，经管工程类专业大学毕业生的创业人格对创业机会识别、创业支持影响创业自我效能的调节效应，都显著大于文理农医类大学毕业生。相反，文理农医类专业大学毕业生的创业人格对创业价值认同影响创业自我效能的调节效应，显著大于经管工程类大学毕业生。

不同专业类别的大学毕业生创业态度在创业价值认同和创业意向之间的中介作用，以及不同专业类别的大学毕业生创业自我效能在创业支持和创业意向之间的中介作用都是有显著差异的。

最后，通过大学毕业生创业意向形成机制的校际比较发现，公办本科高校大学毕业生的主观规范对创业意向的影响作用，显著大于民办和高职院校大学毕业生群组。相反，民办和高职院校大学毕业生的创业态度、创业自我效能对创业意向的影响作用，显著大于公办本科高校大学毕业生。而且，公办本科高校的大学毕业生的离职倾向对创业自我效能影响创业意向的调节效应，显著大于民办和高职院校大学毕业生。这表明，公办本科高校大学毕业生的离职倾向对于创业自我效能积极影响创业意向，能够发挥更大的促发作用。

总的来说，公办本科高校大学毕业生创业意向的前置认知变量，受到创业机会识别能力、创业失败恐惧感等个人因素，以及受到创业教育、创业支持、经济环境等环境因素的影响，都要显著大于民办和高职院校大学毕业生。相反，民办和高职院校大学毕业生创业意向的前置认知变量只有受创业人格特质的影响，大于公办本科高校大学毕业生。

不同类型高校大学毕业生的主观规范在创业失败恐惧感、创业支持和创业意向之间的中介作用，以及创业态度在创业教育和创业意向之间的中介作用，都是有显著差异的。

通过总结以上对不同群组大学毕业生创业意向形成机制差异比较和分析研究结果，我们可以对有关大学毕业生创业意向形成机制差异的研究假设检验结果进行小结,如表8-45所示。

表8-45 大学毕业生创业意向形成机制群组差异的研究假设检验结果

序号	研究假设	检验结果
H42	不同性别的大学毕业生创业意向形成机制存在差异。	√
H43	不同学历的大学毕业生创业意向形成机制存在差异。	√
H44	不同专业类别的大学毕业生创业意向形成机制存在差异。	√
H45	不同类型高校的大学毕业生创业意向形成机制存在差异。	√

9 研究结论与展望

9.1 研究的主要结论和建议

9.1.1 主要结论

本书围绕大学毕业生创业意向及其影响因素的作用机制问题,通过文献回顾和理论建模,利用7620个陕西高校的大学毕业生调查样本数据,采用回归分析、结构方程模型分析等方法,实证地分析了大学毕业生创业意向的基本特征、组别差异,以及大学毕业生创业意向与创业行为的关系,并探讨了个人因素、环境因素对大学毕业生创业意向的作用机制。得出如下研究结论:

(1)陕西省大学毕业生整体的创业意向平均水平不高,还存在较大的进一步提升的空间。利用本研究设计开发的创业意向量表进行测量,得出陕西省大学毕业生的创业意向均值为2.83(采用5分制量规),低于中间值3。可见,陕西省大学毕业生的创业意向水平介于对自己未来是否创业的"不确定"态度和"不同意"态度之间,总体的创业意向是偏向否定的。

通过大学毕业生创业意向的群组比较发现,男生的创业意向水平显著高于女生;高职高专学历大学毕业生的创业意向水平显著高于本科研究生学历的毕业生;不同类型院校的大学毕业生创业意向之间也存在显著差异,民办和高职院校的大学毕业生创业意向水平显著高于公办本科高校的大学毕业生;不同专业类别的大学毕业生的创业意向也存在一定差异,经管和工程类专业的大学毕业生的创业意向水平相对较高,文理农医类专业大学毕业生的创业意向水平较低。

此外,有创业经历的大学毕业生创业意向显著高于没有任何创业经历的大学毕业生，有创业榜样的大学毕业生创业意向显著高于没有创业榜样的大学毕业生，大学毕业生就业所在地为经济欠发达地区的创业意向水平显著高于就业所在地在经济发达地区的大学毕业生。

本研究还发现，大学毕业生的创业意向对其创业行为具有显著的预测作用，在控制了人口学变量影响的情况下，创业意向大约可以解释创业行为35%的变异方差。但是，不同群组的大学毕业生创业意向对创业行为的影响是有差异的。研究发现，男性大学毕业生创业意向对创业行为的影响作用，显著大于女性大学毕业生。而且，经管工程类专业大学毕业生的创业意向对创业行为的影响作用，也要大于文理农医类大学毕业生群组。这表明，男性和经管工程类大学毕业生创业意向具有更高的创业行为转化可能性。

（2）大学毕业生的创业态度、主观规范和创业自我效能是他们创业意向形成的三个前置认知变量，三者大约可以共同解释65%的创业意向变异方差。而且，结构方程模型分析发现，这三个创业意向的前置认知变量两两之间都存在相互影响关系，并与创业意向构成了多路径的网状关系，而不是单向的线性影响关系。

大学毕业生的离职倾向是其创业意向形成的重要促发因素，在创业态度、主观规范和创业自我效能影响创业意向的关系中发挥重要的调节效应。大学毕业生的离职倾向可以正向调节创业自我效能对创业意向的影响，但是却负向调节主观规范对创业意向的影响。这可能是因为离职倾向高的大学毕业生，同时会具有更高的成功创业的自我效能感，更倾向于选择从事创业活动，所以离职倾向与创业自我效能的交互作用，增强了创业自我效能对创业意向的提升作用。但是，离职倾向高的大学毕业生可能更容易感知到被亲密关系人期待着去重新寻找工作而不是创业，因而离职倾向与主观规范的交互作用，一定程度上抑制了主观规范对创业意向的提升作用。

（3）大学毕业生的创业意向受到个人因素和环境因素的影响，而创业态度、主观规范、创业自我效能等创业意向的前置变量在这种影响关系中发挥了重要的中介作用。结构方程模型分析发现，大学毕业生的创业机会识别能力、创业价值认同、创业失败恐惧感和创业经历等个人因素，以及他们接受的大学创业教育质量、感知的创业支持、社会关系中的创业榜样等环境因素，都能通过二个或三个创业意向前置认知变量的中介作用，显著影响他们的创业意向。

具体而言，大学毕业生的创业机会识别能力和创业价值认同两个因素均通过创业态度、主观规范、创业自我效能的中介作用，显著正向影响大学毕业生的创业意向。大学毕业生的创业失败恐惧感通过主观规范、创业自我效能的中介作用，显著负向影响大学毕业生的创业意向。大学毕业生的创业经历可以通过创业态度、创业自我效能的中介作用，显著正向影响大学毕业生的创业意向。

大学创业教育通过创业态度的中介作用，显著负向影响大学毕业生的创业意向，而通过创业自我效能的中介作用，显著正向影响大学毕业生的创业意向，但是这两条路径的总效应为负值。因此，大学创业教育对大学毕业生的创业意向产生消极影响。大学毕业生获得的创业支持能够通过创业态度、主观规范、创业自我效能的中介作用，显著正向影响大学毕业生的创业意向。大学毕业生有创业榜样可以通过创业态度、创业自我效能的中介作用，显著正向影响大学毕业生的创业意向。

（4）大学毕业生的主动性、创新导向、冒险倾向、个人控制等创业人格特质，在个人因素、环境因素影响不同创业意向前置认知变量的关系中，发挥了一定的调节作用。具体而言，创业人格可以正向调节创业机会识别能力对主观规范的影响，即创业人格在本身对主观规范积极影响的主效应之外，还能增强大学毕业生的创业机会识别能力对主观规范的提升作用。

创业人格可以正向调节创业失败恐惧感对创业态度的影响。这表明大学毕业生的创业人格特质越突出，可能对创业失败后果的警惕心理越敏锐，二者的叠加效应进一步加剧了创业失败恐惧感对创业态度的消极影响。然而，创业人格可以负向调节创业失败恐惧感对创业自我效能的影响。这可能是因为创业失败恐惧感对创业态度和创业自我效能的作用机理不同，所以创业人格在对创业失败恐惧感影响创业自我效能的调节方向上，不同于对创业失败恐惧感影响创业态度的调节效应。创业人格在对创业失败恐惧感影响创业自我效能的调节效应中，创业人格与创业失败恐惧感的交互作用不再是叠加效应，反而改为相互抵消，最后乘积项变量的回归系数显示为显著正值，与创业失败恐惧感的主效应值符号相反，因而大学毕业生的创业人格特质有助于减缓其创业失败恐惧感对创业自我效能的消极影响。

创业人格可以正向调节创业支持对大学毕业生感知的主观规范的影响。这表明大学毕业生的创业人格特质越突出，其能获得的创业支持就越大，二者的叠加效应有助于增强创业支持对主观规范的积极影响。然而，创业人格却负向调节大学创业教育对主观规范的影响。大学创业教育对主观规范的主效应为显著负向，但是对于那些创业人格特质突出的大学毕业生，可能大学毕业生接受的大学创业教育质量越高，却越能提升其感知积极的创业主观规范。因此，创业人格特质和大学创业教育质量的交互作用，有助于减缓大学毕业生所受到的创业教育对主观规范的消极影响。

（5）在个人因素和环境因素中，大学毕业生的创业机会识别能力和他们感知的创业支持是影响创业意向最大的两个因素。通过结构方程模型的路径分析发现，在个人因素中，大学毕业生的创业机会识别能力对创业意向的总效应值最大，为0.558；其次是创业价值认同，总效应值0.216，最后是创业失败恐惧感，其效应值为−0.053；创业经历的效应值最小，仅为0.023。在环境因素中，大学毕业生能够获得的创业支持对创业意向的总效应值最大，达到0.675；其次是创业榜样，总效应值为0.037；大学创业教育的总效应值是通过创业自我效能和创业态度中介机制产生的正、负两条路径系数之和，结果为−0.014，这与已有的研究结论不尽一致。通过结构方程模型分析，本研究没有发现经济环境对大学毕业生创业意向的显著影响。

（6）大学毕业生内部不同群组的创业意向形成机制存在差异。从性别比较来看，男性大学毕业生创业意向的前置认知变量，受到创业价值认同、创业失败恐惧感等个人因素，以及受到创业榜样等环境因素的影响作用，显著大于女性大学毕业生。而女性大学毕业生创业意向的前置认知变量，受到创业机会识别能力、创业人格等个人因素，以及受到创业支持、经济环境等环境因素的影响作用，显著大于男性大学毕业生。这表明，男性大学毕业生创业意向的形成可能受到个人主观意志的影响更大，主要表现为男性大学毕业生对创业价值的认同，对创业失败后果的担忧，以及受创业榜样的感染等。而女性大学毕业生创业意向的形成则可能与客观性因素有更大的关系，主要表现为女性大学毕业生对创业机会识别的能力、个人的创业人格特质，以及所获得的创业支持和经济环境等。

从学历比较来看，本科研究生学历的大学毕业生创业意向的前置认知变量，受到创业机会识别能力、创业价值认同、创业失败恐惧感等个人因素，以及受到创业教育、创业支持等环境因素的影响作用，都要显著地大于高职高专大学毕业生。但是，高职高专学历大学毕业生的创业意向的前置认知变量只有受到创业人格的影响作用，显著地大于本科研究生学历的大学毕业生。这表明，高职高专大学毕业生创业意向可能与他们早期成长经历的关系更为密切，而本科研究生学历的大学毕业生创业意向则在很大程度上是由他们成长后期诸多因素影响的结果。而且，本科研究生学历的大学毕业生的创业态度，在创业机会识别、创业失败恐惧感、创业支持三个影响因素和创业意向之间发挥的中介作用，都要比高职高专学历的大学毕业生更大。

从专业比较来看，创业意向的前置认知变量对不同专业类别的大学毕业生创业意向的影响是不同的，主要表现为文理农医类专业大学毕业生的创业意向受到创业态度的影响，比经管工程类大学毕业生更大，而经管工程类专业大学毕业生的创业意向受到创业自我效能的影响，则比文理农医类大学毕业生更大。而且，文理农医类专业大学毕业生创业意向的前置认知变量，受到创业经历等个人因素，以及创业教育、创业支持等环境因素的影响，都要比经管工程类专业大学毕业生更大。再者，文理农医类专业大学毕业生的创业人格对创业价值认同影响创业自我效能的调节效应，显著大于经管工程类大学毕业生。相反，经管工程类专业大学毕业生的创业人格对创业机会识别能力、创业支持影响创业自我效能的调节效应，都显著大于文理农医类大学毕业生。以上综合分析表明，文理农医类专业大学毕业生的创业意向形成可能更多受主观愿望的驱动，偏重于伯德创业意向理论模型中的直观整体思维形成机制，而经管工程类专业大学毕业生的创业意向形成中更注重对外部条件和自身胜任能力的理性分析，更符合伯德创业意向理论模型中的理性分析思维形成机制。

从校际比较来看，公办本科高校大学毕业生的主观规范对创业意向的影响作用，显著大于民办和高职院校大学毕业生群组。相反，民办和高职院校大学毕业生的创业态度、创业自我效能对创业意向的影响作用，显著大于公办本科高校大学毕业生。而且，公办本科高校大学毕业生创业意向的前置认知变量，受到创业机会识别能力、创业失败恐惧感等个人因素，以及受到创业教育、创业支持、经济环境等环境因素的影响，都要显著大于民办和高职院校大学毕业生。相反，民办和高职院校大学毕业生创业意向的前置认知变量只有受创业人格特质的影响，大于公办本科高校大学毕业生。这与学历比较的结果类似，符合大学毕业生的学历与高校类型分布的实际情况。这都表明，公办本科高校大学毕业生创业意向的形成受到社会规范的压力,以及来自环境因素的影响更大,而民办和高职院校大学毕业生创业意向的形成更多体现出个人的态度、自信和自身人格特质的影响。

9.1.2　政策建议

为了有效提升我国大学毕业生的创业意向水平,有力促进大学毕业生自主开展创业行动,本研究根据以上结论提出五个方面的政策建议:

(1)重视大学毕业生创业意向的组别差异,采取有针对性的大学毕业生创业激励和帮扶措施。首先,政府和大学应采取专门的措施帮扶女性大学毕业生创业,为女性大学毕业生创业提供专门的培训、咨询和资源支持。其次,政府和大学应重点提升本科生、研究生的创业意向,激发他们的创业热情,培养他们的创业信念。再次,政府应特别关注重点大学、普通本科院校的大学毕业生的创业意向提升问题,鼓励有一定项目基础的大学毕业生创业,帮扶他们开展高质量的创业活动,可以促进经济社会创新发展,发挥创业带动就业的乘数效应。最后,政府和大学应在进一步提升经管类、工程类专业大学毕业生创业意向的同时,关注和引导理农医类、人文社科类专业大学毕业生参与自主创业的问题,挖掘不同学科专业的大学毕业生进入不同行业、产业创业的潜力。

(2)加强大学毕业生创业培训,培养大学毕业生的创业机会识别能力,发展他们的创业价值认同。政府和大学应特别重视开展大学毕业生创业培训,将创业培训纳入毕业教育和就业指导工作。加强大学毕业生的创业培训,要聚焦培养大学毕业生具备识别有价值的创业机会的敏锐性,训练他们的创新思维,增强他们从所在行业、工作岗位、周围环境、生活经验中发现创业机会,并开发创业机会的能力。同时,加强大学毕业生创业培训,还要突出发展他们对创业价值的认同程度。大学毕业生的创业价值认同反映了他们内在深层次的价值观念,这种价值观念将会引导他们形成积极的创业意向。大学毕业生对创业的个人价值、社会价值越认同,越能够促进他们积极的创业认知活动,从而提升创业意向。

(3)引导大学生参与各种创业比赛,参加创业实践训练,降低其创业失败恐惧感。创新创业教育已经成为新时代我国高等教育的主题。创业不是少数大学生的兴趣爱好,而是大多数大学生成长成才的可选途径。大学毕业生在校学习期间，应尽可能地积累一定的创业经验。大学应该营造浓厚的创新创业氛围，引导大学生参与各种形式、各个层级的创新创业比赛活动，为大学生参加创业实践训练提供丰富的资源和机会。至关重要的是，大学毕业生只有在积累了比较丰富的创业经验之后，才可能对创业产生深刻的感性认识，从而消除他们对创业的神秘感和畏惧感。增加创业经验，降低创业失败的恐惧感，都将有助于提升大学毕业生的创业意向。

（4）精准帮扶大学毕业生创业，为大学毕业生提供资金、咨询等创业支持。毕业离校不久的大学毕业生虽然有创业的想法，甚至有好的创业项目，但是普遍缺乏创业资源，缺少有力的创业支持。政府应为大学毕业生创业提供精准帮扶，为大学生毕业生提供创业启动资金的支持，同时应为大学毕业生创业融资搭建平台，提供融资服务，以及提供创业贷款担保等行政支持。此外，大学毕业生创业还普遍地存在缺乏商业经验、缺少团队管理能力等不足，政府应在大学毕业生创业早期提供精准的创业咨询服务，以及提供创业信息服务，为大学毕业生融入创业行业领域的商业组织起到牵线搭桥的作用。

（5）不断提高大学创业教育质量，完善大学生的创业认知，促进大学毕业生创业意向形成的理性化。大学毕业生接受创业教育的质量越好，越有助于提高其创业自我效能，从而间接地提升创业意向。但是，大学创业教育质量的提高，却通过创业态度的中介作用降低了大学毕业生的创业意向水平，发挥防止大学毕业生盲目创业的作用。大学应通过创新创业教育的改革完善，不断提高创业教育质量，帮助大学生形成完善的创业认知，以客观理性的态度对待创业活动，从而促进大学毕业生创业意向形成过程的理性化，帮助大学毕业生避免因盲目创业导致的创业失败。

9.2 研究的主要贡献和创新

9.2.1 主要贡献

本书以探索我国大学毕业生创业意向的影响因素及作用机制为主要目标，在广泛梳理、回顾国内外有关大学生创业意向研究成果的基础上，根据社会学习理论和计划行为理论的观点，并借鉴融合大学生创业意向形成和影响因素的有关模型，构建了大学毕业生创业意向影响因素及作用机制的整体理论模型，并利用调查数据实证地分析了个人因素和环境因素对大学毕业生创业意向的作用机制。本研究的主要贡献有以下五个主要理论贡献：

（1）本研究深化了大学生创业意向的研究领域，明确提出了"大学毕业生"这个特殊的潜在创业者群体，指出由于受到实际生存状态的根本差别影响，大学毕业生的创业意向表现和影响因素不同于在校大学生。针对大学毕业生的创业意向，一方面，本研究探讨并澄清了概念的基本内涵，明确了创业意向是大学毕业生对自己将要创业的一种心理状态，而不是各种为创业做准备的行为，并从狭义的角度界定了创业的内涵是指创造新的企业组织，因此提出大学毕业生的创业意向就是指他们抓住商业机会，利用各种资源，并意欲创造和管理一个新的企业组织的心理状态。另一方面，本研究分析比较了以往不同的个体创业意向测量方式，主张采用单一维度多变量的测量方式测量大学毕业生的创业意向，并从创业承诺、创业期待、创业关注、创业偏好四个方面设计测量题目，从而开发创业意向测量工具。

（2）本研究在参考借鉴有关研究成果的基础上，并结合我国大学毕业生的实际情况，设计开发了大学毕业生的创业意向、创业态度、主观规范、创业自我效能、创业机会识别能力、创业价值认同、创业失败恐惧感的测量工具，以及大学毕业生的创业人格特质和离职倾向的测量工具。同时，本研究还设计开发了大学创业教育质量，以及大学毕业生感知创业支持的测量工具。本研究利用这些测量工具，对有关研究变量进行了科学、可靠的测量。

（3）本研究依据三元交互决定论，在个人、环境和行为之间的三角互动作用模型中融入创业意向，并将创业意向和创业行为建立关联，从而构建了个人因素和环境因素影响大学毕业生创业意向的因素分类框架。同时，根据对以往研究文献的梳理，提出影响大学毕业生创业意向的主要个人因素有创业机会识别、创业价值认同、创业失败恐惧感和创业经历，影响大学毕业生创业意向的主要环境因素有大学创业教育、创业支持、创业榜样和经济环境。

（4）本研究从社会认知论的视角，认为大学毕业生创业意向是大学毕业生对自己未来从事创业活动进行认知活动的一个结果变量。本研究在融合了克鲁格（2000）的创业意向认知基础模型，以及彭正霞和陆根书（2013）的大学生创业意向影响因素模型基础上，将创业态度、主观规范和创业自我效能看作大学毕业生创业意向形成的三个前置认知变量，它们在个人因素和环境因素对大学毕业生创业意向的影响中发挥中介作用。同时，引入大学毕业生的离职倾向作为创业意向形成的促发因素，又引入创业人格在个人因素、环境因素影响创业意向的前置认知变量的关系中发挥调节作用，从而构建了大学毕业生创业意向的影响因素及作用机制的整体理论模型。最后，本研究利用调查数据对该理论模型的各组成部分进行了检验、分析。

9.2.2 创新点

本研究围绕我国大学毕业生创业意向及影响因素，在参考借鉴国内外已有的关于大学生创业意向的研究基础上，从以下五方面做出了一定的创新发展。

（1）大学生创业意向研究已经成为一个相对独立的研究领域，但对在校大学生和大学毕业生的创业意向研究未加区别。本研究聚焦"大学毕业生"这个特殊的潜在创业者群体，选择那些已经进入职业领域的大学毕业生，从他们毕业离校后6个月左右开始开展大规模的网络问卷跟踪调查，从而获得大学毕业生的创业意向及其影响因素的调查数据，并据此开展实证分析，探索影响因素对大学毕业生创业意向的作用机制，对挖掘大学毕业生群体的创业潜力具有一定的参考价值。

（2）基于社会认知的视角，本研究将大学毕业生的创业意向看作他们对自己将要从事创业活动的认知心理过程的结果变量。根据班杜拉的社会学习理论，本研究分析了大学毕业生创业意向形成的认知心理机制，并参考彭正霞和陆根书（2013）的大学生创业意向影响因素模型，认为大学毕业生创业意向的形成过程中存在三个前置认知变量，即创业态度、主观规范和创业自我效能。这些前置认知变量在其他影响因素和大学毕业生创业意向之间发挥中介作用。本研究通过结构方程模型分析验证了前置认知变量中介作用机制的相关研究假设。

（3）本研究根据三元交互决定论建立了大学毕业生创业意向影响因素的分类框架，并参考已有关于大学生创业意向影响因素的研究成果，确定了影响大学毕业生创业意向的关键个人因素和环境因素。由此，本研究构建了大学毕业生创业意向影响因素及作用机制的整体理论模型。在研究方法上，本研究综合采用了多元线性回归分析、层次回归分析、结构方程模型分析等方法，对整体理论模型的各个组成部分的研究假设进行了检验，比较清晰地探讨了各个影响因素对大学毕业生创业意向的作用机制。

（4）按照克鲁格（2000）的创业意向认知基础模型的观点，大学毕业生创业意向的形成过程中存在一定促发因素的影响，促发因素在感知希求性、感知可行性对创业意向影响中发挥调节作用。考虑到我国大学毕业生的实际职业状态，本研究首次将大学毕业生的离职倾向引入创业意向的影响因素模型。作为创业意向形成的促发因素，大学毕业生的离职倾向在创业意向前置认知变量对创业意向的影响中发挥调节作用。通过数据分析发现，离职倾向正向调节创业自我效能对创业意向的影响，而负向调节主观规范对创业意向的影响。

（5）人格特质对大学生创业意向的影响研究早期即被关注，但是以往研究大多关注具体的人格特质对大学生创业意向的影响，如主动性人格、冒险性人格等。首先，本研究总结了以往研究成果中对大学生创业意向有重要影响的人格特质，认为个人控制、主动性、创新导向、冒险倾向是影响大学毕业生创业意向的创业人格特质，从而设计开发了大学毕业生创业人格量表。其次，以往研究通常将创业人格特质作为直接影响创业意向的一个因素，本研究却认为创业人格特质是比较稳定的个人素质，创业人格很可能会调节其它因素对创业意向的影响。因此，本研究将创业人格特质引入理论模型，在个人因素和环境因素对创业意向前置认知变量的影响中发挥调节作用。本研究采用层次回归分析，检验了创业人格特质在不同影响因素对创业意向前置认知变量影响中的调节效应。

9.3 研究的不足和未来展望

9.3.1 研究的不足之处

反思整个研究过程发现，本研究还存在以下两点不足之处：

（1）本研究的样本数据获得，是借助西安交通大学中国西部高等教育评估中心实施的"陕西高校毕业生就业创业跟踪调查"项目。因此，研究样本都是来自陕西省90多所高校的大学毕业生，没有开展全国范围的大学毕业生创业意向及影响因素的问卷调查。受到研究样本来源的区域性限制，本研究的相关研究结论在推广应用的范围上就存在一定的局限性。

（2）本研究在针对大学毕业生创业意向影响因素的研究方面，由于研究所涉及的具体影响因素较多，为了清晰地探讨各个具体的影响因素对大学毕业生创业意向的作用机制，本研究对影响大学毕业生创业意向的个人因素和环境因素进行了单独处理，通过构建个人因素和环境因素对大学毕业生创业意向的作用机制模型，分别探讨了两类因素的作用机制。虽然本研究的实证分析过程有利于达到研究目标，但是却忽视了个人因素和环境因素之间的相互影响，也不能支持在同一个模型中分析比较两类因素的影响作用大小。

9.3.2 未来研究展望

为进一步完善大学毕业生创业意向影响因素及作用机制的研究，以本研究为起点，未来可在如下三方面进行改进和拓展：

（1）利用本研究的有关变量测量工具，开展全国范围高校的大学毕业生创业意向及影响因素问卷调查，补充完善大学毕业生创业意向及影响因素样本数据库。基于更大范围的样本数据，可以探索构造我国大学毕业生创业意向水平的测量常模数据，进而比较不同地区、不同高校的大学毕业生创业意向水平，以及分析造成不同地区、不同高校大学毕业生创业意向水平差异的原因。

（2）根据本研究构建的大学毕业生创业意向影响因素及作用机制整体理论模型，利用全国范围高校的大学毕业生调查样本数据，进一步检验该理论模型的合理性和稳定性，从而获得全国大学毕业生创业意向影响因素及作用机制的验证模型。为修正完善我国大学毕业生创业意向影响因素的作用机制，进行更加深入的探索研究，进一步提高研究结论的可信度和可推广性。

（3）可在本研究所建立的大学毕业生创业意向影响因素分类框架基础上，根据研究结果对具体的影响因素进行精简，并将个人因素和环境因素纳入同一个验证模型，建立个人因素和环境因素之间的相互作用关系。通过进一步的实证分析，完善大学毕业生创业意向影响因素的作用机制模型。

参考文献

[1] Hébert R F, Link A N.In search of the meaning of entrepreneurship[J].Small Business Economics, 1989, (1): 39–49.

[2] Audretsch D B, Thurik A R.Capitalism and democracy in the 21st century: from the managed to the entrepreneurial economy[J].Journal of Evolutionary Economics, 2000, 10 (1): 17–34.

[3] 毛家瑞, 丁伟红.亚太地区部分国家的创业教育[J].全球教育展望, 1992 (4): 1-4.

[4] 席静, 李昕.教育的"第三本护照"——浅谈创新2.0时代下的创新创业教育[J].知识经济, 2018, 451 (2): 120-121.

[5] 赵树璠.为什么美国大学生创业率高[N]. 光明日报, 2014-08-07.

[6] 洪大用, 毛基业.中国大学生创业报告（2017）[M]. 北京: 中国人民大学出版社, 2018.

[7] 朱信凯, 毛基业.中国大学生创业报告（2018）[M]. 北京: 中国人民大学出版社, 2020.

[8] 胡锦涛.高举中国特色社会主义伟大旗帜为夺取全面建设小康社会新胜利而奋斗[M].北京: 人民出版社, 2007.

[9] 习近平.决胜全面建成小康社会夺取新时代中国特色社会主义伟大胜利[M]. 北京: 人民出版社, 2017.

[10] Krueger N F, Reilly M D, Carsrud A L.Competing Models of Entrepreneurial Intentions[J].Journal of Business Venturing, 2000, 15 (5/6): 411-432.

[11] Lüthje C, Franke N.The "Making" of An Entrepreneur: Testing a Model of Entrepreneurial Intent among Engineering Students at MIT[J].Research and

Development Management, 2003 (33): 135-147.

[12] Rudawska J, Pavlov D, Boneva M.Individual Entrepreneurial Orientation and Entrepreneurial Intention: Comparative Research on Polish and Bulgarian Students[EB\OL].

[13] Ahmed T, Klobas J E, Ramayah T.Personality Traits, Demographic Factors and Entrepreneurial Intentions: Improved Understanding from a Moderated Mediation Study[J].Entrepreneurship Research Journal, 2019, 6 (2): 1-16.

[14] Yukongdi V, Lopa N Z.Entrepreneurial intention: a study of individual, situational and gender differences[J].Journal of Small Business and Enterprise Development, 2017, 24 (2): 333-352.

[15] 周冬梅, 陈雪琳, 杨俊等. 创业研究回顾与展望[J]. 管理世界, 2020, 36 (1): 206-225.

[16] Baron R A.The Cognitive Perspective: A valuable Tool for Answering ntrepreneur's Basic "Why" Questions[J].Journal of Business Venturing, 2004, 19 (2): 221-239.

[17] Bonnett C, Furnham A.Who Wants to Be An Entrepreneur? A Study of Adolescents Interested in a Young Enterprise Scheme[J].Journal of Economic Psychology, 1991, 12 (3): 465-478.

[18] Brockhaus R H.Risk-Taking Propensity of Entrepreneurs[J].Academy of Management Journal, 1980, 23 (3): 442-453.

[19] Johnson B R.Toward a Multidimensional Model of Entrepreneurship: the Case of AchievementMotivation and the Entrepreneur[J].Entrepreneurship Theory and Practice, 1990, 14 (3): 39-54.

[20] Drucker P F.Entrepreneurship in Business Enterprise[J].Journal of Business Policy, 1985, (1): 10-11.

[21] Gartner W B. "Who Is an Entrepreneur?" Is the Wrong Question[J]. American Journal of Small Business, 1988, 12 (4): 11-32.

[22] Good T L, Brophy J E.Educational Psychology: A Realistic Approach (4th Ed)[M].White Plains, N Y: Longman, 1990.

[23] Shapero A, Sokol L.The Social dimensions of entrepreneurship[M]// Kent

[23]...C, Sexton D, Vesper K.The Encyclopedia of Entrepreneurship.Englewood Cliffs, NJ: Prentice Hall, 1982: 72-90.

[24] Bird B.Implementing Entrepreneurial Ideas: the Case for Intentions [J]. Academy of Management Review, 1988, 13 (1): 442-454.

[25] Krueger N F, Carsrud A L.Entrepreneurial intentions: Applying the theory of planned behaviour [J].Entrepreneurial and Regional Development, 1993, 5 (4): 315-330.

[26] Thompson E.Individual Entrepreneurial Intent: Construct Clarification and Development of an Internationally Reliable Metric [J].Entrepreneurship Theory and Practice, 2009, 33 (3): 669-694.

[27] Sesen H.Personality or environment? A comprehensive study on the entrepreneurial intentions of university students [J].Education + Training, 2013, 55 (7): 624-640.

[28] Yao X, Wu X, Long D.University students' entrepreneurial tendency in China: Effect of students' perceived entrepreneurial environment [J].Journal of Entrepreneurship in Emerging Economies, 2016, 8 (1): 60-81.

[29] Krueger N F, Reilly M D, Carsrud A L.Competing Models of Entrepreneurial Intentions [J].Journal of Business Venturing, 2000, 15 (5/6): 411-432.

[30] Bagozzie R P, Baumgartner J, Yi Y.An Investigation into the Role of Intentions as Mediators of the Attitude-Behavior Relationship [J].Journal of Economic Psychology, 1989, 10 (1): 35-62.

[31] Krueger N, Brazeal P.Entrepreneurial Potential and Potential Entrepreneurs [J]. Entrepreneurship Theory and Practice, 1994, 18 (3): 91-104.

[32] Krueger N F, Reilly M D, Carsrud A L.Competing Models of Entrepreneurial Intentions [J].Journal of Business Venturing, 2000, 15 (5/6): 411-432.

[33] Bird B.Implementing Entrepreneurial Ideas: the Case for Intentions [J]. Academy of Management Review, 1988, 13 (1): 442-454.

[34] Boyd N G, Vozikis G S.The Influence of Self-efficacy on the Development of Entrepreneurial Intentions and Actions [J].Entrepreneurship Theory and Practice, 1994, 18 (4): 63-77.

［35］Gupta V，Bhawe N.The Influence of Proactive Personality and Stereotype Threat on Women's Entrepreneurial Intentions［J］.Journal of Leadership and Organisational Studies，2007，13（4）：73-85.

［36］Liñán F，Chen Y W.Development and Cross-Cultural Application of A Specific Instrument to Measure Entrepreneurial Intentions［J］.Entrepreneurship Theory and Practice，2009，33（3）：593-617.

［37］Vinogradov E，Kolvereid L，Timoshenko K.Predicting Entrepreneurial Intentions When Satisfactory Employment Opportunities Are Scarce［J］.Education and Training，2013，55（7）：719-737.

［38］Sesen H.Personality or Environment？A Comprehensive Study on the Entrepreneurial Intentions of University Students［J］.Education and Training，2013，55（7）：624-640.

［39］Yao X，Wu X，Long D.University Students' Entrepreneurial Tendency in China：Effect of Students' Perceived Entrepreneurial Environment［J］.Journal of Entrepreneurship in Emerging Economies，2016，8（1）：60-81.

［40］Krueger N F，Carsrud A L.Entrepreneurial Intentions：Applying the Theory of Planned Behavior［J］.［J］.Entrepreneurial and Regional Development，1993，5（1）：315-330.

［41］Krueger N，Brazeal P.Entrepreneurial Potential and Potential Entrepreneurs［J］.Entrepreneurship Theory and Practice，1994，18（3）：91-104.

［42］Zhao H，Seibert S，Hills G.The Mediating Role of Self-Efficacy in the Development of Entrepreneurial Intentions［J］.Journal of Applied Psychology，2005，90（6）：1265-1272.

［43］Souitaris V，Zerbinati S，Al-Laham A.Do Entrepreneurship Programmes Raise Entrepreneurial Intention of Science and Engineering Students？The Effect of Learning，Inspiration and Resources［J］.Journal of Business Venturing，2007，22（4）：566-591.

［44］Kolvereid L.Prediction of Employment Status Choice Intentions［J］.Entrepreneurship Theory and Practice，1996，20（3）：47–56.

［45］Douglas E J，Shepherd D A.Self-Employment as a Career Choice［J］.Journal of Business Venturing, 2002, 15 (3): 231-251.

[46] Bird B.Implementing Entrepreneurial Ideas: the Case for Intentions [J]. Academy of Management Review, 1988, 13 (1): 442-454.

[47] Boyd N G, Vozikis G S.The Influence of Self-efficacy on the Development of Entrepreneurial Intentions and Actions [J].Entrepreneurship Theory and Practice, 1994, 18 (4): 63-77.

[48] Gupta V, Bhawe N.The Influence of Proactive Personality and Stereotype Threat on Women's Entrepreneurial Intentions [J].Journal of Leadership and Organisational Studies, 2007, 13 (4): 73-85.

[49] Crant M J.The Proactive Personality Scale as A Predictor of Entrepreneurial Intentions [J].Journal of Small Business Management, 1996 (34): 42–50.

[50] Fayolle A, Gailly B, Lassas-Clerc N.Assessing the Impact of Entrepreneurship Education Programmes: A New Methodology [J].Journal of European Industrial Training, 2006, 30 (9): 701–720.

[51] Wu S, Wu L.The Impact of Higher Education on Entrepreneurial Intentions of University Students in China [J].Journal of Small Business and Enterprise Development, 2008, 15 (4): 752–774.

[52] 彭正霞, 陆根书. 大学生创业意向的性别差异: 多群组结构方程模型分析 [J]. 高等工程教育研究, 2013, (5): 57-65.

[53] Gartner W B. "Who Is An Entrepreneur?" Is the Wrong Question [J]. American Journal of Small Business, 1988, 12 (4): 11-32.

[54] Krueger N F, Reilly M D, Carsrud A L.Competing Models of Entrepreneurial Intentions [J].Journal of Business Venturing, 2000, 15 (5/6): 411-432.

[55] Chen C C, Greene P G, Crick A.Does Entrepreneurial Self-Efficacy Distinguish Entrepreneurs from Managers? [J].Journal of Business Venturing, 1998, 13 (4): 295–316.

[56] Liñán F, Chen Y W.Development and Cross-Cultural Application of A Specific Instrument to Measure Entrepreneurial Intentions [J].Entrepreneurship Theory and Practice, 2009, 33 (3): 593-617.

[57] 李海垒, 张文新, 宫燕明. 大学生的性别、性别角色与创业意向的关系

[J]．华东师范大学学报（教育科学版），2011，29（4）：64-69．

[58] Adam A F, Fayolle A.Bridging the Entrepreneurial Intention-Behaviour Gap: the Role of Commitment and Implementation Intention [J].International Journal of Entrepreneurship and Small Business, 2015, 25（1）: 36-54.

[59] 范巍，王重鸣．创业意向维度结构的验证性因素分析[J]．人类工效学，2006，12（1）：14-16．

[60] 刘志．大学生创业意向的结构、影响因素及提升对策研究[D]．沈阳：东北师范大学，2013．

[61] Liang C T, Chia T L, Liang C.Effect of Personality Differences in Shaping Entrepreneurial Intention [J].International Journal of Business and Social Science, 2015, 6（4）: 166-176.

[62] 疏德明，冯成志．《大学生创业意向问卷》编制及对创业教育的启示[J]．黑龙江高教研究，2019（12）：114-119．

[63] 曲婉，冯海红．创新创业政策对早期创业行为的作用机制研究[J]．科研管理，2018，39（10）：12-20．

[64] Carter N M, Gartner W B, Shaver K G et al.The career reasons of nascent entrepreneurs [J].Journal of Business Venturing, 2003, 18（1）: 13-39.

[65] Sequeira J, Mueller S L, Mcgee J E.The influence of social ties and self-efficacy in forming entrepreneurial intentions and motivating nascent behavior [J].Journal of Developmental Entrepreneurship, 2007, 12（3）: 275-293.

[66] Bandura A.Social Foundations of Thought and Action: A Social-Cognitive Theory [M].Englewood Cliffs, N J: Prentice- Hall, 1986.

[67] 阿尔伯特·班杜拉．社会学习理论[M]．陈欣银，李伯黍，译．北京：中国人民大学出版社，2015．

[68] Fishbein M.An Investigation of the Relationships between Beliefs about an Object and the Attitude toward that Object[J]Human Relations,1963,16(3): 233-239.

[69] Fishbein M, Ajzen I.Belief, Attitude, Intention and Behavior: An Introduction to Theory and Research [M].Reading, MA: Addison-Wesley, 1975.

[70] Ajzen I.From Intentions to Actions: A Theory of Planned Behavior [M] // Kuhl J, Beckmann J.Action-control: From Cognition to Behavior.Heidelberg: Springer, 1985: 11-39.

[71] Ajzen I .The theory of planned behavior [J].Organizational Behavior and Human Decision Processes, 1991, 50 (2): 179–211.

[72] 段文婷, 江光荣. 计划行为理论述评 [J]. 心理科学进展, 2008, 16 (2): 315-320.

[73] Ajzen I.Perceived Behavioral Control, Self-Efficacy, Locus of Control, and the Theory of Planned Behavior [J].Journal of Applied Social Psychology, 2002, 32 (4): 665-683.

[74] Ajzen I.Perceived Behavioral Control, Self-Efficacy, Locus of Control, and the Theory of Planned Behavior [J].Journal of Applied Social Psychology, 2002, 32 (4): 665-683.

[75] Bandura A.Social Learning Theory [M] .New York: General Learning Press, 1977.

[76] Bandura A.Self-efficacy: Toward A Unifying Theory of Behavioral Change [J].Psychological Review, 1977, 84 (4): 191-215.

[77] Bandura A.Self-efficacy Mechanism in Human Agency [J].American Psychologist, 1982, 37 (2): 122-147.

[78] 高申春. 自我效能理论评述 [J]. 心理发展与教育, 2000, (1): 61-64.

[79] Boyd N G, Vozikis G S.The Influence of self-efficacy on the development of entrepreneurial intentions and actions [J].Entrepreneurship Theory & Practice, 1994, 18 (4): 63-77.

[80] Chen C C, Greene P G, Crick A.Does entrepreneurial self-efficacy distinguish entrepreneurs from managers? [J].Journal of Business Venturing, 1998, 13 (4): 295-316.

[81] Krueger N F, Carsrud A L.Entrepreneurial Intentions: Applying the Theory of Planned Behavior [J].Entrepreneurial and Regional Development, 1993, 5 (1): 315-330.

[82] Sesen H.Personality or environment? A comprehensive study on the

entrepreneurial intentions of university students［J］.Education + Training，2013，55（7）：624-640.

［83］彭正霞，陆根书，康卉. 个体和社会环境因素对大学生创业意向的影响［J］. 高等工程教育研究，2012（4）：75-82.

［84］Shane S，Venkataraman S.The promise of entrepreneurship as a field of research［J］.Academy of Management Review，2000，25（1）：217-226.

［85］Santos F J，Roomi M A，Liñán F.About gender differences and the social environment in the development of entrepreneurial intentions［J］.Journal of Small Business Management，2016，54（1）：49-66.

［86］Ardichvili A，Cardozo R，Ray S .A theory of entrepreneurial opportunity identification and development［J］.Journal of Business Venturing，2003，18（1）：105-123.

［87］Gaglio C M，Katz J A .The Psychological Basis of Opportunity Identification：Entrepreneurial Alertness［J］.Small Business Economics，2001，16（2）：95-111.

［88］Hunter M.A typology of entrepreneurial opportunity［J］.Economics，Management，and Financial Markets，2013，8（2）：128-166.

［89］Corbett A C .Learning asymmetries and the discovery of entrepreneurial opportunities［J］.Journal of Business Venturing，2007，22（1）：97-118.

［90］Gruber M，Macmillan I C，Thompson J D .From Minds to Markets：How human capital endowments shape market opportunity identification of Technology Start-ups［J］.Journal of Management，2012，38（5）：1421-1449.

［91］Detienne D R，Chandler G N .The Role of Gender in Opportunity Identification［J］.Entrepreneurship Theory and Practice，2017，31（3）：365-386.

［92］Ozgen E，BaronR A.Social sources of information in opportunity recognition：effects of mentors，industry networks，and professional forums，Journal of Business Venturing，2007，22（2）：174-192.

［93］Ma R，Huang Y C，Shenkar O.Social networks and opportunity recognition：

［93］ A cultural comparison between Taiwan and the United States［J］.Strategic Management Journal，2011，32（11）：1183-1205.

［94］ Oftedal E M，Iakovleva T A，Foss L.University context matter：An institutional perspective on entrepreneurial intentions of students［J］.Education and Training，2018，60（7/8）：873-890.

［95］ Sun Y，Du S，Ding Y .The Relationship between Slack Resources，Resource Bricolage，and Entrepreneurial Opportunity Identification—Based on Resource Opportunity Perspective［J］.Sustainability，2020，12（1）：1199-1224.

［96］ Lim W，Lee Y，Mamun A A.Delineating competency and opportunity recognition in the entrepreneurial intention analysis framework［J］.Journal of Entrepreneurship in Emerging Economies，2023，15（1）：212-232.

［97］ 刘栋，叶宝娟，郭少阳等. 主动性人格对大学生创业意向的影响：感知创业价值的中介作用［J］. 中国临床心理学杂志，2016，24（5）：946-949.

［98］ Yitshaki R，Kropp F.Entrepreneurial passions and identities in different contexts：a comparison between high-tech and social entrepreneurs. Entrepreneurship & Regional Development，2016，28（3/4）：206—233.

［99］ Vuorio A M，Puumalainen K，Fellnhofer K.Drivers of entrepreneurial intentions in sustainable entrepreneurship［J］.International Journal of Entrepreneurial Behavior & Research，2018，24（2）：359-381.

［100］ 吴凌菲. 基于感知创业价值的大学生创业意愿形成研究［D］. 上海：同济大学，2008.

［101］ 林刚，王成春. 大学生创业价值取向与心理健康的关系研究［J］. 华东师范大学学报：教育科学版，2020（12）：76-84.

［102］ Cacciotti G，Hayton J C.Fear and entrepreneurship：a review and research agenda［J］.International Journal of Management Reviews，2015，17（2）：165-190.

［103］ Cacciotti G，Hayton J C，Mitchell J R，et al.A reconceptualization of fear of failure in entrepreneurship［J］Journal of Business Venturing，2016，31（3）：302-325.

［104］Kollmann T，Stöckmann C，Kensbock J M.Fear of failure as a mediator of the relationship between obstacles and nascent entrepreneurial activity – an experimental approach［J］.Journal of Business Venturing，2017，32（3）：280-301.

［105］Liu X，Zhang Y，Fan L.What prevent you from stepping into the entrepreneurship? Evidence from Chinese makers［J］.Chinese Management Studies，2021，15（1）：68-85.

［106］Weber E U，Milliman R A.Perceived Risk Attitudes：Relating Risk Perception to Risky Choice［J］.Management Science，1997，（43）：123–144.

［107］Arenius P，Minniti M.Perceptual variables and nascent entrepreneurship［J］.Small Business Economics，2005，24（3）：233–247.

［108］Pathak S，Goltz S，Buche W M.Influences of gendered institutions on women's entry into entrepreneurship［J］.International Journal of Entrepreneurial Behavior and Research，2013，19（5）：478-502.

［109］Tsai K H，Chang H C，Peng C Y .Refining the linkage between perceived capability and entrepreneurial intention：roles of perceived opportunity，fear of failure，and gender［J］.International Entrepreneurship & Management Journal，2016，12（4）：1-19.

［110］张秀娥，张坤.创造力与创业意愿的关系：一个有调节的中介效应模型［J］.外国经济与管理，2018，40（3）：67-78.

［111］Wannamakok W，Chang Y Y.Understanding nascent women entrepreneurs：an exploratory investigation into their entrepreneurial intentions［J］.Gender in Management：An International Journal，2020，35（6）：553-566.

［112］Krueger N.The Impact of Prior Entrepreneurial Exposure on Perceptions of New Venture Feasibility and Desirability［J］.Entrepreneurship Theory and Practice，1993，18.

［113］Cieślik J，Stel A V.Explaining university students' career path intentions from their current entrepreneurial exposure［J］.Journal of Small Business and Enterprise Development，2017，24（2）：313-332.

[114] Farmer S M, Yao X, Kung-Mcintyre K.The behavioral impact of entrepreneur identity aspiration and prior entrepreneurial experience[J]. Entrepreneurship Theory and Practice, 2011, 35(2): 245-273.

[115] Tinoco F O, Bayon M C, Vargas G M.Entrepreneurial career choice intentions among secondary students in Colombia: the role of entrepreneurial exposure[J].International Journal of Emerging Markets, 2022, 17(1): 277-298.

[116] Zapkau F B, Schwens C, Kabst R.The role of prior entrepreneurial exposure in the entrepreneurial process: a review and future research implications[J]. Journal of Small Business Management, 2017, 55(1): 56-86.

[117] Zhang F, Weil L, Sun H, et al.How entrepreneurial learning impacts one's intention towards entrepreneurship A planned behavior approach[J].Chinese Management Studies, 2019, 13(1): 146-170.

[118] 刘敏, 陆根书, 彭正霞. 大学生创业意向的性别差异及影响因素分析[J]. 复旦教育论坛, 2011, 9(6): 55-62.

[119] Bignotti A, Roux I.Which types of experience matter?The role of prior start-up experiences and work experience in fostering youth entrepreneurial intentions[J].International Journal of Entrepreneurial Behavior & Research, 2020, 26(6): 1181-1198.

[120] Shaver K G, Scott L R.Person, Process, Choice: The Psychology of New Venture Creation[J].Entrepreneurship and Regional Development, 1991, 16(2): 23-45.

[121] Rauch A, Frese M .Let's Put the Person Back into Entrepreneurship Research: A Meta-Analysis on the Relationship Between Business Owners' Personality Traits, Business Creation, and Success[J].European Journal of Work and Organizational Psychology, 2007, 16(4): 353-385.

[122] Chen S C, Jing L L, Sung M H.University Students' Personality Traits and Entrepreneurial Intention: Using Entrepreneurship and Entrepreneurial Attitude as Mediating Variable[J].International Journal of Economics and Research, 2012, 3(3): 76-82.

[123] Karabulut A T.Personality Traits on Entrepreneurial Intention [J].Procedia Social and Behavioral Sciences, 2016, 229: 12-21.

[124] Sesen H.Personality or Environment? A Comprehensive Study on the Entrepreneurial Intentions of University Students [J].Education and Training, 2013, 55 (7): 624-640.

[125] Roy R, Akhtar F, Das N.Entrepreneurial Intention Among Science & Technology Students in India: Extending the Theory of Planned Behavior [J] International Entrepreneurship and Management Journal, 2017.

[126] Espiritu-Olmos R, Sastre-Castillo M A .Personality traits versus work values: Comparing psychological theories on entrepreneurial intention [J]. Journal of Business Research, 2015, 68 (7): 1595-1598.

[127] Soomro B A, Shah N .Developing Attitudes and Intentions Among Potential Entrepreneurs [J].Journal of Enterprise Information Management, 2015, 28 (2): 304-322.

[128] Koe W.The relationship between Individual Entrepreneurial Orientation (IEO) and entrepreneurial intention [J].Journal of Global Entrepreneurship Research, 2016, 6 (1): 1-11.

[129] Rudawska J, Pavlov D, Boneva M.Individual entrepreneurial orientation and entrepreneurial intention.Comparative research on Polish and Bulgarian [G].Scientific Papers of Silesian University of Technology, 2021.

[130] Ahmed T, Klobas J E, Ramayah T.Personality Traits, Demographic Factors and Entrepreneurial Intentions: Improved Understanding from a Moderated Mediation Study [J].Entrepreneurship Research Journal, 2019 (1): 1-16.

[131] 叶映华. 大学生创业意向影响因素研究 [J]. 教育研究, 2009 (4): 73-77.

[132] Shapero A, Sokol L.The Social dimensions of entrepreneurship [M] // Kent C, Sexton D, Vesper K.The Encyclopedia of Entrepreneurship.Englewood Cliffs, NJ: Prentice Hall, 1982: 72–90.

[133] Krueger N F.The Cognitive Infrastructure of Opportunity Emergence [J].

Entrepreneurship Theory and Practice,2000,24(3):5-24.

[134] Jones C,English J.A contemporary approach to entrepreneurship education[J]. Education + Training,2004,46(8/9):416-423.

[135] 潘炳超,陆根书.高校创业教育与大学生创业意向和创业自我效能的关系研究[J].复旦教育论坛,2020,18(5)47-54.

[136] Jamieson I.Education for enterprise//Watts A G,Moran P.Schools and Enterprise[M].Cambridge MA:CRAC,Bellilnger,1984:19-27.

[137] 刘帆,李家华.高校创业教育的目标和类型[J].中国大学生就业,2008,(6):45-46.

[138] 周劲波,汤潇.国内外创业教育类型比较及启示[J].职业教育研究,2018(6):82-88.

[139] Piperopoulos P,Dimov D.Burst Bubbles or Build Steam? Entrepreneurship Education,Entrepreneurial Self - Efficacy,and Entrepreneurial Intentions[J] Journal of Small Business Management,2015,53(4):970–985.

[140] Witold N,Haddoud M Y,Drahoslav L,et al.The impact of entrepreneurship education, entrepreneurial self-efficacy and gender on entrepreneurial intentions of university students in the Visegrad countries[J]. Studies in Higher Education,2017(4):1-19.

[141] 向辉,雷家骕.大学生创业教育对其创业意向的影响研究[J].清华大学教育研究,2014,35(2):120-124.

[142] Rauch A,Hulsink W.Putting entrepreneurship education where the intention to act lies:an investigation into the impact of entrepreneurship education on entrepreneurial behaviour [J].Academy of Management Learning & Education,2015,14(2):187-204.

[143] Bae T J,Qian S,Miao C,et al.The relationship between entrepreneurship education and entrepreneurial intentions:a meta-analytic review[J]. Entrepreneurship Theory and Practice,2014,38(2):217-254.

[144] Oosterbeek H,Praag M,Ijsselstein A.Impact of entrepreneurship education on entrepreneurship skills and motivation[J].European Economic Review,2012,54(4):442-454.

[145] 李静薇. 创业教育对大学生创业意向的作用机制研究[D]. 天津: 南开大学, 2013.

[146] Abebe M A, Gangadharan A, Sutanonpaiboon J.Perceived social support and social status as drivers of entrepreneurial career intentions between Caucasian and Mexican — American young adults[J].Journal of Entrepreneurship Education, 2014, 17(1): 63-81.

[147] Susilawati I R .Can Personal Characteristics, Social Support, and Organizational Support Encourage Entrepreneurial Intention of Universities Students?[J].European Journal of Social Sciences, 2014, 41(4): 1-7.

[148] Gelaidan H M, Abdullateef A O.Entrepreneurial intentions of business students in Malaysia: The role of self-confidence, educational and relation support[J].Journal of Small Business and Enterprise Development, 2017, 24(1): 54-67.

[149] Shukla S, Kumar R.Entrepreneurial intention for social cause: role of moral obligation, contextual support and barriers[J].International Journal of Business and Globalisation, 2021, 28(4): 367-387.

[150] Moussa N, Kerkeni S.The role of family environment in developing the entrepreneurial intention of young Tunisian students[J].Entrepreneurial Business and Economics Review, 2021, 9(1): 31-45.

[151] 田晓红, 张钰. 大学生创业意向及与社会支持的关系研究[J]. 教育研究与实验, 2016(1): 71-73.

[152] 方杰, 翟苑琳. 领悟社会支持对大学生创业意向的影响: 多重中介效应分析[J]. 心理研究, 2018, 11(1): 173-177.

[153] Lu G S, Song Y P, Pan B C.How University Entrepreneurship Support Affects College Students' Entrepreneurial Intentions: An Empirical Analysis from China[J].Sustainability, 2021, 13(6): 3224.

[154] Gibson D.Role models in career development: new directions for theory and research[J].Journal of Vocational Behavior, 2004, 65(1): 134-156.

[155] Tarling C, Jones P, Murphy L.Influence of early exposure to family business experience on developing entrepreneurs[J].Education + Training,

2016, 58 (7/8): 733-750.

[156] Van A H, Stephens P, Fry F L, et al.Role model influences on entrepreneurial intentions: a comparison between USA and Mexico [J].The International Entrepreneurship and Management Journal, 2006, 2 (3): 325-336.

[157] Moreno-Gomez J, Gomez-Araujo E, Andreis R.Parental role models and entrepreneurial intentions in Colombia Does gender play a moderating role? [J].Journal of Entrepreneurship in Emerging Economies, 2020, 12 (3): 413-429.

[158] Moussa N, Kerkeni S.The role of family environment in developing the entrepreneurial intention of young Tunisian students [J].Entrepreneurial Business and Economics Review, 2021, 9 (1): 31-45.

[159] 曹科岩, 尤玉钿, 马可心等. 大学生创业意向及其影响因素调查研究 [J]. 高教探索, 2020 (1): 117-122.

[160] Karimi S, Biemans H, Lans T, et al.Effects of role models and gender on students' entrepreneurial intentions [J].European Journal of Training and Development, 2014, 38 (8): 694-727.

[161] Feder E, Niṭu-Antonie R.Connecting gender identity, entrepreneurial training, role models and intentions [J].International Journal of Gender and Entrepreneurship, 2017, 9 (1): 87-108.

[162] Silva C, Cavalcanti A, Rodrigues R. Entrepreneurial intention in developed and developing countries: a comparative between G7 and BRICS countries [J].Gestão & Regionalidade, 2021, 110 (37): 163-176.

[163] Iakovleva T, Kolvereid L, Stephan U.Entrepreneurial intentions in developing and developed countries [J].Education and Training, 2011, 53 (5): 353-370.

[164] 刘宇娜. 创业意愿与创业行为转化机制研究 [M]. 北京: 社会科学文献出版社, 2021.

[165] 张西华, 刘玥伶, 彭学兵. 创业意向对创业行为的影响: 创业自我效能感的中介效应和创业支持感的调节效应 [J]. 人类工效学, 2020, 26 (1) 53-59.

［166］Vidalsuñé A，Lópezpanisello M.Institutional and economic determinants of the perception of opportunities and entrepreneurial intention［J］.Investigaciones Regionales，2013，26（S）：75-96.

［167］Karimi S，Biemans H，Lans T et al.The Impact of entrepreneurship education：A study of Iranian students' entrepreneurial intentions and opportunity identification［J］.Journal of Small Business Management，2016，54（1）：187-209.

［168］Camelo-Ordaz C，Diánez-González J，Ruiz-Navarro J .The influence of gender on entrepreneurial intention：The mediating role of perceptual factors［J］.BRQ Business Research Quarterly，2016，19（4）：261-277.

［169］Solesvik M Z.Entrepreneurial motivations and intentions：investigating the role of education major［J］.Education & Training，2013，55（3）：253-271.

［170］Lanero A，Vazquez J，Gutierrez P et al.The impact of entrepreneurship education in European universities：an intention-based approach analyzed in the Spanish area［J］.International Review on Public and Nonprofit Marketing，2011，8（5）：111-130.

［171］Lo C T.The impact of entrepreneurship education on entrepreneurial intention of engineering students［D］.City University of Hong Kong，2011.

［172］Turker D，Selcuk S S .Which Factors Affect Entrepreneurial Intention of University Students?［J］.Journal of European Industrial Training，2009，33（2）：142-159.

［173］乐国安，张艺，陈浩.当代大学生创业意向影响因素研究［J］心理学探新，2012，32（2）：146-152.

［174］陆根书，彭正霞，康卉.大学生创业意向及其影响因素研究——基于西安市九所高校大学生的调查分析［J］.西安交通大学学报：社会科学版，2013，33（4）：104-113.

［175］Carter N M，Gartner W B，Shaver K G et al.The career reasons of nascent entrepreneurs［J］.Journal of Business Venturing，2003，18（1）：13-39.

［176］Sequeira J，Mueller S L，Mcgee J E.The influence of social ties and self-efficacy in forming entrepreneurial intentions and motivating nascent behavior[J].Journal of Developmental Entrepreneurship，2007，12（3）：275-293.

[177] Ma R，Huang Y C，Shenkar O.Social networks and opportunity recognition：A cultural comparison between Taiwan and the United States[J].Strategic Management Journal，2011，32（11）：1183-1205.

[178] Sun Y，Du S，Ding Y.The Relationship between Slack Resources，Resource Bricolage，and Entrepreneurial Opportunity Identification—Based on Resource Opportunity Perspective[J].Sustainability，2020，12（1）：1199-1224.

[179] 温忠麟，侯杰泰，张雷.调节效应与中介效应的比较和应用[J].心理学报，2005，37（2）：268-274.

[180] 吴明隆.结构方程模型——AMOS的操作与应用[M].重庆：重庆大学出版社，2009.

[181] 连玉君，廖俊平.如何检验分组回归后的组间系数差异？[J].郑州航空工业管理学院学报，2017，35（6）：97-109.